Multicultural Family

다문화가족의
이해

Multicultural
Family

다문화가족의
이해

김민경 지음

이담
Books

　최근 학계, 민간단체 및 사회와 정부의 다문화에 대한 관심의 증가는 우리 사회 구성원의 변화를 새롭게 인식하게 하였으며 이에 대해 우리가 어떻게 다문화사회에 대처해야 하는지를 반영한 것이라 하겠다.

　그러나 다문화가족에 대한 다양한 교육과 지원서비스의 증가와 법안 통과 등의 다문화에 대한 큰 지각변동을 경험하고는 있으나 이들 가족이 한국사회에 어울려 살아가는 데 있어 여전히 어려움을 나타내고 있다. 이는 결혼과 가족을 넘어 또 하나의 사회적 관심이자 문제로 부각되고 있다. 즉 이들에게 취업기회와 능력을 강화시켜야 하고, 가족의 폭력과 학대로부터 보호받을 수 있는 인권문제, 다문화가족 자녀의 건강한 성장과 발달, 빈곤으로부터 탈피, 사회적 인식의 전환 등 해결해야 할 과제들이 산재해 있다.

　이러한 의미에서 한국사회의 다문화가족 대다수를 차지하고 있는 여성결혼이민자와 한국남성을 중심으로 이루어진 다문화가족을 중심으로 한 개괄적인 이해를 위한 개론서를 만들고자 하는 취지에서 작업이 시작되었다.

　본서는 최근 여성결혼이민자의 유입이 증가하면서 다문화가족에 대한 이해와 접근을 위한 기본서로 총 6장으로 구성되었다. 1장은 다문화가족의 이해로 한국사회에서 다문화가족이 증가하는 추세와 다문화가족을 바라보는 시각을 살펴보며 이민자가족의 역사와 이주관련 이론고찰을 살펴보았다. 2장은 이민자가족정책을 한국과 외국으로 나누어 살펴보았으며, 3장은 다문화가족의 형성과정으로 국제결혼 유입배경과 배우자 선택과정 및 결혼경로와 국내정착과정에서 제기되는 문제점을 다루었다. 4장은 실제 다문화가족의 가족생활에 대한 부분으로 결혼이민여성의 적응상 어려움, 결혼이민자 가족의 문제, 사회제도권 내의 문제, 사회복지서비스의 욕구와 문화적 욕구가 포함되었다. 5장은 결혼이민여성과 다문화가족을 위한 서비스 현황으로 다문화가족 관련정책, 법과 제도, 다문화교육과 다문화가족에 대한 서비스평가로 구성하였으며 마지막으로 6장에서는 다문화가족의 과제가 제시되었다.

대부분의 다문화 관련 서적은 한국사회의 다문화정책의 변화 흐름을 따라잡지 못하고 있다. 본서도 이런 점에서 예외는 아니며 현 상황을 그대로 담아내지 못하는 한계가 남는다. 이러한 결과는 다문화정책의 방향이 긍정적인 질적 향상을 지속적으로 보이고 있다는 증거라고 안위하고자 한다.

이 책은 아산사회복지재단의 지원하에 수행된 2008년 결과물을 수정보완한 내용이며 이 자리를 빌려 인터뷰에 응해준 결혼이민여성들에게 감사를 전한다. 또한 본서의 발간을 허락한 한국학술정보(주)에 감사를 전한다.

2012년 1월

김민경

CONTENTS

책머리에 • 4

01 **다문화가족의 이해**
제1절 다문화가족의 도래 • 11
제2절 다문화가족을 바라보는 시각 • 20
제3절 이민자가족의 역사 • 23
제4절 이주 관련 이론고찰 • 27

02 **각국의 이민자가족 정책**
제1절 우리나라 이민자가족 정책의 역사와 프로그램 • 41
제2절 외국의 이민자가족 정책의 역사와 프로그램 • 47

03 **결혼이민자 가족의 형성과정**
제1절 결혼유입배경 • 93
제2절 배우자 선택과정 및 결혼경로 • 97
제3절 국내정착과정에서 제기되는 문제점 • 100

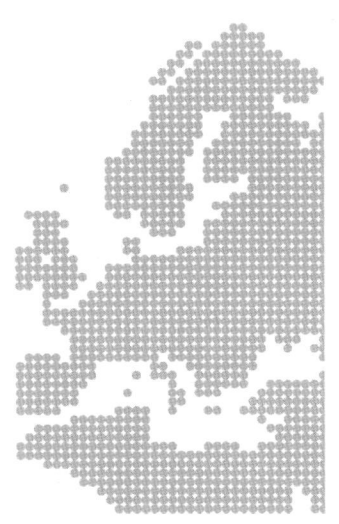

04 결혼이민자 가족생활

제1절 결혼이주여성의 적응이 어려운 이유 • 107

제2절 결혼이민자 가족의 문제 • 109

제3절 사회제도권 내의 문제 • 132

제4절 사회복지서비스의 수요와 욕구 • 135

제5절 문화적 욕구 • 141

05 결혼이민자와 가족을 위한 서비스 현황

제1절 다문화가족 관련 정책 • 153

제2절 법과 제도 • 161

제3절 다문화교육 • 177

제4절 다문화가족에 대한 서비스 평가 • 203

06 결혼이민자 가족의 과제

제1절 실천적 대책 • 209

제2절 정책적 대책 • 215

참고문헌 • 217

부록 • 223

보론 • 259

01

다문화가족의 이해

 # 1. 다문화가족의 도래

1. 외국인과의 결혼

이 부분에서 사용된 통계는 통계청(2011) 혼인통계와 이혼통계를 참조하였다.

1) 혼인건수

외국인과의 혼인은 3만 4천2백 건으로 2009년보다 9백 건 증가하였다. 즉 한국남성과 외국여성의 혼인은 2만 6천3백 건으로 2009년보다 4.5% 증가하였으며 한국여성과 외국남성의 혼인은 8천 건으로 2009년보다 2.4% 감소하였다. 전체 혼인 중 외국인과의 혼인 구성비는 10.5%로 2009년보다 0.3%p 감소하였는데 주로 외국남성과의 혼인 구성비가 감소한 때문이다. 외국인과의 혼인 중 외국여성과의 혼인은 76.7%, 외국남성과의 혼인은 23.3%를 차지하였다.

<표 1-1> 외국인과의 혼인

(단위: 건, %)

	2000	2001	2002	2003	2004	2005	2006	2007	2008	2009	2010
총 혼인건수	332,090	318,407	304,877	302,503	308,598	314,304	330,634	343,559	327,715	309,759	326,104
외국인과의 혼인	11,605	14,523	15,202	24,776	34,640	42,356	38,759	37,560	36,204	33,300	34,235
(총 혼인 중 비중)	(3.5)	(4.6)	(5.0)	(8.2)	(11.2)	(13.5)	(11.7)	(10.9)	(11.0)	(10.8)	(10.5)
증감	1,782	2,918	679	9,574	9,864	7,716	−3,597	−1,199	−1,356	−2,904	-935
증감률	18.1	25.1	4.7	63.0	39.8	22.3	−8.5	−3.1	−3.6	−8.0	2.8
■한국남성+외국여성	6,945	9,684	10,698	18,751	25,105	30,719	29,665	28,580	28,163	25,142	26,274
증감률	29.3	39.4	10.5	75.3	33.9	22.4	−3.4	−3.7	−1.5	−10.7	4.5
■한국여성+외국남성	4,660	4,839	4,504	6,025	9,535	11,637	9,094	8,980	8,041	8,158	7,961
증감률	4.6	3.8	−6.9	33.8	58.3	22.0	−21.9	−1.3	−10.5	1.5	−2.4

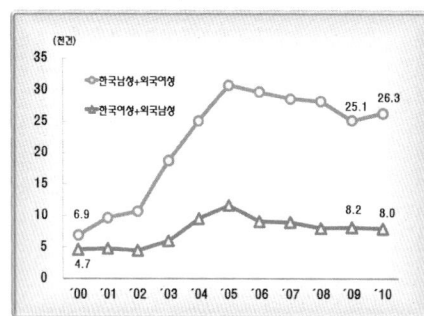 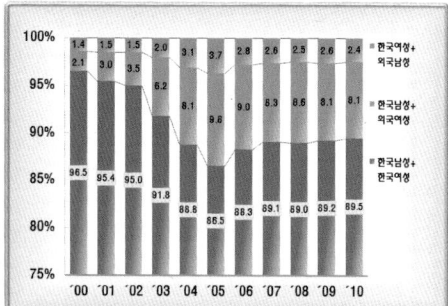

<그림 1-1> 외국인과의 혼인추이

2) 외국인의 국적

한국남성과 혼인한 외국여성의 국적은 중국(36.6%), 베트남(36.6%), 필리
핀(7.3%) 순이며, 상위 2개국이 차지하는 비중이 73.2%를 차지하였다. 즉 중
국 여성과의 혼인은 감소하였고, 베트남, 캄보디아 여성과의 혼인은 크게 증
가하였다. 한국여성과 혼인한 외국남성의 국적은 중국(28.8%), 일본(26.3%),
미국(19.0%) 순이며 중국, 일본 남성과의 혼인은 전년보다 감소, 미국 남성과
의 혼인은 증가하였다.

<표 1-2> 국적별 외국인과의 혼인

(단위: 건, %)

	2000	2001	2002	2003	2004	2005	2006	2007	2008	2009	2010	구성비	전년대비 증감
한국男+외국女	6,945	9,684	10,698	18,751	25,105	30,719	29,665	28,580	28,163	25,142	26,274	100.0	1,132
중국	3,566	6,977	7,023	13,347	18,489	20,582	14,566	14,484	13,203	11,364	9,623	36.6	-1,741
베트남	77	134	474	1,402	2,461	5,822	10,128	6,610	8,282	7,249	9,623	36.6	2,374
필리핀	1,174	502	838	928	947	980	1,117	1,497	1,857	1,643	1,906	7.3	263
일본	819	701	690	844	809	883	1,045	1,206	1,162	1,140	1,193	4.5	53
캄보디아	1	2	2	19	72	157	394	1,804	659	851	1,205	4.6	354
태국	240	182	327	345	324	266	271	524	633	496	438	1.7	-58
미국	231	262	267	322	341	285	331	376	344	416	428	1.6	12
몽골	64	118	194	320	504	561	594	745	521	386	326	1.2	-60
우즈베키스탄	43	66	183	328	247	332	314	351	492	365	317	1.2	-48
네팔	2	2	21	22	32	16	33	82	159	316	202	0.8	-114
러시아	70	155	236	297	315	234	203	152	110	139	119	0.5	-20
기타	658	583	443	577	564	601	669	749	741	777	894	3.4	117
한국女+외국男	4,660	4,839	4,504	6,025	9,535	11,637	9,094	8,980	8,041	8,158	7,961	100.0	-197
중국	210	222	263	1,190	3,618	5,037	2,589	2,486	2,101	2,617	2,293	28.8	-324
일본	2,630	2,664	2,032	2,250	3,118	3,423	3,412	3,349	2,743	2,422	2,090	26.3	-332
미국	1,084	1,113	1,204	1,222	1,332	1,392	1,443	1,334	1,347	1,312	1,516	19.0	204
캐나다	150	164	172	219	227	283	307	374	371	332	403	5.1	71
영국	64	69	86	88	120	104	136	125	144	166	178	2.2	12
호주	78	78	90	109	132	101	137	158	164	159	194	2.4	35
독일	82	94	81	94	109	85	126	98	115	110	135	1.7	25
파키스탄	36	63	126	130	100	219	150	134	117	104	102	1.3	-2
기타	326	372	450	723	779	993	794	922	939	936	1050	13.2	114

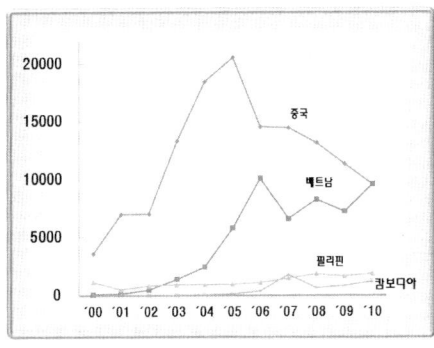

<그림 1-2> 한국남성과 혼인한 국적별 외국여성

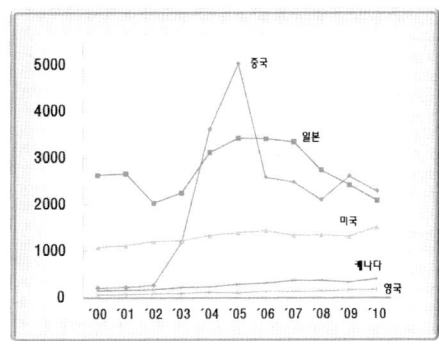

<그림 1-3> 한국여성과 혼인한 국적별 외국남성

3) 초·재혼별 혼인

외국여성과 혼인한 한국남성의 초혼 구성비는 65.3%로 2009년보다 2.4%p 증가하였고, 재혼 구성비는 34.7%로 2.4%p 감소하였다. 외국남성과 혼인한 한국여성의 초혼 구성비는 61.6%로 2009년보다 4.9%p 증가하였고, 재혼 구성비는 38.4%로 4.9%p 감소하였다.

〈표 1-3〉 외국인과 혼인한 한국인의 혼인종류별 구성비

(단위: %)

혼인종류		2000	2001	2002	2003	2004	2005	2006	2007	2008	2009	2010
한국남성+ 외국여성	초혼	75.3	66.8	65.5	58.3	53.5	55.7	63.6	62.8	64.7	62.9	65.3
	재혼	24.7	33.2	34.5	41.7	46.5	44.3	36.4	37.2	35.3	37.1	34.7
한국여성+ 외국남성	초혼	63.2	61.2	63.3	56.8	45.9	43.3	55.2	57.6	58.4	56.7	61.6
	재혼	36.8	38.8	36.7	43.2	54.1	56.7	44.8	42.4	41.6	43.3	38.4
한국남성+ 한국여성	남성초혼	87.4	86.1	85.4	85.3	84.9	84.7	85.7	85.8	84.8	85.0	85.9
	남성재혼	12.4	13.7	14.4	14.4	14.8	14.8	14.1	14.1	15.2	14.9	14.1
	여성초혼	85.8	84.2	83.5	83.5	82.8	82.5	83.7	83.6	82.1	82.6	83.7
	여성재혼	14.0	15.5	16.3	16.2	16.8	16.9	16.1	16.3	17.9	17.4	16.3

4) 부부의 평균 연령차

한국남성과 외국여성 부부의 평균 연령차는 12.1세로 2009년보다 1.0세 증가하였으며 한국인 부부의 평균 연령차보다 9.9세 많으며, 2000년에 비해 5.2세 증가하였다. 한국여성과 외국남성 부부의 평균 연령차는 3.4세로 2009년보다 0.3세 감소하였고 한국인 부부의 평균 연령차보다 1.2세 많으며, 2000년에 비해 3.2세 감소하였다.

<표 1-4> 부부의 평균 연령차

(단위: 세)

	2000	2001	2002	2003	2004	2005	2006	2007	2008	2009	2010
한국남성+외국여성	6.9	7.5	7.9	8.3	8.4	9.1	11.6	11.5	11.8	11.1	12.1
한국여성+외국남성	6.6	6.5	5.3	4.0	3.1	2.7	4.1	4.3	4.1	3.7	3.4
한국여성+한국남성	2.7	2.6	2.6	2.6	2.6	2.5	2.4	2.4	2.3	2.2	2.2

2. 외국인과의 이혼

1) 이혼 건수

외국인과의 이혼은 1만 1천2백 건으로 2009년보다 5백 건 감소, 2000년 이후 최초로 감소로 전환하였다. 즉 한국남성과 외국여성의 이혼은 7천9백 건으로 전년보다 4.8% 감소하였으며 한국여성과 외국남성의 이혼은 3천3백 건으로 전년보다 1.5% 감소하였다.

전체 이혼 중 외국인과의 이혼은 9.6%로 2009년보다 0.2%p 상승하였으며 외국인과의 이혼 중 외국여성과의 이혼은 70.3%, 외국남성과의 이혼은 29.7%이다.

<표 1-5> 외국인과의 이혼

(단위: 건, %)

	2000	2001	2002	2003	2004	2005	2006	2007	2008	2009	2010
총이혼건수	119,455	134,608	144,910	166,617	138,932	128,035	124,524	124,072	116,535	123,999	116,858
외국인과의 이혼	1,498	1,694	1,744	2,012	3,300	4,171	6,136	8,671	11,255	11,692	11,245
(총이혼 중 비중)	(1.3)	(1.3)	(1.2)	(1.2)	(2.4)	(3.3)	(4.9)	(7.0)	(9.7)	(9.4)	(9.6)
증감	96	196	50	268	1,288	871	1,965	2,535	2,584	437	-447
증감률	6.8	13.1	3.0	15.4	64.0	26.4	47.1	41.3	29.8	3.9	-3.8
■ 한국남성+외국여성	247	387	380	547	1,567	2,382	3,933	5,707	7,962	8,300	7,904
증감률	24.7	56.7	-1.8	43.9	186.5	52	65.1	45.1	39.5	4.2	-4.8
■ 한국여성+외국남성	1,251	1,307	1,364	1,465	1,733	1,789	2,203	2,964	3,293	3,392	3,341
증감률	3.9	4.5	4.4	7.4	18.3	3.2	23.1	34.5	11.1	3.0	-1.5

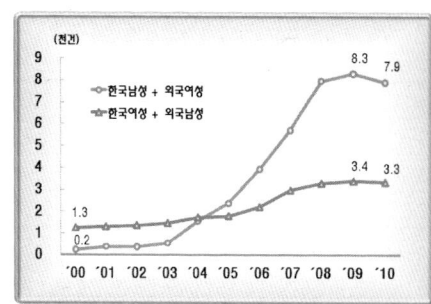 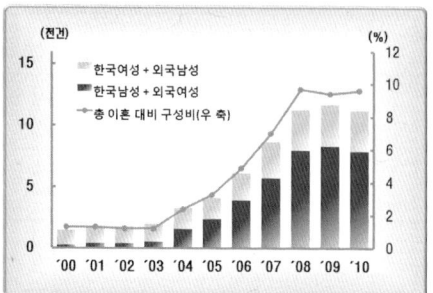

〈그림 1-4〉 외국인과의 이혼 추이

2) 외국인의 국적

한국남성과 이혼한 외국여성의 국적은 중국(59.5%), 베트남(19.6%), 필리핀(3.8%) 순이며, 상위 2개국이 차지하는 비중이 79.1%이며 한국여성과 이혼한 외국남성의 국적은 일본(49.0%), 중국(30.7%), 미국 (8.3%) 순으로 나타났다.

〈표 1-6〉 국적별 외국인과의 이혼건수 및 구성비

(단위: 건, %)

	2000	2001	2002	2003	2004	2005	2006	2007	2008	2009	2010	구성비	전년대비 증감률
한국남성+ 외국여성	247	387	380	547	1,567	2,382	3,933	5,707	7,962	8,300	7,904	(100.0)	-4.8
중국	94	166	180	274	835	1,425	2,538	3,654	5,398	5,562	4,705	(59.5)	-15.4
베트남	1	5	7	28	147	289	610	895	1,078	1,292	1,552	(19.6)	20.1
필리핀	0	50	28	43	108	140	165	213	268	285	299	(3.8)	4.9
일본	112	80	78	89	114	116	147	157	205	227	259	(3.3)	14.1
몽골	1	4	10	6	83	116	132	173	213	176	154	(1.9)	-12.5
우즈베키스탄	1	2	3	16	67	75	105	112	160	174	174	(2.2)	0.0
캄보디아	0	1	0	0	4	6	19	99	178	109	167	(2.1)	53.2
기타	38	79	74	91	209	215	217	404	462	475	594	(7.5)	25.1
한국여성+ 외국남성	1,251	1,307	1,364	1,465	1,733	1,789	2,203	2,964	3,293	3,392	3,341	(100.0)	-1.5
일본	1,007	1,013	1,064	1,113	1,309	1,306	1,466	1,587	1,556	1,628	1,638	(49.0)	0.6

중국	29	43	51	34	43	123	319	647	1,041	1,064	1,025	(30.7)	-3.7
미국	192	186	179	219	260	217	235	257	238	263	277	(8.3)	5.3
파키스탄	0	3	3	9	15	25	33	35	32	35	38	(1.1)	8.6
방글라데시	0	2	6	5	9	11	17	32	33	31	32	(1.0)	3.2
캐나다	2	9	7	19	11	21	29	24	34	29	43	(1.3)	48.3
기타	21	51	54	66	86	86	104	382	359	342	288	(8.6)	-15.8

3) 동거기간

평균동거기간은 외국여성의 경우 3.2년, 외국남성의 경우 6.0년으로 2009
년에 비해 증가하였으며 2000년에 비해서도 점진적으로 증가하고 있으나, 여
전히 한국인 부부 평균 동거기간 14.0년에 비해 짧게 나타났다. 동거기간별로
볼 때 0~4년(5년 미만)의 비중이 가장 높은 72.7%이며, 2009년보다 6.3%p
감소하였다.

〈표 1-7〉 이혼부부의 평균 동거기간

(단위: 년)

	2000	2001	2002	2003	2004	2005	2006	2007	2008	2009	2010
전체	10.9	11.1	11.3	11.9	12.0	12.0	12.1	12.3	12.8	12.9	13.0
한국남성+외국여성	2.9	2.7	2.2	2.3	2.1	2.1	2.2	2.5	2.7	3.1	3.2
한국여성+외국남성	5.5	5.3	5.3	5.3	6.0	5.7	5.3	5.9	5.6	5.7	6.0
한국남성+한국여성	11.0	11.2	11.4	12.0	12.2	12.3	12.5	13.0	13.8	13.8	14.0

〈표 1-8〉 동거기간이 0~4년인 한국인과 외국인 부부의 이혼 건수 및 구성비

(단위: 건, %)

	2000	2001	2002	2003	2004	2005	2006	2007	2008	2009	2010
총이혼	119,455	134,608	144,910	166,617	138,932	128,035	124,524	124,072	116,535	123,999	116,858
ㆍ 외국인과의 총이혼(A)	1,498	1,694	1,744	2,012	3,300	4,171	6,136	8,671	11,255	11,692	11,245
동거기간 0-4년(B)	899	1,095	1,166	1,385	2,406	3,217	4,952	6,987	9,308	9,232	8,177
구성비(B/A)	60.0	64.6	66.9	68.8	72.9	77.1	80.7	80.6	82.7	79.0	72.7
ㆍ한국남성+외국여성(C)	247	387	380	547	1,567	2,382	3,933	5,707	7,962	8,300	7,904
동거기간 0-4년(D)	212	322	339	493	1,421	2,157	3,594	5,185	7,183	7,087	6,277

구성비(D/C)	85.8	83.2	89.2	90.1	90.7	90.6	91.4	90.9	90.2	85.4	79.4
· 한국여성+외국남성(E)	1,251	1,307	1,364	1,465	1,733	1,789	2,203	2,964	3,293	3,392	3,341
동거기간 0-4년(F)	687	773	827	892	985	1,060	1,358	1,802	2,125	2,145	1,900
구성비(F/E)	54.9	59.1	60.6	60.9	56.8	59.3	61.6	60.8	64.5	63.2	56.9
· 한국여성+한국남성(G)	117,957	132,914	143,166	164,605	135,632	123,864	118,388	115,401	105,280	112,307	105,613
동거기간 0-4년(H)	34,148	36,908	37,797	39,540	32,570	29,927	28,071	26,683	23,806	24,486	23,351
구성비(H/G)	28.9	27.8	26.4	24.0	24.0	24.2	23.7	23.1	22.6	21.8	22.1

4) 미성년 자녀 유무

이혼한 한국인과 외국인 부부 중 10.8%인 1천2백 건은 이혼 당시 미성년 자녀가 있으며 2009년에 비해 증가하였으며 그중 미성년 자녀가 1명인 경우는 78%, 3명 이상인 경우는 2.7%로 나타났다. 외국인과의 이혼 당시 미성년 자녀 총수는 1,513명으로 이중 한국남성과 외국여성 부부의 미성년 총 자녀 수는 981명(64.8%)으로 지속적인 증가 추세에 있다.

〈표 1-9〉 이혼 당시 미성년 자녀 유무별 이혼건수 및 구성비

(단위: 건, %)

	2000	2001	2002	2003	2004	2005	2006	2007	2008	2009	2010
외국인과의 이혼*	1,498	1,694	1,744	2,012	3,300	4,171	6,136	8,671	11,255	11,692	11,245
미성년 자녀 있음	195	223	215	265	362	406	504	736	1,058	1,074	1,209
1명	133	166	153	187	254	287	351	532	763	825	943
2명	51	49	50	69	95	103	126	188	251	216	233
3명 이상	11	8	12	9	13	16	27	16	44	33	33
미성년 자녀 없음	1,227	1,379	1,445	1,643	2,807	3,617	5,503	7,800	9,785	10,326	9,823
구성비(%)											
외국인과의 이혼*	100.0	100.0	100.0	100.0	100.0	100.0	100.0	100.0	100.0	100.0	100.0
미성년 자녀 있음	13.0	13.2	12.3	13.2	11.0	9.7	8.2	8.5	9.4	9.2	10.8
1명	8.9	9.8	8.8	9.3	7.7	6.9	5.7	6.1	6.8	7.1	8.4
2명	3.4	2.9	2.9	3.4	2.9	2.5	2.1	2.2	2.2	1.8	2.1
3명 이상	0.7	0.5	0.7	0.4	0.4	0.4	0.4	0.2	0.4	0.3	0.3
미성년 자녀 없음	81.9	81.4	82.9	81.7	85.1	86.7	89.7	90.0	86.9	88.3	87.4

* 미상 포함

<표 1-10> 이혼 당시 미성년 총 자녀수

(단위: 명)

	2000	2001	2002	2003	2004	2005	2006	2007	2008	2009	2010
계	272	290	290	354	484	546	687	958	1,409	1,377	1,513
한국남성 + 외국여성	63	73	52	69	172	271	396	537	831	867	981
	(23.2%)	(25.2%)	(17.9%)	(19.5%)	(35.5%)	(49.6%)	(57.6%)	(56.1%)	(59.0%)	(63.0%)	(64.8%)
한국여성 + 외국남성	209	217	238	285	312	275	291	421	578	510	532
	(76.8%)	(74.8%)	(82.1%)	(80.5%)	(64.5%)	(50.4%)	(42.4%)	(43.9%)	(41.0%)	(37.0%)	(35.2%)

 # 2. 다문화가족을 바라보는 시각

여성이 국제결혼을 통해 다른 나라로 이주하는 현상은 그의 개인적 선택의 문제로 보이지만, 그 이면에는 자본주의 체계, 송출국과 유입국의 사회와 정부, 국제결혼중개업체 등 다양한 사회적 요인이 작동하고 있다. 국제결혼 이주가 증가한 원인으로, ① 자본주의 세계 체제에서 나라들 간의 불균등 발전과 여성의 상품화, ② 가난과 실업이 만연한 송출국 사회와 자국인의 여성 송출을 장려 또는 방관하는 정부정책, ③ 신부 부족을 해결하기 위해 외국에서 여성을 충원하려는 유입국 사회와 그것을 묵인하는 정부정책, ④ 국제결혼을 성사시킴으로써 영리를 추구하는 국제결혼중개업체 등을 들 수 있다(보건복지부, 2005).

특히 한국사회에서 국제결혼이 증가되는 이유에 대하여는 ① 왜곡된 성비례로 인해 결혼하지 못하는 남성 수요 급증, ② 결혼하지 않고 혼자 사는 여성의 증가, ③ 경제적 수준이나 문화적 여건으로 한국여성과 결혼하지 못할 입장에 처한 남성의 증가, ④ 결혼을 빙자한 외국인과의 인신매매성 위장결혼을 용인하는 사회적 분위기, ⑤ 저임금 외국인 노동자의 유입정책으로 인해 아시아에서 한국으로의 이주가 관심의 대상이 됨에 따른 이주의 여성화 현상에 따라 결혼을 통한 이주를 생존과 꿈의 대안으로 선택하는 현상으로 설명되고 있다(한국염, 2004).

이와 같이 증가하고 있는 국제결혼을 바라보는 다양한 관점이 존재하고 있는데, 이주노동의 성별적 특징을 강조하는 관점에서는 여성이 몸(섹슈얼리티)을 이용하여 이주하며, 이주 후 가족 내에서 가사나 육아와 같은 재생산 노동을 수행하게 된다는 점에서 국제결혼을 성매매여성이나 가사 노동자 보모와 동일 선상에 위치한 '이주의 여성화' 혹은 '여성화된 노동'의 한 영역으로 간주한다. 그러나 지배적인 관점은 국제결혼이 표면으로는 결혼의 형식을 취하지만, 실질적으로는 세계적인 결혼시장에서 여성의 몸이 교환 가능한 '상품'으로 거래되는 '매매혼'에 다름 아니라는 입장이다. 이러한 입장에 따르면 가부장적인 가족의 필요에 의해 한국사회로 유입된 아시아 여성들은 가부장적 가족질서를 재생산하기 위한 통제와 억압의 대상이 된다(홍기혜, 2000; 윤형숙, 2004). 현재 벌어지고 있는 국제결혼에는 구조적으로 폭력과 인권유린이 발생할 권력의 불평등이 내재되어 있으며, 이외에도 다양한 문제들이 산적해 있다. 그러나 '차이'를 인정하지 않고 모든 국제결혼 당사자들을 피해자로 정형화하는 페미니즘 담론은 결과적으로 이들의 결혼을 낭만적 사랑이나 신성한 결혼이라는 우리의 환상을 유지하기 위한 배제적 영역으로 구성할 위험을 갖는다는 지적에 귀 기울일 필요가 있다. 네팔의 한 여성주의 활동가 Rajabandaru(2005)는 모든 이주여성이 인신매매의 피해자가 아니라는 사실이 간과되어서는 안 되며 이주와 인신매매를 구분하여 국경을 횡단하는 여성 이주자의 다중성을 드러내는 데 초점을 두는 전략을 개발할 필요가 있다고 지적한다. 또한 인신매매는 이주과정에서 일어날 가능성을 찾는 하나의 해악에 불과한 것이므로 여성의 이주를 인신매매라는 단일한 틀로 보는 것은 이주라는 더 큰 맥락을 간과하여 여성의 이동성을 제한하고 이주여성을 낙인찍고, 인신매매당한 여성이 사회로 복귀하는 것을 어렵게 만들기 때문이라고 말하고 있다.

지금까지 한국인들의 결혼이민자 가족에 대한 태도는 결코 긍정적이지 못한 것으로 평가할 수 있다. 한국인의 결혼이민자 가족에 대한 배타적 태도는 다음 두 가지 요인과 관련이 있다. 우선 피부색과 생김새가 많이 다른 외국인과 어울려 산 적이 없었던 한국인들에게 국제결혼을 통한 다문화가족은 생경할 수밖에 없었다. 더구나 순수혈통을 중시하는 태도가 자리 잡고 있었던 한국사회에서 결혼이민자 가족은 대체로 사회·경제적 하층에 속한 경우가 많았다. 2007년 혼인신고 건수 중 국제결혼이 차지한 비율이 12%였다. 이제는 국제결혼이란 한국사회에서 자연스럽게 받아들여질 정도가 되었다.

정부에서도 '결혼이민자'라는 용어를 사용하며, 그들의 한국사회 통합정책을 개발하여 시행하고 있다. 교과서에서 순혈주의(純血主義)를 강조하고 있다는 반성이 잇따라 제기됨에 따라 그것을 바로잡으려는 시도가 이루어지고 있고, 각종 제도적 차별을 시정하려는 노력이 이어지고 있다.

따라서 한국인이 결혼이민자와 그 자녀를 바라보는 인식의 전환이 필요하며, 모든 한국인들이 결혼이민자 가족이 한국사회의 역량을 배가시킬 수 있는 구성원이라는 점을 명심해야 할 것이다.

디아스포라(Diaspora)란?

어원적으로 디아스포라는 그리스어 전치사 dia(영어로 'over', 우리말로 '~를 넘어')와 동사 spero(영어소 'to sow', 우리말로 '뿌리다')에서 유래되었다. 고대 그리스인들은 소아시아와 지중해 연안을 무력으로 정복하고 식민지로 삼은 뒤 그곳으로 자국을 이주시켜 세력을 확장하였다. 이때 디아스포라는 이주와 식민지 건설을 의미하는 능동적이고 긍정적인 의미를 가졌다. 이후 디아스포라는 유대인의 유랑을 의미하는 뜻으로 쓰이면서 부정적인 의미를 갖게 되었다. 유대인의 디아스포라는 영어 대문자 'D'로 시작하여 'Diaspora'로 표기하는데, 옥스퍼드 영어 사전에 따르면 '바빌론 유수 이후 팔레스타인 밖에서 흩어져 사는 유대인 거류지' 또는 '팔레스타인 또는 근대 이스라엘 밖에 거주하는 유대인'을 가리킨다(Oxford Dictionary).

1990년대에 들어서 디아스포라 연구가 활발해지면서 디아스포라는 유대인의 경험뿐만 아니라 다른 민족들의 국제이주, 망명, 난민, 이주노동자, 민족공동체, 문화적 차이, 정체성 등을 아우르는 포괄적인 개념으로 사용되고 있다.

 # 3. 이민자가족의 역사

1. 아시아 이주 역사

20세기 후반부터 동아시아 국가는 국제적인 이주의 빠른 증가를 경험했다. 이주에는 다양한 성격이 포함되나, 아시아에서 일어나는 이주의 대다수는 경제적인 동기에 기반하고 있다. 1973년 오일위기 이후, 중동과 북아프리카의 산유국으로 아시아 국가에서의 이주가 증가했다. 그리고 80년대 중반부터는 아시아 간의 이주가 증가한다. 아시아 도착지의 입장에서 보면 다른 대륙으로 부터가 아니라 아시아로부터의 유입이 많다. 1997년까지 일본과 경제신흥산 업국으로의 이주의 이동은 산유국으로의 이주와 숫자가 대충 비슷하다. 1997~1999년의 아시아 금융위기는 노동이주에 일정 영향을 끼쳤다. 실제로 몇 국가는 본국으로 상당수 이주노동자를 귀환시키려는 정책을 발표하기도 했다. 그러나 실제적인 출국의 숫자는 한계가 있었다(Castles, 2000).

유럽에서의 1960년대 게스트노동자 유입정책은 유럽에서의 다문화사회를 이루는 역동성이 있었다. 그러나 동아시아에서는 유럽과는 다른 특징을 보이고 있다. 첫째, 이주의 규모가 상대적으로 크지 않다는 것이다. 즉 문화적인 충격을 일으킬 만큼의 양이 되지 않는다는 것이다. 둘째, 법적 체계와 정책 과정이 다르다는 것이다, 임시이주노동자를 정주자로 변화시키는데 유럽에서는 강력한 법적 보호, 인권적 보호가 뒤따랐다. 가족의 재결합이 보장되었고, 1970년대와 1980년대 이주노동자에 대한 수요가 감소되었을 때에도 상당수의 출국을 막을 수 있는 제도적인 보장이 있었다. 더구나 강력한 복지국가적인 제도가 뒷받침된 것이다. 이런 이유로 유럽에서 보여준 다문화사회의 역동성이 더디게 나타날 수 있다.

한편 한국에서의 다문화가족의 형성 패턴은 시대에 따라 다른 양상을 보인다. 첫째, 1950~1970년대의 국제결혼은 한국전쟁을 계기로 한국에 주둔한 미군 병사 남성과 한국인 여성의 결혼이 주류를 이루었다. 그들은 미군 기지촌 주변에서 가정을 꾸려 생활하거나, 미군을 따라 미국으로 이주하였다.

둘째, 한국의 경제력이 신장된 1980년대 이후에는 외국인의 국내유입과 한국인의 해외진출이 증가하였고, 그 과정에서 외국인 남성 전문직 종사자와 한국인 여성의 결혼이 새로운 유형으로 등장하였다.

셋째, 1980년대 말, 이른바 '북방정책'을 통해 중국·소련과의 교류가 시작되었고, 그 후 1990년대 초 국내에서 '농촌총각 장가보내기 운동'의 일환으로 국제결혼을 추진하면서, 한국인 남성과 외국인 여성의 국제결혼이 증가하기 시작하였다. 그 후 1995년 한국정부가 외국인의 국내 방문을 엄격히 규제하면서, 한국에 들어와서 취업하기 위한 방편으로 국제결혼을 택하는 사람들의 수가 늘어났다. 1995년 이후, 한국인 남성과 외국인 여성의 결혼 유형이 그 반대 유형보다 더 많아지게 되었다. 이러한 추세는 현재에도 지속되고 있다. 특히 2002년 이후 국제결혼이 급증하고 있다. 수많은 국제결혼중개업체들이 활동한 덕분이기도 하다.

넷째, 1980년대 말부터 국내로 들어온 이주노동자들이 한국인과 결혼한 사례도 발견된다. 그 유형은 한국인 여성과 외국인 남성의 국제결혼이 주류를 차지한다. 본서에서는 1990년대 초부터 급격히 증가하고 있는 한국인 남성과 외국인 여성의 결혼으로 이루어진 일명 결혼이민자 가족을 중심으로 전개해 보고자 한다.

2. 국제결혼의 역사와 현황

　본 내용은 보건복지부(2005) 자료를 주로 참조하였다. 국제결혼의 역사가 국제사회 노동력 이동과정과 깊은 관련도 가지고 있으며, 국제결혼 그 이면에 전 세계적 자본주의 체제와 국제결혼에 참여하는 양국 사이의 사회-경제적 연관성 등 다양한 요인이 관련되어 있음을 의미한다. 특히 국제결혼의 여성화 현상은 세계 자본주의 체제에서 국가 간의 불균형 발전 및 여성의 상품화 현상이 밀접하게 관련되어 있음을 암시한다.

　노동력 이주과정에서 국제결혼도 다양한 모습으로 변모해 왔는데 다음과 같이 세 가지 유형으로 구분할 수 있다(설동훈 외, 2005; 이혜경, 2005). 즉 20세기 초 '사진신부(picture brides)', 제2차 세계대전 이후의 '전쟁신부(war brides, military brides 또는 GI brides)' 그리고 1970년 이후 미국과 유럽 등 일부 선진국의 '우편주문신부(mail order brides)'가 있으며 우편주문신부는 최근의 인터넷의 발달로 '인터넷주문신부(internet order brides)' 또는 '사이버주문신부(cyber order brides)'라 부르고 있다.

　첫 번째 유형인 사진신부란, 19세기 말부터 20세기 초 미국으로 이주한 일본, 중국 그리고 한국인들이 몇 장의 고국 여성 사진 가운데 한 사람을 선택하여 자신의 배우자로 초청한 것으로, 고국 땅의 여성도 남편이 될 사람의 사진한 장을 들고 멀리 하와이로 또는 미국본토로 태평양을 건너간 경우를 가리킨다. 이러한 현상은 당시 인종차별적인 미국의 법이 '백인'과 '유색인종' 간의 결혼을 금지하고 있어서, 유럽으로부터의 이주자를 제외한 멕시코인이나 아시아인들은 미국 내 백인과 혼인할 수 없으므로, 고국으로부터 여성을 불러와 결혼을 하였던 것이다. 그러므로 이는 국가를 건너간 국제결혼이기는 하나, 같은 인종 내의 결혼이었다. 이러한 사진신부 현상은 역사적인 과거의 사건으로만 머물지 않고, 최근에는 해외 이주민 사회에서 주로 남성이주민들이 고국에서 신붓감을 찾는 현상으로 이어지고 있다.

두 번째 유형인 전쟁신부 또는 미군아내란, 제2차 세계대전 이후 일본, 한국, 필리핀 등에 미군이 주둔하게 되면서, 이들 미군과 결혼하여 미국으로 이주한 여성을 가리킨다. 전쟁신부 유형은 혼인이주로서의 인종 간의 결혼인 국제결혼의 효시이나, 이들은 경제적 또는 정치적 이주자가 아니라 가족재결합을 위해서 남편을 '따라가는 자(tied-movers)'로 이해되어, 학계의 관심을 끌지는 못하였다. 한편 송출국에서도 이들 여성에 대해 기지촌 매춘여성의 결혼이라는 부정적인 시각이 대부분이었다.

마지막 유형인 우편주문신부란 서구에서는 1970년대 이후 여성의 국가 간 이주를 부추기는 현상으로 중매기관이 상업화되면서 그 규모가 크게 증가한 현상이다. 그러나 그 규모에 비해 이 역시 매스컴의 선정적인 또는 시민단체의 비판적인 주목만 받았지, 학계로부터의 큰 관심을 받지는 못하였다. 매스컴은 물론 시민단체와 일부 여성주의 학자들은 우편주문신부를 제3세계 여성들이 경제적인 동기에서 또는 이주를 목적으로 한 일종의 '위장결혼자'로, 또는 상업화된 국제중매기관의 '희생자', 또는 국제적 인신매매의 '희생자'로 묘사해 왔다. 그러나 '우편주문신부'란 용어 자체도 문제가 있지만, 이들을 '희생자'로만 보는 시각도 문제가 있다.

 # 4. 이주 관련 이론고찰

1. 이주에 관한 이론적 접근

이주에 대한 이론은 경제학적·사회학적·여성학적 접근 등으로 매우 다양화되어 있다. 이주에 관한 이론의 출발점은 왜 이주가 발생하는가를 설명하는 것에서부터 시작한다. 1980년대 이후 여성 이주가 뚜렷해지면서 성 인지적인 관점으로 이주를 설명하고 분석하려는 시도가 증가하였다. 아래는 이주에 관한 다양한 이론 중에서 주요한 것만을 정리한 것이다(IOM, 2003).

첫째, 1960년대에 심화되기 시작한 이주에 대한 고전경제학적 접근은, 이주가 발생하는 구조적인 원인에 초점을 두는 거시적 입장과 이주자의 행동에 초점을 두는 미시적 입장으로 나뉜다(Massey, 1989). 거시경제학에서는 이주가 국가 간, 지역 간의 노동과 자본의 불균등한 분배 때문에 발생한다고 보고 있다. 지역 간의 노동과 자본의 불균등한 분배는 소득 격차와 생활수준의 격차를 일으키는 주된 원인이 된다. 자본이 빈약한 저개발국의 사람들은 상대적으로 고임금을 제공하는 선진국으로 이주하게 된다. 이러한 수요와 공급의 법칙에 의해 임금의 격차가 해소되면서 이주도 사라지게 된다.

미시경제학에서는 소득수준을 향상하여 생활수준을 높이고자 하는 개인의 경제적 욕구가 이주의 주요한 동기가 된다고 본다. 이와 같은 경제학적 접근은, 개인은 이성적이고 계산적이기 때문에 생활수준의 향상을 위해 고임금을 찾아서 이주하는 것은 개인의 자발적인 결정이라고 본다. 그리고 이성적인 개인은 이주에 드는 비용과 그것을 통해 획득하는 소득의 정도를 계산하여 순이익이 큰 쪽을 이주의 대상 지역으로 선정한다고 주장한다. 한국에 온 여성 결혼이민자의 출신국이 주로 저개발국가임을 볼 때 반영되어지는 내용이다.

둘째, 1970년대 Piore에 의해 정교해지기 시작한 이중노동시장이론은 산업을 중심으로 한 경제와 이주를 연결한다(IOM 2003). 이주를 개인의 소득향상을 위한 자발적인 결정과 동기에 의한 것으로 보는 미시경제학과는 달리, 이중노동시장이론은 이주는 목적국의 경제적 필요성에 의해 유발된다고 보는 것이다.

Piore는 산업사회에서 이주노동자에 대한 끊임없는 요구가 이주노동자 수를 증가시키는 요인이 되고 있다고 주장한다. 그에 따르면, 경제적으로 선진화된 사회에서는 자본집중 산업과 노동집약적인 2차 산업이 함께 존재한다. 목적국의 노동자들은 승진이 제한되는 2차 산업에 종사하는 것을 꺼린다. 이들을 유인하기 위한 임금상승은 인플레이션을 야기하기 때문에 쉬운 문제가 아니다. 그리고 과거에는 2차 산업에서 젊은 인력을 일시적으로 활용할 수 있었으나, 출산율의 저하로 2차 산업에서 최하층으로 활용할 수 있는 젊은 층이 부족해지고 있다. 이러한 상황에서 부족한 노동력을 채우기 위하여 해외 이주노동자를 받아들이는 것이 필요해진 것이다. 저개발국에서 온 이주자들은 선진국에서 제공하는 임금이 자국의 임금 수준보다 높기 때문에 목적국의 노동자들이 꺼리는 일을 쉽게 받아들인다. 그리고 이주자들은 임금을 자국으로 송출함(remittance)으로써 자국의 경제 및 가구 소득증진에 기여한다.

셋째, 1980년대 세계체계이론은 Sassen과 Portes에 의해 제안된 것이다(IOM 2003). 이 이론에서 국제이주는 세계화와 시장 확대에 의한 것으로 보고 있다. 이 학자들은 국제이주는 개인이나 가구의 결정의 산물이 아니라, 국제정치의 위계질서에 따른 세계 시장 확대의 결과로 본다(Massey, 1989). 신식민지주의와 초국적 기업 및 외국투자의 성장은 자본주의 시장 확대와 이주를 지지하는 주요세력으로 등장하였다. 세계자본주의시장 확대는 저개발 국가의 농업개혁을 필수불가결하게 하여 농민의 삶을 피폐하게 하고, 이들을 생활 터전을 떠나 새로운 곳으로 이동하게 함으로써 농민층이 소멸하는 결과를 가져온다. 임금노동자화된 농민들은 결국 값싼 노동력을 필요로 하는 국가들로 이동한다(Sassen 1988). 이런 현상은 과거 식민지국가들과 이들을 지배한 국가들 사이에서 특히 두드러지게 나타나고 있다. 이러한 측면에서 세계체계이론 학자들은 이주가 세계 노동력의 공급과 수요를 조절하는 거대한 메커니즘으로 작용한다고 본다.

넷째, 이주에 대한 신경제학 이론은 1990년대 Stark에 의해 발전되었다(IOM 2003). 고전경제학이 이주의 원인을 소득의 확대에 초점을 둔 반면, 신경제학 이론은 소득원천의 다양성에 그 초점을 두고 있다. 그리고 고전경제학이 이주를 이상적인 개인의 결정으로 보는 것과는 달리 가족, 지역사회와의 관계에서 결정된다고 본다. 신경제이론은 이주를 노동시장의 측면에서만 살펴보는 것이 아니라 사회·문화적인 요소들과 연관하여 살펴보고 있다. 특히 고전경제이론이 중요하게 여기지 않던 송출비용의 중요성을 강조한다.

다섯째, 1990년대 네트워크에 관한 사회학적 이론이 이주를 설명하기 위하여 새롭게 구성되었다(IOM, 2003). Massey는 이주 네트워크는 이주자가 본국에 남아 있는 가족, 친구, 동료들과 이루는 관계망으로 정의한다. 이 네트워크는 해외에서 일자리를 찾기 위한 정보교환과 재정지원 등의 역할을 한다. 이주 네트워크는 한편으로 이주를 도와주는 전문업체나 인신매매를 하는 범죄조직과 서로 연결되어 있기도 하다. 인신매매범들은 이주자가 불법으로 국경을 넘는 것을 도와주고 이에 상응하는 금품을 받는다. 인신매매 조직에 의해 이주한 사람은 인신매매범들의 폭력과 위협에 시달리고, 성적 착취까지

당할 위험에 놓이게 된다. 인신매매를 통한 이주는 인간을 상품화하고 인간의 존엄성을 파괴하는 가장 흉악한 범죄 중의 하나로 나타나고 있다.

여섯째, 성 인지적 이론적 접근으로 1960대와 1970년대 초반의 이주에 대한 연구는 남성 중심의 노동이주자와 그의 가족이라는 관점에서 이해되었다. 즉, 이주의 주된 행위자는 남성이라는 인식이 지배적이었다. 그 이후 1970년대 후반에서 1980년대에, 이주문제 연구에 여성이라는 개념이 등장하였다. 하지만 대부분의 논의는 이주가 여성을 보다 근대화된 주체 즉, 전통적 가치와 행동의 제압에서 벗어난 여성으로 거듭나게 하는 기회를 제공해주는가라는 질문에 대한 답을 찾으려는 방향으로 진행되었다. 따라서 이들이 왜 이동하는지, 어디로 가는지, 어떻게 새로운 사회에 융합되는지에 대한 질문은 결여되었다고 할 수 있다. 이주와 관련하여 보면, 체류기간, 목적국, 이주대상자를 결정하는 데 있어 가족구성원, 특히 남성과 여성이 서로 다른 이해관계와 우선권을 가질 수 있다는 점에서 이런 접근은 국제이주 상황을 이해하는데 한계가 있다고 하겠다.

1980년대와 1990년대를 통해 여성주의 이론이 본격적인 주목을 받으면서, 젠더라는 개념이 더욱 폭넓게 인식되기 시작하였다. 단순히 생물학적 차이로 이성을 구별하는 성(sex)이라는 개념을 넘어, 젠더라는 개념은 남녀의 차이가 사회적으로 형성된다는 새로운 시각을 제시하였다. 여성주의 이론은 젠더가 성 차별적 사회의 문화 속에서 형성된 정체성, 행위, 권력관계가 융합된 하나의 복합체로서 가시화하는 것이라고 지적한다. 이런 이유로 젠더는 사회와 시대별로 다르게 규정된다고 덧붙이고 있다. 이런 맥락에서 이주 관련 접근도 젠더라는 개념을 이주자가 목적국에서 사회적 적응을 하고, 자국과 지속적 교류를 하며 귀환하는 전 과정에서 결정적 역할을 수행하는 요소로 받아들이기 시작했다.

젠더에 대한 이런 관점은 여성과 이주에 대한 연구에 크게 두 가지 질문을 제시한다. 첫째는, 사회의 이용 가능한 자원에 대한 접근성을 남성에게 우선

부여하는 가부장적 사회가 여성의 이주능력, 이주시기, 목적국가 결정에 어떤 영향을 미치는가 하는 것이며, 둘째는 이주로 인해 이런 가부장적 구조가 어떻게 재구성되는가 하는 문제다. 성 인지적인 관점에서 이주를 보는 것은 여성의 경험과 이해를 가시화하여 이를 설명하고 분석하기 위한 것이다. 성 인지적인 관점이 이주를 설명하고 분석하는 다양한 이론에 통합될 때 남녀의 이해와 경험의 차이를 반영하는 이주 정책의 수립이 용이하게 될 것이다.

2. 인종·민족집단 관계이론

이 부분은 윤인진(2006)의 코리안 디아스포라-재외한인의 이주, 적응, 정체성을 주로 참조하였다.

1) 동화론(Assimilation Theory)

이민자와 소수민족들이 미국 주류 사회의 완전한 성원이 되기 위해서는 우선 백인-앵글로색슨-개신교도들의 언어, 가치관, 행동양식, 생활양식들을 수용해야 한다는 것이다. 이때 이민자들의 모국에서 가져온 전통가치, 관습, 제도들은 후진적이고 주류사회와 양립할 수 없는 것으로 인식되어 주류사회에서 수용과 신분상승을 꾀하기 위해서는 버려야 될 것으로 인식된다. 시카고 도시사회학파를 창시한 Park(1950)는 미국의 인종 및 민족관계를 순환적인 입장에서 설명했다. 그는 이민자들이 접촉(Contact), 경쟁(Competition), 수용(Accommodation), 동화(Assimilation)의 여러 단계들을 거쳐서 백인 토박이들과 구분이 안 되고 최종적으로 미국사회에 완전하게 동화된다고 하였다. 더욱이 그는 이러한 네 단계의 순서가 "전진적이고 돌이킬 수 없는(Progressive and Irreversible)"것으로 파악했다.

파크가 동화의 필연성을 강조하면서 동화의 구조적 제약조건들을 간과한 것과는 달리 Warner and Srole(1945)은 사회계층, 피부색깔, 언어, 종교 등과 같은 제도적 요인들이 이민자와 소수집단의 동화하는 속도와 정도에 영향을 준다고 주장하였다. 그들은 흑인과 같이 쉽게 구별되는 소수집단 성원은 인종－카스트 제도와 밑바닥에서 벗어나기 어려울 것이라고 보았다.

Gordon(1964)은 그의 일곱 단계의 동화론에서 Park(1945)의 이론을 보다 정교화하였다. 소수집단성원은 처음에는 문화적 동화를 거치고 다음에는 다수집단성원과 일차적 관계를 맺는 구조적 동화를 거치게 된다고 보았다. 고든의 일곱 단계에서 가장 핵심이 되는 것은 구조적 동화로서 이 단계를 통과하게 되면 이후의 동화 단계(혼인적, 정체적, 태도 수용적, 행동 수용적, 시민적 동화)는 큰 어려움 없이 진행된다고 보았다. 하지만 그는 파크처럼 동화를 직선적이고 언제나 전진적인 것으로 생각하지 않았다. 왜냐하면 미국의 흑인들과 같은 몇몇 소수인종집단들은 문화적으로는 백인들에게 동화되었어도 구조적으로는 고립된 상태에 머무르고 있기 때문이다.

동화론은 제2차 세계대전 이후 학계에서 비판을 받기 시작했다. 이들 백인민족집단들은 1960년대 이후부터 민족적 단결을 강화하려는 움직임을 보였다. 그 계기는 흑인들이 자신들에 대한 백인들의 인종차별을 반대하고 민권운동과 같은 정치적 집단행동을 통해 상당한 수준의 사회적·정치적 진보를 이루게 되었기 때문이다. 적극적 조치(Affirmative Action)와 같은 진보주의적 정책은 중산층 흑인들에게는 대학 입학의 기회를 늘리고 정부 및 사기업 요직으로 진출할 수 있는 문호를 열어 놓았지만 백인들에게는 그만큼 교육 및 직업기회가 줄어드는 것을 의미하였다.

동화론에 대한 더욱 중요한 비판은 백인계 이민자들이 몇 세대를 거치면서 미국 주류사회로 편입되고 동화되는 것과는 달리 흑인, 아시안, 히스패닉(Hispanic), 인디언과 같은 유색인종들은 아무리 많은 세대가 지나더라도 정치적, 경제적으로 예속되거나 차별적인 상황에서 벗어나지 못한다는 점이다.

2) 다원론(Pluralism)

동화론이 소수집단으로 하여금 다수집단의 제도와 문화로의 일방적인 동화를 강조한다면 다원론은 집단들 간의 차이를 유지하거나 또는 강화하려고 한다. Abramson(1980)은 다원론(또는 다원주의, Pluralism)을 "민족적 차이와 이질성을 지속적으로 발생하는 조건"이라고 정의하였다. 다시 말해 다원론은 집단 간 다양성과 집단경계의 유지를 권장하는 사회적 과정과 조건들의 세트라고 정의할 수 있다.

다원론은 동화론과 마찬가지로 다양한 차원이 있는데, 그중 대표적인 것으로 문화적 차원과 구조적 차원이 있다. 문화적 다원론은 동일한 경제적, 정치적 체계 내에서 많은 다양한 문화적 체계를 유지하는 것을 의미한다. 구조적 다원론은 문화적 차이뿐만 아니라 일정 수준의 분리된 민족 공동체의 존재를 의미한다. 서로 다른 민족집단은 자신들의 민족공동체 내에서 독립적인 학교, 사업체, 교회 등과 같은 시설들을 갖고 있고 이들의 일상생활의 상당 부분을 이곳에서 보낸다.

문화적, 구조적 차원 외에도 권력의 형평성 차원에서 다원론은 평등적 다원론(Equalitarian Pluralism)과 불평등적 다원론(Uneualitarian Pluralism)으로 구분할 수 있다. 평등적 다원론에서는 집단들이 문화적, 구조적 자치권을 유지하는 것뿐만 아니라 정치, 경제적 권력에서도 평등한 위치에 있는 것을 가정한다. 반면 불평등적 다원론에서는 집단들이 문화적으로 구분되고 구조적으로 격리될 뿐만 아니라 정치, 경제적 권력에서의 불평등성을 가정한다.

평등적 다원론은 다시 문화적 다원론과 조합주의적 다원론(Corporate Pluralism)으로 구분할 수 있다. 문화적 다원론은 미국에서 발견되는 형태로 이 경우에

민족성은 개인의 선택사항에 가깝다. Gordon(1975, 1981)은 이러한 조건을 '자유주의적 다원론(Liberal Pluralism)'이라고 정의했는데, 여기서는 개인의 민족정체성의 표현은 자유롭게 허용되지만 민족성을 고려해서 정치권력, 경제적 기회 등을 배분하지는 않는다.

스위스, 벨기에, 캐나다 등지에서 발견되는 조합주의적 다원론에서는 민족집단 간의 문화적, 구조적 차이가 국가에 의해서 보호되며, 민족구성 비율에 따라 사회 차원의 보상이 배분된다. 조합주의적 다원주의 체계에서는 민족단위가 정부에 의해서 공식적으로 인정되고, 국회의원, 정부 각료, 취업, 소득과 같은 정치적, 경제적 권력 및 자원이 민족구성비율(민족공식, Ethnic Formula)에 따라서 비례적으로 할당된다. 이런 형태의 다원론에서는 문화적, 구조적 분리가 강조되고, 다언어주의(Multilingualism)가 공식적으로 인정된다. 예를 들어, 스위스에서는 독일어, 프랑스어, 이태리어, 로만시어(Romanish)가 공식어로 인정되어 있고, 캐나다에서는 영어와 프랑스어가 공식어로 지정되어 있다.

평등적 다원론은 민족집단 간 불평등을 철폐하거나 또는 최소한 감소하려는 사회의 이데올로기와 정부 차원의 노력이 있지만 불평등적 다원주의 사회에서는 각 민족집단이 구조적으로 문화적으로 분리될 뿐만 아니라 권력과 권리에의 접근이 불평등하게 이루어지고 있다. 이런 사회에서 정부는 사회적 합의에 의해서 사회질서와 통합을 이루는 것이 아니고 지배집단의 이해를 보호하기 위해 소수집단의 반대와 저항을 강제력으로 억누르면서 사회질서를 유지한다. 따라서 이런 사회에서의 민족관계는 극단적인 양극화 양상을 띠고, 지배집단은 정부와 같은 공식적인 법적·제도적 장치와 편견과 고정관념과 같은 문화적 장치를 사용해서 소수집단으로 하여금 종속적인 위치에 머물도록 강요한다. 이런 불평등적 다원론에 해당되는 대표적인 경우는 과거 남아프리카공화국에서의 흑인인종차별정책(Apartheid)이다.

3) 분절동화론(Segmented Assimilation Theory)

　다양한 적응양식을 관찰하면서 Portes(1996), Rumbaut(1994), Zhou(1997) 등의 학자들은 이민자와 그 후손이 현지사회에서 적응하는 방식에는 동화론에서 주장하는 것처럼 단선적인 동화(Straight-line Assimilation)만이 있는 것이 아니라 여러 가지 분절된 모습으로 나타난다고 주장하였다. 첫째는 유럽계의 구이민자들의 경우에서처럼 점진적으로 주류사회와 문화로의 동화가 이루어지면서 사회경제적 신분상승을 통해 중류층으로 진입하는 것이다. 둘째는 주류사회의 기회구조체계에 진입하지 못하고 밑바닥 계층(Underclass)에 머물면서 실업, 빈곤, 일탈, 범죄 등의 사회문제로 고통 받고, 2세는 기성질서에 반항하는 가치관과 행동양식을 갖게 되는 것이다. 셋째는 주류사회로의 일방적인 동화를 지양하는 대신 자신들의 민족문화와 정체성을 유지하고 동족성원 간의 유대와 연결망을 활용하여 사회경제적 신분상승을 꾀하는 것이다.

　분절동화론은 다수집단과 소수집단의 관계를 동화가 아니면 분리라는 이분법적인 구분을 해온 기존 이론을 보완하여 동화와 분리의 중간 단계에 해당하는 소수집단의 대안적인 적응방식을 파악하게 한다는 점에서 이론적 기여를 하였다. 이 이론은 이민자들이 처한 거주국의 구조적, 상황적 맥락을 중요하게 여기지만 이에 못지않게 이민자들이 주어진 기회구조에 어떻게 대응하느냐 하는 것을 중요시 여긴다. 즉 개별 이민자들의 계층배경, 이민자 집단의 문화적 특성, 민족성원들 간의 연대와 사회적 지원망에 따라서 동일한 구조적 여건에서도 이민자 집단 간에 상이한 방식의 동화가 일어난다는 것이다.

　그러나 분절동화론은 1960년대 이후의 신이민자들과 그들의 2세 자녀들의 적응경험에 기초하기 때문에 장기적 동화과정을 설명하기에는 아직 이르다는 비판을 받는다.

4) 문화변용론(Acculuration Theory)

　Berry(1992)는 캐나다와 같은 다인종·다민족사회에서 소수민족 집단의 문화변용을 연구하면서 문화변용을 "서로 다른 인종 문화적 집단의 사람들이 장기간의 접촉을 하여 발생하는 모든 변화의 과정"이라고 정의하였다. 그의 최근 연구 Berry(2002)에서는 문화변용이 집단적 수준의 문화변화와 함께 개인 수준의 변화를 의미하는 것이라고 하였고 이 둘 사이에 유기적 관계가 있다고 지적하였다. 또한 Berry(1997)는 문화변용을 3단계로 구분하여 제시하였다. 제1단계는 접촉단계로서 서로 다른 2개의 문화가 만나는 초기단계이다. 제2단계는 갈등단계로서 이민자들을 수용하는 주류사회가 이민자들에게 변화의 압력을 가하는 단계이다. 이때 이민자들은 기원사회(Origin Society)와 정착사회(Host Society)의 문화정체성 사이에서 어느 한쪽을 선택해야 하는 정체성의 혼란을 경험한다. 제3단계는 해결단계로서 문화변용의 특정한 전략을 사용해서 정체성의 혼란을 극복하는 단계이다. 또한 Berry(1987)는 소수민족집단 이민자들의 문화변용이 '다른 인종과 민족집단과의 관계를 얼마나 중요하게 여기는가?'와 '자신들의 문화적 특성이나 관습의 유지를 얼마나 중요하게 여기는가?'에 의해 통합, 동화, 고립, 주변화의 네 가지 유형으로 분류된다고 지적하였다(김두섭, 1998). 여기서 통합(Integration)은 소수민족 이민자들이 거주국의 주류사회에 활발히 참여하면서도 자신들의 고유한 전통과 문화를 유지하는 경우이다. 동화(Assimilation)는 이민자들이 주류사회에 활발히 참여하는 과정에 자신들의 고유한 문화와 정체성을 상실하여 주류집단에 흡수되는 경우이다. 고립(Isolation)은 이민자들이 사회참여를 활발하게 하지 않으면서 자신들의 문화정체성을 강하게 유지하려고 하는 경우로서 이들은 보통 차이나타운과 같은 민족 엔클레이브(Enclave, 소수의 이문화 집단의 거주지)에 격리되어 산다. 끝으로 주변화(Marginality)는 주류사회에도 참여하지 않고 자신들의 문화도 잃어버리는 경우로서 사회의 밑바닥 계층으로 전락하여 기성질서에 반항하는 가치관과 행동양식을 갖게 될 수 있다.

베리가 제시한 문화변용은 소수민족집단성원이 정착사회에서 적응하는 초기과정에서 나타나는 문화와 정체성의 변화이다. 이는 고든의 일곱 단계의 동화에서 첫 번째 단계에 해당하는 문화적 동화에 해당한다. 적응에는 이런 문화적 측면뿐만 아니라 구조적 동화와 같이 정착사회의 제도와 조직에 참여하고 다수집단성원들과 친분관계를 맺는 것까지도 포함한다. 끝으로 새로운 사회에의 소속감을 갖게 되어 사회의 다른 구성원들과 태도적 일체감을 갖는 것은 적응의 완성단계라고 할 수 있다.

02

각국의 이민자가족 정책

# 1. 우리나라 이민자가족 정책의 역사와 프로그램

다문화정책은 한국사회의 새로운 구성원으로 자리 잡아나가는 국제결혼이민자 및 이주민, 난민들의 문화적 차이에 따른 다양성의 존중, 사회적 통합을 이루어 나가는 데 있다. 우리 사회는 지금까지 산업화 서구화 과정에서 일방적인 서구문화의 영향을 받았다.

한국사회의 새로운 구성원으로 자리 잡아나가는 이주민들이 사회의 한 구성원으로 참여하여 더불어 살아가는 것이다. 다문화사회에서의 소수자 보호, 다수자 변화, 공동체 형성을 위한 과제를 수행할 필요성이 있다.

1. 국제결혼 과정

1) 여성결혼이민자의 입국과정

그들의 입국시기를 통해 국내로의 결혼이주는 1980년부터 통일교를 통한 일본 여성과의 국제결혼이 시작되었고, 1992년 이후 중국동포와 중국한족의 결혼이주가 활발해졌으며, 1990년대 중반부터는 필리핀, 태국, 몽골 여성으로 외국인 아내의 국적이 확대되기 시작하며, 1990년대 말부터는 베트남과 구소련 등 외국인 아내의 국적이 더욱 다양해졌음을 알 수 있었다. 그들의 입국 이유는 결혼이주와 취업 및 방문 등의 이주가 77%와 23%로 나타나, 물론 혼인을 위한 입국이 가장 많지만(3/4), 최근으로 올수록 특히 도시지역에서는 이미 국내에 들어와 있는 이주여성과의 결혼도 증가하고 있음을 알 수 있었다. 그리고 그들 여성결혼이민자의 2.3% 정도는 국내로 입국하기 전에 사회적 연결망을 가지고 있었으며, 다른 나라 출신 결혼이민자는 주로 친구집단이라는 사회적 연결망이 있었음에 비해 중국동포는 혈연집단이라는 사회적 연결망을 가지고 있었다.

2) 국제결혼 과정

그들이 국제결혼을 하는 방법은 아는 사람의 소개, 직접 만남, 종교단체, 결혼중개업체를 통한 4가지 방식이었다. 보건복지부(2005) 보고서의 내용을 중심으로 살펴보면, 아는 사람이 소개한 경우는 중국동포와 중국한족에게, 직접 만나는 방식은 중국한족과 몽골 여성에게, 종교단체를 통한 방식은 일본, 필리핀, 태국 여성에게, 그리고 결혼중개업체를 통한 경우는 주로 베트남, 몽골 및 구소련 여성에게 많았다. 소개받기 위해 돈을 지불하였는가는 국제결혼 방법에 의해 크게 좌우되는데, 특히 결혼중개업체를 통한 국제결혼일수록 대부분(94%)이 돈을 지불하였고, 이는 주로 남편(50%)이, 또는 외국인 여성(18%)이, 아니면 부부 모두(14%)가 돈을 지불하였다. 그리고 종교단체를 통한 국제결혼에서도 거의 절반에 가까운 사람(45%)들이 돈을 지불하고 있어서, 종교단체를 통한 국제결혼도 상업화되었음을 알 수 있었다. 남편이 될 사람과 결혼 전에 몇 번이나 만났는가도 국제결혼 방법에 따라 크게 달라서, 특히 종교단체(27%)나 결혼중개업체(17%)를 통한 경우에는 한 번도 만나지 않고 결혼한 경우가 상당수에 달하고 있었다. 그들의 국제결혼이 부부 모두에게 초혼인가 아니면 재혼인가는 여성결혼이민자의 국적에 따라 달라서 주로 중국한족(25%), 중국동포(23%) 그리고 몽골(21%) 여성과의 국제결혼은 부부 모두가 재혼인 경우가 1/4~1/5 정도였다. 한편 한국인 남편의 입장에서는 30% 정도가 재혼이었다. 그들 여성결혼이민자가 한국인과 결혼한 중요한 이유는 "경제적인 이유(41%)"나 "남편을 사랑해서(37%)"이며, 결혼중개업체를 통한 국제결혼의 경우에는 73%의 여성결혼이민자가 "경제적인 이유" 때문에 국제결혼을 감행하였음을 알 수 있었다. 여성결혼이민자 5명 중 1명 이상이 남편에 대한 사전정보가 사실과 달랐다고 하였으며 결혼중개업체를 통한 여성결혼이민자는 44%나 사전정보가 사실과 다르다고 응답하였다. 따라서 국제결혼 과정에서의 문제점은 주로 결혼중개업체를 통한 방식에서 더 많이 나타나고 있어서 그들 업체에 대한 단속과 지속적인 모니터링이 절실하다.

2. 국제결혼 관련 사회복지

귀화하지 않은 외국인 결혼이민자는 국민연금, 국민건강보험, 고용보험, 산업재해보상보험 등 4대 사회보험의 수혜대상이 된다. 그들은 외국인 신분을 유지하고 있으므로, '상호주의 원칙'에 의거하여 <표 2-1>에 제시한 한국의 사회보장 협정 체결 내용에 따라 출신국별로 달리 적용된다.

〈표 2-1〉 한국의 사회보장 협정체결 현황, 2005년

구분	국가명
발효(6개국)	캐나다, 영국, 미국, 독일, 네덜란드, 중국(잠정조치)
서명(2개국)	이탈리아, 일본
협정문 합의(3개국)	프랑스, 아일랜드, 벨기에
교섭 진행(3개국)	스위스, 덴마크, 퀘벡(캐나다)
개시 교섭(15개국)	호주, 뉴질랜드, 노르웨이, 스페인, 포르투갈, 폴란드, 이란, 리비아, 필리핀, 체코, 인도, 오스트리아, 스웨덴, 헝가리, 중국

주: 한국과 중국은 국민연금 보험료를 상호 면제하기로 잠정조치를 시행하고 있다.
자료: 보건복지부(2005)

첫째, 국민연금법은 국민연금의 가입대상을 국내에 거주하는 18세 이상 60세 미만의 국민으로 규정(제6조)하고 있기 때문에 국내 거주 외국인은 원칙적으로 그 적용 대상에서 제외된다. 하지만 국민연금법 제102조에서는 외국인에 대한 적용 범위를 별도로 규정하고 있다. 즉, ① 대통령에서 별도로 정하는 국민연금 제외자, ② 외국인의 본국법이 대한민국 국민에게 국민연금에 상응하는 제도를 적용하지 않을 경우(상호주의 원칙)를 제외한 국내거주 외국인을 국민연금의 당연 적용대상자로 규정하고 있다.

둘째, 국민건강보험법은 "국내에 거주하는 국민으로서 의료급여법에 의해 의료급여를 받는 자 및 독립 유공자 예우에 관한 법률 및 국가 유공자 등 예우 및 지원에 관한 법률에 의하여 의료보호를 받는 자"를 제외한 자가 건강보험의 가입대상이 된다(제5조)고 하여 대한민국 국민이 아닌 국내거주 외국인을 적용대상에서 제외시키고 있다. 그러나 국민건강보험법은 외국인 등에 대한 특례규정을 두어 "외국정부가 사용자인 사업장 근로자로서 건강보험과 관련하여 외국정부와 합의를 이룬 경우"와 "대통령이 정하는 외국인 및 재외국민의 경우에는 국내거주 외국인을 건강보험의 임의 적용대상자로 한다(제93조)고 규정하고 있나.

외국인 결혼이민자는 국민건강보험의 강제가입 대상이 아니라 임의가입(신청주의) 대상이다. 국민건강보험의 임의가입은 가입률을 현저히 저하시킬

뿐만 아니라 각 개인의 건강보장권을 침해할 소지가 있다. 그러므로 일정한 기간 이상 합법적으로 체류하는 외국인에 대해서는 원칙적으로 국민건강보험에 강제 가입하도록 하는 것이 바람직하다.

셋째, 고용보험법 제7조(적용범위)는 "근로자를 사용하는 모든 사업 또는 사업장"에 적용한다고 하고 있지만, 제8조(적용제외 근로자)는 "기타 대통령령이 정하는 자를 제외한다"고 규정하고 있다. 고용보험법 시행령 제3조 제2항 제4호는 외국인 노동자를 적용제외자로 규정하고 있다. 그러나 동 조항은 적용제외 예외자를 명시하여 당연 적용대상자를 국내외국기업의 파견근로자(D-7, D-8, D-9 사증 소지자) 중 상호주의 원칙에 입각하여 외국인의 본국법이 대한민국 국민을 적용에서 배제하지 않을 경우, 비전문취업(E-9) 또는 거주(F-2) 사증 소지자, 영주권자(F-5) 등으로 명시하고 있다. 또한 동 조항은 고용보험의 임의가입 가능자로 교수・연수취업・단기취업, 방문동거자(F-1), 재외동포(F-3) 등을 열거하고 있다. 고용보험에 가입하여 6개월 이상 보험료를 납입한 외국인 결혼이민자는 실업 시 1개월 이내에 사업자변경신청을 신청한 후 2개월 이내에 새로운 사업장을 구하는 등 최장 3개월까지 실업 상태로 있을 수 있어, 논리적으로 최대 2달 반 동안 실업급여를 받을 수 있다.

넷째, 산업재해보상보험법 제5조(적용범위)는 "이 법은 근로자를 사용하는 모든 사업에 적용한다"고 규정하고 있으므로, 국내에서 취업하는 모든 외국인 결혼이민자는 산업재해보상보험의 당연 적용대상자이다. 산업재해보상보험법 시행령 제3조(법의 적용제외사업)는 공무원, 사립학교 교직원, 군인 등 특수직 연금에 의해 보호받는 자 및 사업규모 2,000만 원 미만의 영세사업장 근로자, 가사서비스업, 상시근로자 1인 미만인 사업장 근로자 등을 적용에서 제외하고 있지만, 외국인을 고용해야 될 정도로 인력 부족을 겪고 있는 사업장이라면 상기 규모 이상의 사업장은 되는 것으로 볼 수 있으므로, 산업재해보상보험 적용 제외 사업장에 고용된 외국인 결혼이민자는 극소수일 것으로 판단된다. 산업재해보상보험법 시행령 제31조 6항은 "외국인 수급권자가 국내를 떠나게 되는 경우" 장애급여를 일시금형태로 지급하도록 규정하고 있다.

한편 외국인 결혼이민자는 '공적부조'의 대상에 포함되고 있다. 단 한국국적의 만 18세 이하 미성년 자녀를 양육하고 있는 경우, 2007년 1월부터는 국적취득 전인 외국인 배우자들도 국민기초생활보장 급여를 지급할 계획이라고 밝히고 있다. 현행 기초생활보장제도는 가구단위로 가구원의 수에 따라 급여를 지급하고 있어, 외국인 배우자 등이 가구원에 포함되어 있는 가구의 경우 외국인은 수급자에 해당하지 아니하여 일반가구보다 적은 급여로 생활하고 있어 보장하는 데 충분하지 못한 실정이다.

기타 결혼이민자는 문화적 차이와 언어소통 문제로 인한 한국사회 적응에 어려움을 겪고 있을 뿐 아니라, 성폭력과 가정폭력 피해가 속출하고 있어, 이를 구제하려는 사회복지서비스가 제공되고 있다. 정부는 2004년 성폭력이나 가정폭력 피해 외국인 여성에 대하여 여성긴급전화 1366 등에 동시통역서비스를 제공하고, 외국인 여성 전용 쉼터를 인천과 천안에 설치하여 운영하고 있다. 기타 민간기관에서 운영하는 곳도 나타나고 있다. 또한 여성가족부 주관으로 결혼이민자 지원사업계획을 수립하여 추진하고 있다. 예컨대, 한국어, 한국문화교육, 한국가족생활 상담, 찾아가는 서비스, 출산도우미 및 가사도우미 파견, 양육지원서비스, 모성보호가이드사업 등이 진행 중이다.

 ## 2. 외국의 이민자가족 정책의 역사와 프로그램

1. 이민자 수용 정책의 유형별 분류

국제결혼 이주여성을 비롯해 이민자들을 수용하는 국가는 출입국이나 국적 취득과 관련된 제반법률과 제도로 이주민들을 수용하는 다양한 정책을 추진하고 있다. 이러한 정책들은 국가가 이주민을 수용하는 방법, 국적을 부여하는 원칙, 이민자들을 수용하는 사회적 분위기를 토대로 몇 가지 유형으로 분류할 수 있다. Castles and Miller(2003)는 각 국가를 네 가지 군으로 나눈 후, 이를 세 가지 유형으로 분류했다. 첫 번째 국가군은 전형적인 이민국가인 미국이며, 두 번째 군에 포함된 국가는 캐나다, 호주, 뉴질랜드, 스웨덴이고, 세 번째 군은 영국, 아일랜드, 프랑스, 네덜란드, 이태리이며, 네 번째 군에 속한 나라는 독일, 벨기에, 오스트리아, 스위스, 싱가포르, 말레이시아, 태국 등이다. 제1군인 미국은 공식적으로는 다문화주의를 정책으로 표방하지 않지만 사회문화적 환경은 다문화주의 유형에 가까운 것으로 분류한다. 제2군에 속하는 캐나다, 뉴질랜드, 호주, 스웨덴을 다문화주의 유형, 제3군에 속하는

영국, 아일랜드, 프랑스, 네덜란드, 이태리를 동화주의 유형, 제4군에 속하는
독일, 벨기에, 중동국가 등을 차별배제 유형으로 분류한다(Castles and Miller,
2003). 한국이나 일본 및 대만과 같은 아시아 국가는 카셀과 밀러의 분류에
의하면 차별배제 유형으로 분류할 수 있다(설동훈 2000).

이민 유입국 사회의 이민자 통합 정책의 유형은 차별배제모형·동화모
형·다문화주의모형의 세 범주로 구분할 수 있다.

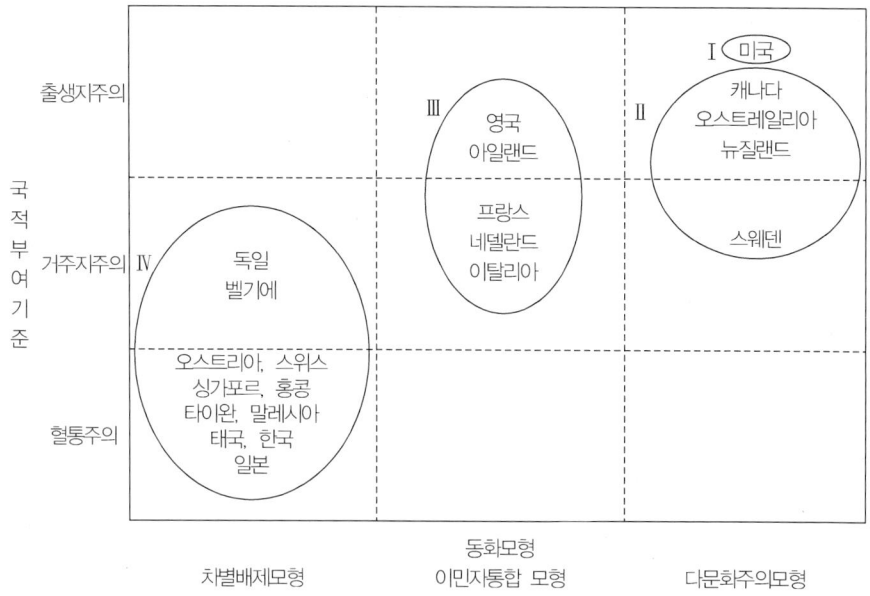

자료: Seol1(2005: 81).

〈그림 2-1〉 유입국 사회의 이민자 통합 유형

첫째, 차별배제모형(differential exclusionary model)은 유입국 사회가 이민
자를 3-D직종의 노동시장과 같은 특정 경제적 영역에만 받아들이고, 복지혜
택, 국적·시민권, 선거권·피선거권 부여와 같은 사회적·정치적 영역에는
절대 받아들이지 않는 것을 말한다.

그렇지만 경제의 전지구화가 진전되면서 이민자통합정책의 '기조'로 차별

배제모형을 고수하는 나라는 거의 사라졌다. 각국 정부는 자국 내 기업과 산업의 경쟁력 유지를 위하여 '우수 전문기술인력 이주자(skilled migrants)'를 자국으로 유치하려는 노력을 하고 있다.

둘째, 동화모형(assimilationist model)은 이민자가 출신국의 언어·문화·사회적 특성을 완전히 포기하여 주류사회의 성원들과 차이가 없게 되는 것을 이상으로 삼는다. 동화모형은 유입국 사회가 자국 사회의 성원이 되기를 원하는 이민자에게 문화적 동화를 대가로 치르는 조건으로 "국민"으로 합류하는 것을 허용하는 정책이다.

동화모형을 채택한 사회에서는 이민자의 문화·언어·생활습관을 보호하고, 또 직업이나 교육의 기회에서 인종차별금지 등 정책적으로 이민자를 지원하고, 사회참여를 유도한다. 1960년대까지 미국사회가 표방하였던 '용광로' 모형, 프랑스사회가 지속적으로 견지해온 공화주의모형 등이 대표적인 사례다.

셋째, 다문화주의모형(multicultural model)은 이민자가 그들만의 문화를 지켜가는 것을 인정하고 장려하며, 정책목표를 소수민족의 주류사회로의 동화가 아닌 공존(symbiosis)에 둔다. 1970년대 이후 캐나다·오스트레일리아·미국사회는 그전까지 추구하였던 동화모형을 포기하고 다문화주의모형으로 이민자통합방식을 변경하였다. 다문화주의모형은 다양한 문화나 가치, 다양한 민족집단과 그들의 개별적인 언어와 습관들을 그대로 한 나라 속에 공존시키는 정책이다.

다문화주의모형은 흔히 '샐러드 그릇(salad bowl)'에 비유된다. 다문화사회를 '섞어놓은 샐러드(tossed salad)'라고 부른다. 유사한 표현으로 '종족적 모자이크(ethnic mosaic)' 또는 '무지개 연합(rainbow coalition)'을 사용하기도 한다. 차별배제모형, 동화모형, 문화주의모형은 이념형(ideal type)으로, 현실에서는 그 순수형을 찾기가 쉽지 않다.

2. 일본의 결혼이민자 복지정책

이 내용은 주로 보건복지부(2005)를 참조하였다.

1) 일본의 국제결혼이주 실태

(1) 일본의 다문화가족 현황

일본에 거주하는 외국인의 수는 2006년 기준, 약 1,615,000명 정도로 일본 인구의 약 1.26%를 차지한다. 하지만 불법적으로 체류하는 외국인 역시 약 500,00명 정도로 추정되는데, 이는 1990년도 집계된 수가 현재의 1/5인 약 110,000이었다는 것을 고려할 때 일본 내 불법으로 체류하고 있는 외국인의 수가 급증하고 있음을 알려준다. 일본의 외국인 증가는 꾸준한 외국인 노동자 유입, 유학생 및 교수, 영어교사 확보, 국제결혼 배우자 등의 증가로 설명될 수 있다. 그 예로 외국인 거주자의 약 50%인 1,000,000명 정도가 외국인 노동자인데, 일본의 출산율 저하와 노동력 결핍으로 인해 앞으로도 유입 외국인 노동자는 꾸준히 증가할 것으로 보인다.

국제결혼 건수는 지속적으로 증가 추세를 보이고 있다. 후생노동성 통계부에 의하면, 2002년 등록된 총 결혼건수는 757,331건인데 이 중 국제결혼(일본인-외국인)은 35,879건으로 총 결혼의 약 4.7%를 차지한다. 1970년대에는 그 비율이 약 0.5%였으며, 1980년대 약 7,000건이었다는 점을 고려하면, 1990년대부터 현재까지 지속적으로 국제결혼비율이 증가함을 볼 수 있다.

총 국제결혼에서 한국출신 영주자-일본인 간의 결혼이 차지하는 비율은 같은 시기에 56.6%에서 24.1%로 하락, 국제결혼 인구 구성이 점차 변화하고 있다. 1990년대 초반을 기준으로 중국 출신, 필리핀 출신 외국인 배우자의 비율이 급증했으며 또한 태국 출신 배우자 역시 증가하였다. 2002년을 기준으로 외국인 여성의 대부분은 아시아 국가 출신으로 중국(38%), 필리핀(26%), 한국(18%), 태국(5.5%) 출신 여성이 대부분이며 이런 국제결혼을 일본에서는 'Kokusai kekkon'이라 일컫는다.

(2) 국제결혼이 이루어지는 방식

일본에서 국제결혼이 이루어지는 방식은 행정주도형, 결혼중개업체 비즈니스형, 개인적 연결망 활용형의 세 가지로 구분할 수 있다.

① 우선 행정주도형의 국제결혼은 1980년대 후반과 1990년대 초반에 걸쳐 일어난 사회현상으로 국제결혼을 위한 지방자치단체의 사업과 그 유형을 다음 세 가지로 구분할 수 있다.
- ㄱ. 지방자치단체+결혼중개업자: 이 경우는 양국의 지방자치단체가 서로 행정적인 제휴관계를 맺고, 결혼중개업자가 실무적인 일을 담당하는 것이다. 대부분 결혼중개업자가 과소화 등으로 인해 미혼남성이 많은 지방자치단체의 장을 설득하여 국제결혼을 중개하는 것이다.
- ㄴ. 지방자치단체+현지의 일본인단체: 상기한 ㄱ의 경우와 유사하나, 민간업자 대신에 필리핀에 있던 일본인 단체가 국제결혼을 중개하는 형태이다.
- ㄷ. 지방자치단체+지방자치단체 임원 주도의 임의단체: 지방자치단체의 임원들이 임의단체(예를 들면, 국제우호협회 등)를 조직하여 행정조직의 구성원들을 동원한 경우이다.

② 일본의 결혼중개업체에서는 일본과 송출국에 걸친 네트워크를 이용하여 국제결혼 희망자로부터 접수를 받아서 상업적으로 중매를 행하고 있다. 이 회사들은 결혼이 성사될 경우 성혼사례비를 징수하고 있는데, 주로 일본인 남성에게 징수한다. 최근 일본에서 이루어지는 국제결혼의 대부분은 결혼중개업체를 통한 것으로 알려져 있다.

③ 마지막으로 개인적 연결망 활용형 국제결혼은 예비 신랑-신부가 일본이
나 다른 나라에서 만나서 교제 후 결혼을 하거나, 혹은 이미 국제 결혼
한 부부가 자신의 친구나 아는 사람들-을 소개하여 결혼이 성사되는 방
식이다.

(3) 국제결혼으로 인해 파생되는 사회현상

① 국제이혼

후생노동성의 인구동태 통계에 의하면 2000년의 국제이혼 건수는 12,367
건에 달하고 있다. 부인이 일본인인 경우는 2,760건인데 비해 남편이 일본인
인 경우는 9,607건에 이르는 등, 국제이혼에 있어서도 남편이 일본인인 경우
가 많고, 그 비율은 3.5배에 이르고 있다.

국제이혼하는 외국인 여성의 국적을 보면, 가장 많은 것이 중국, 그 다음이
필리핀, 한국·조선, 태국의 순이다. 그 추이를 보면, 한국·조선인 여성의
국제이혼은 감소 경향을 보이는 한편, 중국, 필리핀, 태국인 여성의 국제이혼
은 급증하고 있다. 중국인 여성과의 국제이혼 건수는 1992년에 1,163건이었
던 것이 2000년에는 2,918건으로 대폭 증가하였다. 필리핀 여성의 국제이혼
건수도 1992년에는 988건, 2000년에는 2,816건으로 3배 이상 증가하였다.

② '하프(half)' 혹은 '더블(double)'

국제결혼을 통해 태어난 아이는 혼혈아 혹은 하프 등으로 불리어 왔는데,
일본인과 백인과의 사이에 태어난 아이라는 것이 종래의 이미지였으며, 일본
인과 그 외의 아시아인과의 사이에 태어난 혼혈아의 존재가 주목받기 시작한
것은 아주 최근의 일이다. 이 아이들은 아버지가 백인 혹은 흑인이었으므로
외견상 일본인과 다르다는 점, 과거의 적국이었던 미국인의 피를 이어받고
있다는 점, 매춘행위를 포함하여 결혼 외의 남녀관계를 통해 출행한 사생아도
다수 존재하고 있었던 점 등으로 인해 차별과 편견을 받았다.

최근에는 이 '하프'라는 말 대신에 '더블'이라는 말도 등장하였다. 아버지와 어머니로부터 두 개의 문화를 계승한다는 보다 긍정적인 의미를 내포하고 있다.

③ 무국적 아동

1990년대부터 필리핀, 태국 등 아시아 지역에서 들어온 불법체류 외국인 여성의 증가와 더불어 그 여성들이 일본에서 출산한 국적 없는 아이들의 문제가 언론에 등장하게 되었다. 1990년에 74명에 불과하던 무국적 아동이 2000년에는 720명으로 증가하였다. 이러한 아동들은 무엇보다도 행정적인 서비스를 전혀 받지 못한다. 또한 취학통지가 가지 않기 때문에 교육 면에서도 불이익을 당하게 되며, 건강보험에도 가입할 수 없어 고액의 치료비를 지불해야 하는 경우도 생겨난다.

2) 일본인과 결혼한 외국인에 대한 사회복지서비스

외국인을 지원하는 지역사회의 활동은 지역에 따라 상당히 격차가 있다. 이러한 지역성을 고려한 시책방침을 중심으로 제시되었다. 외국인 당사자의 목소리를 직접 시책에 반영하는 '외국인시민대표자회의'나 시 직원에 대한 민족차별에 대한 연수, 일반시민에 대한 '다문화·공생 이해 강좌', 행정이나 의료·보건서비스에 관한 폭넓은 '다언어 팸플릿'의 작성과 배포 등의 활동에 반영되어 있다. 보건복지부(2005)에서는 다음과 같이 제시하고 있다.

(1) 거시적 차원의 활동

① 일본사회와 지역의 변화 추구

외국인이 살기 좋은 사회이기 위해서는 외국인에게만 일본사회에 적응할 것을 요구하지 말고 일본인 스스로가 변화해야 한다는 것이다.

② 다언어·다문화 서비스 시스템의 충실화

외국인들이 이들 정보를 쉽게 받아볼 수 있도록 팸플릿을 공공기관에만 두는 것이 아니라, 교회나 일본어 교실, 자원자그룹의 사무실 등 외국인이 잘 모이는 곳에 두고자 하는 배려도 나타나고 있다.

외국인들의 상담창구나 상담기관에서는 이중언어 구사가 가능한 직원(bilingual staff)을 채용하여 외국인에 대응하고자 하고 있다. 한편 상담창구는 크게 두 가지 유형의 서비스를 제공하고자 하고 있다. 첫째, 생활상담, 법률문제, 체류자격, 취업알선 등 구체적인 정보제공기능을 지닌 서비스이고, 둘째, 부부간의 의사소통 격차(communication gap), 시부모와 확대가족과의 관계, 이혼, 가정 내 폭력, 육아상담, 아동학대 등 가족문제에 대한 서비스이다.

③ 일본어 교육 프로그램의 확충

무료 혹은 저렴한 비용으로, 그들의 노동시간이나 생활시간을 고려한 일본어 프로그램의 확대가 요구되고 있으며, 많은 지자체에서 실제로 가장 많은 배려를 하는 분야이다. 또한 일본어뿐만 아니라 일본문화, 관습, 사회구조, 법·제도나 의료 등 구체적인 지식과 정보를 제공하는 강좌도 일본에 적응을 촉진하는 데 많은 도움을 줄 것이라는 전제하에 개설하고 있다.

④ 서비스기관·조직에 의한 외국인 지원

외국인 지원에 열심인 활동가가 전부 책임지는 것이 아니라, 조직이 대응할 필요가 있다는 의식을 높이기 위해 전담 부서를 중심으로 하되, 다른 부서와의 협력과 정보교환을 통해 타부서의 이해와 의식을 고양해야 한다는 것이다.

⑤ 보건·의료·복지 전문가의 연수

외국인 원조에 관계된 활동가를 비롯하여 보건·의료·복지 전문가의 의식과 생각을 바꿔 나가야 하는 필요성이 대두되고 있으며, 외국인의 문화나 사회구조에 관한 지식을 배움과 동시에, 활동가들의 문화적 가치관이나 타문화에 대한 태도에 대한 연수를 행하는 것이다.

⑥ 시민대상 타문화 이해 강좌의 개최

최근에 지역의 시민관(市民館)·공민관(公民館) 등 공적기관에서 다문화공생에 관한 여러 가지 기획이 이루어지고 있는데, 이는 시민의식의 고양이 가장 중요한 목적이다.

⑦ 외국인 대상 타문화이해 강좌의 개최

외국인들에게 일본의 문화와 생활관습, 가치관을 이해시키기 위한 기회를 제공하는데 쌍방의 이해가 전제되어야 한다는 것이다. 따라서 일본에 동화되는 것을 촉구하는 강좌가 되지 않도록 외국인 당사자도 참가·기획하여 강좌를 유지해나가도록 하고 있다. 또한 강좌는 문화 면뿐만 아니라 일본의 의료, 법률, 행정서비스 등 일본의 사회시스템을 이해하고 외국인의 지역사회생활을 도와줄 수 있는 구체적인 정보를 제공하는 것도 매우 중요한 일로 여기고 있다.

⑧ 지원으로 연결되는 실태조사의 실시

최근 일본에서는 전체적으로 외국인의 일상생활 문제나 요구에 관한 실태조사수가 늘어나고 있다.

(2) 미시적 차원의 활동

거시적 차원에서 볼 때, 일본어 습득의 곤란, 그것과 관련된 생활적응상의 곤란, 일에 대한 불만, 일본사회에 대한 정보부족 등의 문제가 드러났다.

① 일본어 교육 프로그램의 확대

이들에게 무료 혹은 저렴한 학비로, 이들 재일 외국인들의 노동시간을 고려한 일본어 프로그램이 확대되고 있다.

② 다언어·다문화 서비스 시스템의 확충

동일한 문화나 언어를 공유하는 운영진이 존재하는 다언어, 다문화 서비스의 확충이 이루어지고 있다.

③ 통역의 양성

통역으로서 비밀엄수의무와 중립의 입장을 지켜야 할 필요성까지 포함한 통역양성의 훈련과 병원·보건소, 시·구청 등 다양한 사회자원에 통역이 활용될 수 있는 시스템을 구축하고자 한다.

④ 사회서비스에 종사하는 일본인 사회복지 직원의 연수

일본인 직원들이 다문화적인 외국인들에게 적절하게 대응할 수 있도록 다문화에 대한 지식을 제공하고, 각자 자신들의 문화적 편견을 자각할 수 있도록 훈련시키고자 하는 것이다.

⑤ 사회서비스기관과 비공식적 네트워크의 연계

일본사회에 익숙하지 않거나 일본인 직원의 부정적 대응이나 혹은 불법체류 등의 이유로 인해 공식적인 일본의 사회서비스기관을 활용하는 것을 경원시하는 경향이 나타난다. 이에 대처하기 위하여 주류의 사회서비스기관 외의 조직을 이용하는 경우도 있고, 사회서비스기관이 외국인들의 자조집단(self-help group)이나 교회 등의 비공식적인 네트워크 혹은 NGO와의 연계를 도모하는 방법으로, 현재 대도시를 중심으로 전개되고 있다.

⑥ 변호활동(advocacy)

사회서비스에 종사하는 직원이 외국인들이 자신들의 자원을 활용할 수 있도록 다른 기관에 대해 대변활동을 하는 것이다. 또 하나는 외국인은 종종 그 서비스의 대상에서 제외되고 있다는 사실을 그 직원들에게 인식시키는 것이다.

다음은 일본의 다문화공생추진플랜의 주요내용(<표 2-2>)과 히로시마시 공민관의 국제이해교육프로그램(<표 2-3>)을 제시하였다.

3) 일본인과 결혼한 외국인에 대한 사회보험

(1) 사회보험의 수급 자격

① 사회보험법

ㄱ. 건강보험법: 법인 혹은 상시 5인 이상의 종업원을 사용하는 사업소에 '사용되고 있는 자'가 그 대상자로서(제13조) 국적요건은 없다. 따라서 정규입국외국인은 당연히 강제가입자가 된다. 그 사업소는 외국인이 경영하는 곳이라도 해당하며, 외국법인의 경우에는 국내에서 권리능력이 적용된다. 초과체재 등 비정규체류외국인도 포함된다고 해석되지만, 입관법상 국내에 거주할 수 없는 관계로 인해 해석상의 문제가 생겨날 여지도 있다. 또한 본 법상 임시로 사용되는 사람, 계절적 업무에 사용되는 사람 등은 적용에서 제외되는데, 외국인 노동자는 여기에 해당하는 경우가 많을 것으로 여겨진다.

ㄴ. 국민건강보험법: 종래에는 시행규칙 제1조 2호에 의해 국적요건이 부과되어 외국인은 제외되어왔다. 단지 일본국민에게 본 제도에 상당하는 제도를 적용하고 있는 나라의 국민, 일본의 영주허가를 받은 대한민국국민, 난민조약상의 난민, 조례에서 정한 나라의 국적을 보유한 사람 등은 예외적으로 적용되었다.

이 외국인 배제의 이유는 본 제도가 '지역보험으로서, 기본적으로는 일정 지역에 거주하는 주민 간의 연대의식을 기초로 하여 설립, 운영되는 것이고 국민건강보험제도는 헌법 제 25조의 이념에 근거하여 창설된 제도이므로 직접적으로는 일본국민을 대상으로 하는 것'이기 때문이었다고 한다.

<표 2-2> 다문화공생추진플랜의 주요내용

다문화공생의 의의	▷ 외국인 주민의 수용주체로서의 지역 입국한 외국인을 지역사회에서 수용하는 주체로서 행정 서비스를 제공하는 역할을 담당하는 것은 주로 지방공공단체이며, 다문화 공생 시책의 담당자로서 수행하는 역할이 크다. ▷ 외국인 주민의 인권보장 지방공공단체가 다문화공생 시책을 추진하는 것은 '국제인권규약', '인종차별철폐조약' 등의 외국인 인권존중 취지에 합치하여야 한다. ▷ 지역의 활성화 세계에 개방된 지역사회 조성을 추진함으로써 지역사회가 활성화되어 지역산업·경제 진흥으로 이어지도록 한다. ▷ 이문화에 대한 주민의 이해력 향상 다문화공생의 도시조성을 추진하여 지역 주민의 이문화에 대한 이해력을 향상시키고 이문화와의 커뮤니케이션 능력이 우수한 젊은 세대를 육성할 수 있어야 한다. ▷ 유니버설 디자인의 도시 조성 국적과 민족이 각기 다른 사람들이 상호 문화적 차이를 인정하면서 대등한 관계를 구축하여 지역사회의 구성원으로서 함께 살아가는 지역 조성을 유니버설 디자인의 시각에서 추진하도록 한다.

기본시책	▷ 커뮤니케이션 지원
	  - 지역 정보제공의 다국어화
	  - 다양한 언어, 미디어에 의한 행정·생활 정보 제공, 외국인 주민 상담 창구 설치 및 전문가 양성, NPO와의 제휴, 지역 외국인 주민을 상담원으로 활용
	  - 일본어 및 일본사회에 관한 학습 지원
	▷ 생활지원
	  - 거주관련제도, 교육제도, 노동제도, 의료·보건·복지서비스, 방재에 대한 정보 제공
	  - 생활 및 노동환경 개선
	  - 법률·의료·통역상담 업무 등 전문인재 육성, 유학생 지원
	▷ 다문화공생의 지역 조성
	  - 지역사회에 대한 다문화공생의식 계몽, 다문화공생 거점 조성, 교류이벤트 개최
	  - 외국인 주민의 자립과 사회참여
	  - 중심인물 네트워크, 자주조직 지원, 심의회 및 위원회에 외국인 참여, 외국인의 지역사회(자치회, 상가, PTA) 참여 촉진, 지역사회 공헌 외국인 주민 표창제도
	▷ 다문화공생 시책의 추진체제 정비
	  - 담당부서 설치
	  - 지역 내 횡적 제휴
	  - 시구정촌과 도도부현의 역할분담 및 협력

자료: 한국여성개발원(2006). 「여성결혼이민자의 문화적 갈등경험과 소통증진을 위한 정책과제」.

<표 2-3> 히로시마시 공민관의 국제이해교육 프로그램

프로그램명	내용	대상	회수	정원
국제이해강좌	요리를 통한 국제이해	불특정	2	20
	한국의 자매도시 대구광역시와의 교류	성인	3	20
	히로시마에 사는 외국 출신자와의 교류	불특정	2	30
	청소년 대상 국제이해강좌	초등학생	2	30
	환경 문제를 키워드로 한국제이해에 관한 강의	불특정	2	30
	동남아시아의 식문화	성인	2	20
	한국편 -의식주로 한국을 체험-	불특정	1	20
	아시아 문화와 삶, 민족음악을 통한 교류	성인	3	0
	히로시마에 있는 외국인이 본국의 문화, 풍습 소개, 지역주민과의 교류	불특정	3	30
	한국문화-의식주	불특정	3	30
	키타르 여행기	불특정	3	50
	각국의 차, 과자와 함께하는 간단한 외국어 체험 모임	불특정	2	30
국제이해강연회	한국에서 본 일본	성인	1	50
국제키즈(kids)광장	일본정통문화를 소재로 히로시마에 있는 유학생과 문화교류	초중학생	4	20
지역국제교류회	외국의 요리와 놀이를 통한 교류	초중학생	1	30

자료: 한국여성개발원(2006). 「여성결혼이민자의 문화적 갈등경험과 소통증진을 위한 정책과제」.

ㄷ. 후생연금보험법: 법인 혹은 상시 5인 이상의 종업원을 사용하는 사업소가 강제적용사업소가 되고, 그 사업소에 '사용되는 자'가 피보험자가 된다(제6조, 9조). 국적요건도 거주요건도 없으며, 입국·체재의 정규 및 비정규를 불문하고, 외국인에게도 적용된다. 본 법의 적용대상사업소는 영리와 비영리를 불문하고 일본인·외국인의 개인경영, 법인(내국법인, 외국법인) 모두를 포함한 광의의 개념이다. 단, 유사외국법령(類似外國法令) 적용자는 제외된다. 적용대상외국인은 당연히 국민연금법상의 제2호 피보험자가 되고 그 사람이 생계를 유지하고 있는 배우자는 3호 피보험자가 된다.

ㄹ. 국민연금법: 1981년의 난민조약가입에 따른 법개정 이전에는 피보험자에 국적요건이 부과되어 있었으나, 현재는 철폐되었다. 철폐 이전에는 패전 전부터 일본에 거주하고 있던 조선인(재일한국·조선인)마저 거

주기간 요건 등으로 인해 배제되기도 하였다. 본 법은 제1조에 '일본국 헌법 제25조 2항에 규정하는 이념에 근거하여, 노령, 장애 혹은 사망에 의해 국민생활의 안정이 손실되는 것을 국민의 공동연대를 방지하고, 이로써 건전한 국민생활의 유지 및 향상에 기여할 것을 목적으로 한다'고 하였고, 제2조에서는 '국민연금은 전조의 목적을 달성하기 위하여 국민의 노령, 장애 혹은 사망에 관해 필요한 급부를 행하도록 한다'고 규정하여, 국민이란 용어를 사용하면서도 외국인을 적용대상으로 삼고 있는 것이다. 다만 비정규입국 외국인은 정부의 해석으로는 거주요건 (제7조 1항)을 결여한 것으로 간주되어 제1호 피보험자로서의 자격은 인정되지 않는다.

ㅁ. 고용보험법: 본 법에서는 노동자가 고용되는 사업이 적용사업이 되고, 거기에 고용된 노동자가 피보험자가 된다. 일본 거주의 외국인은 외무 공무원 및 외국의 실업보장제도의 적용을 받고 있다는 것이 입증된 자를 제외하고, 원칙적으로 모두 피보험자가 된다. 무엇보다도 일본에서는 단순노동을 인정하고 있지 않기 때문에, 체류자격상의 업무를 종료한 후에는 귀국하여야 한다. 그래서 외국인에게는 실업의 개념이 없다. 외국에서 고용된 후 일본 국내의 사업소에 근무하고 있는 자의 고용관계가 종료한 경우에는 귀국하는 것이 통상적이며, 수급자격을 획득하더라도 급부는 받을 수 없기 때문에 피보험자로 취급되지 않는다.

ㅂ. 노재(勞災)보험법: 본 법은 종업원 수 5인 미만의 농림수산업의 일부를 제외하고 노동자를 한 사람이라도 사용하고 있는 사업에 적용되며(3조), 그 노동자에는 외국인도 당연히 포함된다. 일본인 이외의 사업주가 일본 국내에서 사업을 행하는 경우에도 당해 사업주의 국적을 불문하고 적용되며, 외국회사도 적용대상사업이 된다. 중요한 것은 이 외국인에는 비정규입국·체류외국인도 포함된다는 것이다. 그것은 본 법이 연혁적으로 노동기준법에 있어서 사용자의 재해보상책임을 보험이 외국인에게

도 적용해 온 관계에서 나온 것이다.

ㅅ. 개호(介護)보험법: 당해 시정촌의 구역 내에 주소를 가지고 있는 외국인으로 다음 요건에 모두 해당하는 자는 피보험자가 된다. ● 거주요건: ㈎ 외국인등록법 제2조 1항에 규정한 자(입관법상, 가상륙 허가, 통과 상륙의 허가, 승원(員) 상륙의 허가, 긴급상륙의 허가, 조난에 따른 상륙허가를 받은 자 이외의 사람)로서, 외국인등록법상의 등록을 행하였을 것, ㈏ 입국 시에 입관법 제2조에 의해 결정된 입국 당초의 체류기간이 1년 이상일 것, ㈐ 입관법 제2조 2항에 의해 결정된 입국 당초의 체류기간이 1년 미만이라 하더라도, 외국인등록법상의 등록을 행하고, 입국 시에 일본에서의 입국목적, 입국 후의 생활실태를 감안하여 1년 이상 일본에 체재할 것이라고 인정되는 자. ● 적용제외규정에 해당하지 않을 것. ● 기타 요건: ㈎ 외교특권이 인정된 자(외교관, 영사관 등)가 아닐 것, ㈏ 합중국 군대의 구성원 및 군속과 그 가족이 아닐 것, ㈐ 단기체재의 체류자격이 아닐 것, ㈑ 불법체류자가 아닐 것.

② 사회수당법

다음 세 개의 법은 종전에는 대상자에게 국적요건을 부과하고 있었고, 외국인에게는 적용하지 않았으나, 1986년의 난민조약가입과 동시에 철폐되어 적용하게 되었다. 단, 사무상 외국인등록을 요구하고 있으며, 비정규입국·체재의 외국인은 적용되지 않는다.

ㄱ. 아동부양수당법: 대상이 되는 아동과 어머니(혹은 양육자)에게는 거주요건이 부과되고, 그들이 일본 국내에 주소를 가지고 있어야 하기 때문에, 모국에 아동을 남겨두고 온 외국인에게는 적용되지 않는다.

ㄴ. 특별아동부양수당 등의 지급에 관한 법률: 장애아, 부모(혹은 양육자)에게 거주요건이 부과되어 있다.

ㄷ. 아동수당: 수급자가 되는 아버지나 어머니, 혹은 감호인에 대한 거주요

건이 부과되어 있다.

③ 사회복지법

아동복지법, 신체장애자복지법, 지적장애자복지법, 노인복지법, 정신보건 및 정신장애자복지에 관한 법률, 모자 및 과부복지법과 같은 사회복지법은 단순한 사회복지법으로서 연혁적으로 비정규입국·체재의 외국인에게도 적용되어 왔다. 그러나 2000년의 복지기초구조개혁에 따라 아동, 신체장애자, 지적 장애자의 각 복지법은 종래의 이들 대상자들에 대한 조치를 대신하여 지원비가 지급되게 됨으로써 사회수당으로 성격을 전화하게 되었다. 그 지급 대상이 되는 외국인은, 신체장애자복지법에서는 신체장애자수첩을 가지고 있을 것이 요건이 되었고, 따라서 외국인 등록을 행할 것이 원칙적으로 필요하게 되었다.

④ 주택보장법

ㄱ. 주택금융공고법, 지방주택공급공사법: ● 자금의 차입, 자금의 건설된 주택의 양도는 영주허가 외국인만을 대상으로 한다. ● 공고(공고)융자를 받은 임대주택의 임차는 영주허가외국인과 그 외에도 사업주체가 필요하다고 인정한 등록을 받은 외국인도 대상이 된다.

ㄴ. 공영주택법: 영주허가외국인과 그 외에 지역의 주택사정에 따라 기타 외국인에게도 적용된다. 단 해석상의 비정규입국자는 제외된다.

ㄷ. 도시기반정비공단법: 영주허가 외국인, 임대는 등록외국인으로서 계약 내용을 충분히 이해할 수 있는 사람도 대상으로 한다.

3. 대만의 국제결혼 이민자 복지정책

이 내용은 보건복지부(2005)를 참조하였다.

1) 대만의 다문화가족 현황

대만 내 국제결혼비율은 1990년대부터 증가추세를 보이고 있는데, 1990년대 후반을 기준으로 대만인과 외국인 간의 혼인이 급증, 대부분이 중국본토인 및 동남아시아 여성과 대만인 남성 간의 결혼으로 이뤄지며, 2007년 기준 대만 내 전체 결혼 건수의 1/6이 국제결혼으로 집계되고 있다. 국제결혼의 급증과 더불어 자녀출산 구조 역시 외국인 배우자 대만인 사이의 자녀비중이 증가하고 있는데, 2007년 기준으로 전체 출산아동의 11.7%가 이들 사이에서 출생한 것으로 기록된다(대만내정부, 2009 (http://www.moi.gov.tw/outline/en_11.html.).

〈표 2-4〉 대만의 결혼이주여성 추이

연도	외국인 배우자 결혼	중국본토, 홍콩 및 마카오 출신 배우자와 결혼	국제결혼 비율
1998	10,454	12,451	15.69
1999	14,674	17,589	18.63
2000	21,338	23,628	24.76
2001	19,405	26,797	27.10
2002	20,107	28,906	28.39
2003	19,643	34,991	31.86
2004	20,338	10,972	23.82
2005	13,808	14,679	20.14
2006	9,524	14,406	16.77

자료: 대만내정부, 2009; Weng, 2007.

2008년을 기준으로 대만 내 거주하는 외국인은 총 433,169명으로 이 중인도네시아인이 116,685명으로 가장 많으며 그 다음으로 베트남(95,735), 태국(88,998), 필리핀(82,595) 순으로 집계되었다(대만내정부 통계청, 2009. http://www.moi.gov.tw/stat. english/ index.asp). 외국인배우자는 393,630명으로 65.5%가 중국본토 및 홍콩, 마카오 출신, 31.3%가 동남아시아 및 다른 국가 출신이다. 동남아시아 국가 중에는 베트남, 인도네시아, 필리핀 순이었으며, 외국인배우자의 90% 이상이 여성이다.

2) 결혼이민자의 대만 거류 관련 규정

(1) 중국 출신 배우자: 가족상봉, 친척결합거류, 장기거류 및 정주

(2) 외국인 배우자: 외국인 거류증, 영구거류증(永久居留證) 및 귀화

외국인 배우자의 거류자격 신청은 '출입국및이민법(出入國및移民法)'에 의한다. 동 법 제21조 규정에 의하면, 체류·거류 사증을 소지한 외국인은 주무부처의 심사를 거쳐 입국이 허가된 후 체류·거류 자격을 취득한다. 거류자격을 취득한 후 15일 내에 주무부처에 외국인 거류증을 신청해야 한다.[01] 또한 다음의 조건 중 한 가지를 충족시키는 경우에는 주무부처에 영구 거류를 신청할 수 있다.[02]

① 대만에서 합법적 연속거류 7년 이상의 외국인

② 대만에 호적을 둔 대만 거주 국민의 외국인 배우자 및 자녀가 대만에서 합법적으로 5년 이상 연속 거주한 경우

③ 대만에 호적을 둔 대만 거주 국민의 외국인 배우자 및 자녀가 대만에서 합법적으로 10년 이상 거주하고 그중 5년간 매년 거주 일이 183일을 초과한 경우

---

01 친척결합의 경우 사증 유효기간이 3년을 초과할 수 없다.

02 http://law.moj.gov.tw(2001)

3) 결혼이민자의 대만 국적 취득

대만에서 결혼이민자의 국적 취득은 국적법(국적법 제3조, 국적법 제4조)의 규정에 의한 "귀화"의 방식으로 이루어진다.

제3조 외국인 혹은 무국적인이 현재 중화민국 영역 내에 거소를 갖고 있고 아래 열거한 각 조건을 갖춘 자는 귀화를 신청할 수 있다.

① 중화민국 영역 내에서 매년 183일 이상 합법적으로 거류한 사실이 5년 이상 연속된 자
② 20세 이상 자로서 중화민국법률 및 그 모국법에 모두 행위능력을 갖춘 자
③ 품행이 단정하고 범죄기록이 없는 자
④ 상당한 재산 혹은 전문기술을 보유하여 자립이 충분하거나 생활보장에 문제가 없는 자

제4조 외국인 혹은 무국적인이 현재 중화민국 영역 내에 거소를 갖고 있고 전조의 제2관에서 제4관 조건을 갖춘 자가 중화민국 영역 내에서 매년 183일 이상 합법적 거류한 사실이 3년 이상 연속된 자, 또한 아래 열거한 각 조건을 갖춘 자는 귀화를 신청할 수 있다.

① 중화민국 국민의 배우자
② 부모 중 한 사람이 현재 혹은 과거에 중화민국 국민이거나 국민이었던 자
③ 중화민국 국민이 양육한 자녀
④ 중화민국 영역 내에서 출생한 자

그 부모 혹은 양부모가 현재 중화민국 국민인 미성년의 외국인 혹은 무국적자는 중화민국 영역 내에서 합법적 거류가 3년 미만이고 또한 전조의 제2

관 및 제4관의 조건을 구비하지 않았더라도 귀화를 신청할 수 있다.

① 1990년대까지의 국적취득 규정
② 2000년 국적취득 규정 수정
③ 2001년 국적 취득 요건 강화

2001년 2월 신증설국적법시행세칙 제5조의 규정에 의하면, 외국인이 귀화하여 대만국적을 취득할 경우, '경찰기록증명서'와 상당한 재산 혹은 전문기술을 갖추어 자립이 가능하거나 혹은 생활보장의 우려가 없는 자란 증명이 필요하다.

재력을 인정하는 방식은 다음의 세 항목 중 한 가지를 선택할 수 있다. ● 결혼이민자 가족의 최근 1년 소득이 380,160대만달러 이상.03 ● 동산 및 부동산의 평가 총액이 500만 대만달러 이상.04 ● 기타 내정부의 인정을 거쳐 최근 1년간 은행 잔고증명 38만 대만달러 이상을 통해 재력증명이 가능하다.

사실상 대만 남성이 외국인 여성과 결혼하는 것은 본국인 여성과 결혼하는 것보다 훨씬 많은 경제적 부담이 따른다. 또한 결혼이민자가 대만에 정주하기 시작하여 국적을 취득하기까지 3년을 기다려 귀화신청을 하고, 그로부터 1년 후에 호적을 발급받아야 한다. 즉, 4년을 기다려야 국민신분증을 수령할 수 있다. 관련 법규와 절차가 복잡할 뿐 아니라, 대부분 사회적 지위와 교육 수준이 낮은 국제결혼가족은 관련 법규의 이해와 대외정보 획득에서 일반인보다 많이 떨어진다. 따라서 권리와 복지혜택을 향유하기는 쉽지 않다.

---

03 노동기준법 규정에 의한 월 최저임금을 기준으로 계산하였다. 15,840대만달러×2명×12개월=380,160대만달러. 임금 증명을 제출하지 못하는 경우 금융기관의 잔고증명으로 대신할 수 있다. 일부 지역에서는 농업·공업에 종사하는 자영업자의 비율이 특히 높은 편이다.

04 정부의 공시가를 기준으로 산출하기 때문에 실제 시장가격은 1,000만 대만달러를 상회해야 한다. 부모로부터 물려받은 재산이 없는 젊은 부부는 달성하기 힘든 높은 수치라는 비판이 있다.

4) 결혼이민자의 취업 관련 사항

(1) 2002년 취업 서비스법 개정: 결혼이민자에게 취업권 제공

2002년 1월 23일 '취업서비스법'의 제51조 규정이 다음과 같이 개정되었다.
제51조 다음에 열거한 외국인을 고용한 사용자는 본법 제46조 제1항, 제3
항, 제47조, 제52조, 제53조 제3항, 제4항, 제57조 제5관, 제72조 제4관 및 제
74조에 규정한 제한을 받지 않는다. 또한 제55조에 규정한 취업안정비 납부
를 면한다.
  ① 거류를 허가받은 난민
  ② 중화민국 경내에서 연속하여 고용될 수 있는 자격을 획득하고 연속거류
    만 5년이 되었으며 품행이 단정하고 일정한 주거가 있는 자
  ③ 공식허가를 통하여 중화민국 경내에 호적을 둔 직계 혈친과 공동 생활
    하는 자
  ④ 영구거류를 취득한 자
  전항 제1관, 제3관 및 제4관의 외국인은 사용자의 신청을 거치지 않고 직접
중앙주관기관에 허가를 신청할 수 있다.

(2) 2003년 취업서비스법 개정: 결혼이민자에게 취업권 보장

2003년 5월 16일 공포·실시된 취업서비스법 제48조 규정은 다음과 같다.
제48조 외국인을 고용한 사용자는 관련서류를 구비하여 중앙주관기관에 허
가를 신청한다. 단, 각급 정부 및 그 소속 학술연구기구가 고문·연구원을
초빙한 경우나 중화민국 경내에 호적을 둔 국민과 결혼하여 거류자격을 획득
한 자는 허가 신청할 필요가 없다.

(3) 취업권 미획득자에 대한 보장

대만에서 거류증이 없는 가정폭력 피해 중국인 배우자에게도 일정 기간 동안의 취업을 허용하고 있다. 2004년 '중국지역배우자의 친척결합거류기간 취업허가 및 관리방안' 제3조 제1항 제3관 제7목에 "가정폭력 피해 중국인 배우자는 친척결합기간 중 관련증빙서류를 갖추어 노동위원회에 취업허가를 신청할 수 있으며, 대만에서 취업할 수 있다"는 항목을 신설했다. 이 개정 법률은 2004년 4월부터 효력을 발휘하였다.

5) 결혼이민자에 대한 사회보험

(1) 국민건강보험

현재 대만의 '국민건강보험법(國民健康保險法)' 제10조 제2항의 규정에 의하면, 대만제역에서 거류증을 취득한 자는 대만 거류 만 4개월이 지난 후부터 친척결합 혹은 상봉의 명의로 국민건강보험에 가입할 수 있다. 단, 취업한 자는 취업 즉시 가입하게 되므로 4개월의 제한을 받지 않는다. 미취업자이면서 친속(親屬)신분으로 가입할 수 없는 외국인의 경우에도 거류증을 가지고 거류지 사무소에 가서 가입할 수 있다. 따라서 합법적 거류자인 경우에는 누구든 건강보험에 가입할 수 있다.[05]

---

05 국민건강보험법 제10조 규정: 중화민국 국적을 가진 자가 아래 열거한 각 규정과 자격 중 한 가지에 부합하는 자는 본 보험의 가입대상이 된다. ① 과거 보험가입 기록이 있는 자 혹은 본 보험 가입 전 4개월간 지속적으로 대만에 호적을 둔 자, ② 본 보험가입 시 이미 대만에 호적을 둔 자이면서 동시에 제8조 제1항 제1관 제1목이 정한 피보험자, ③ 본 보험가입 시 이미 대만에서 호적 출생등기를 하고 전항의 자격규정에 부합하며 또한 대만에서 거류증을 획득한 자로서 제8조에서 정한 피보험자 자격 혹은 전조가 정한 친속(親屬) 자격이 있는 자는 대만거류 만 4개월이 지난 후부터 보험에 가입할 수 있다. 단, 제8조 제1항 제1관 제1목에서 제3목이 정한 보험자 자격이 있는 자는 4개월의 제한을 받지 않는다.

(2) 노동자 보험과 직업재해보험

대만의 현행 노동자보험은 종합보험제를 채택하고 있다.[06] 보통사고보험
(생육, 상병, 의료, 장애, 노년, 사망급여 포함)과 직업재해보험(상병, 의료, 장
애, 사망급여)으로 나뉘어져 있으며, 각종 보험사고에 의한 보험료를 따로 계
산할 수 없기 때문에, 외국인 노동자가 가입하는 노동자 보험의 교통사고 보
험료는 피보험인의 해당 월 급여의 5.5%로 책정한다. 직업재해보험료는 직업
재해보험의 적용업종별 보험료 규정에 따른다. 또한 외국인 노동자가 피고용
노동자인 경우 직업재해보험료는 사용자가 전액 부담한다.

노동자보험 조례 제15조의 규정에 의거, 외국인 노동자의 노동자보험 부담
비율은 보통 사고보험료의 경우, 20%는 자기부담, 가입단위 부담 70%, 정부
부담 10%이다. 직업재해보험료의 경우는 전액을 가입 단위에서 부담한다.

6) 결혼이민자에 대한 사회공적부조

(1) 사회공적부조의 자격 및 급여내용

대만의 '사회부조법(社會扶助法)'은 1980년 6월 14일 총통령에 의해 반포
시행된 이래, 1997년 11월 19일, 2000년 6월 14일 및 2005년 1월 14일 수정
공포되었다. 사회부조법 제2조의 규정에 의하면, 생활부조, 의료부조, 긴급재
난부조 및 재해부조로 구분되어 있다. 현재 각급 지방정부가 저소득가구에
대해 시행하고 있는 서비스 조치로는 가족생활보조금, 아동생활보조, 자녀취
학생활보조, 국민건강보험 보험료보조, 부분부담의료비보조, 저소득가구 학
생 취학비용 감면, 임산부 및 영아 영양보조, 교육보조, 서민주택임대, 국민주
택임대, 일용품공급, 노인생활수당, 심신장애자 생활보조 등을 포함한다. 그

---

06 http://www.ris.gov.tw/labor/disign/home6.htm(2005)

밖에 저소득자의 취업능력을 향상시키기 위한 직업훈련, 취업서비스, 창업지도 등의 서비스를 제공하여 자력갱생의 환경을 제공하고 있다. 또한 지속적인 재해부조, 긴급재난부조, 의료부조, 부랑자 수용지도 등을 통해 국민의 생활곤란 및 기본생활수요를 만족시키고자 노력하고 있다.[07] 결혼이민자와 관련된 사회공적부조의 내용을 살펴보면 다음과 같다.

① 대만인 남편이 저소득 가구주인 경우

대만의 사회부조법(社會扶助法)에 의하면[08] 신청인의 가족 총수입을 가족구성원으로 나누어, 1인당 월평균 소득이 해당 지방정부가 해당년도 공표한 최저생활비 이하이고, 가족의 총재산이 주관기관이 공고한 해당년도 일정금액을 초과하지 않을 경우 사회공적부조금을 지급한다.

2005년 수정 공포된 사회부조법에는 이를 포함시키지 않는다고 명시하고 있다. 이에 따라 기존 저소득가구가 국제결혼을 해도 저소득가구에서 제외되는 경우는 없어지게 되었다.

② 결혼이민자가 특수상황에 처한 경우

정부는 결혼이민자의 가족 총수입을 가족구성원으로 나누어, 1인당 월평균 소득이 정부가 해당년도 공표한 최저생활비 표준의 2.5배를 초과하지 않고, 대만 지역 평균 1인당 월 소비지출액의 1.5배를 초과하지 않거나 혹은 생활곤란자로 평가된 자이며, 이상의 조건을 갖춘 자가 다음의 특수상황에 처한 사실이 인정되면 보조금을 지급한다.

ㄱ. 남편의 사망 혹은 실종

ㄴ. 남편에 의한 악의적 유기 혹은 남편으로부터 동거할 수 없을 정도의 학대를 받았음을 이유로 이혼확정판결을 받은 자

---

07 http://www.ris.gov.tw/10/main9101.htm.(2005).

08 2005년 1월 19일 개정·공포된 '사회부조법' 제4조와 제5조. http://society.hccg.gov.tw/ps/b5-2.htm.

ㄷ. 가정폭력, 성폭력 혹은 기타 범죄의 피해자로서 의료비 혹은 소송비용
　을 부담할 능력이 없는 자

ㄹ. 노동능력이 없는 단친(單親)이거나, 혹은 노동능력이 있어도 부상·질
　병으로 인해 혹은 자녀양육으로 인해 취업을 할 수 없는 자

ㅁ. 남편이 1년 이상의 형 집행 중인 자 등

이상과 같은 조건의 호적설치 전 결혼이민자에게 지급되는 보조금의 표준
은 다음과 같다.

ㄱ. 긴급생활부조금: 1인당 매회 최고 당해연도 해당지방정부 지정 최저생
　활비 3개월분을 지급한다.

ㄴ. 자녀생활보조금: 자녀 1인당 매월 당해연도 최저임금의 1/10을 지급한다.

ㄷ. 탁아보조금: 6세 미만의 자녀에게 자녀 1인당 매월 최고 1,500대만달러
　지급

ㄹ. 자녀교육비: 공사립고등학교에 진학한 자녀에게 1인당 학비 및 잡비
　총액의 60% 보조

ㅁ. 의료비보조: 자기부담의료비가 50,000대만달러를 초과한 부분에 대하여
　최고 70% 보조, 단 1인당 연간 의료보조 상한은 120,000대만달러로 한다.

ㅂ. 법률소송비: 1인당 매년 최고 50,000대만달러를 지급한다.

ㅅ. 창업융자보조: 100만 대만달러를 6년간 융자해주고, 처음 3년간은 이자
　면제, 제4년부터, 1.5%의 이자를 부담하도록 한다.

③ 가정폭력 및 성폭력에 의한 신체안전보호

정부는 가정폭력 및 성폭력 피해 결혼이민자에 대해 일정한 서비스를 제공
할 수 있도록 지방정부 및 민간단체에 보조금을 지급한다.[09] 보조대상은 직할
시 및 현(시)정부와 직할시 및 현(시)정부의 위탁을 받은 재단법인 혹은 비영

---

09 http://www.ris.gov.tw/ch9/f9a-940308-2.html(2004)

리민간단체가 되며, 이들이 가정폭력·성폭력 피해 결혼이민자에 대해 보호조치를 취할 수 있도록 한다. 보조금의 항목 및 표준은 다음과 같다.

ㄱ. 법률소송비: 안건당 최고 50,000대만달러 지급되며, 동일안건은 1회에 한한다.

ㄴ. 긴급생활비: 거주 직할시 및 현(시)의 당해연도 저소득가구 1인당 월평균 최저생활비 기준과 동일한 액수를 지급하며, 1인당 매회 3개월 지급을 원칙으로 한다. 단, 직할시 및 현(시)정부의 사회복지요원의 평가에 근거하여 6개월로 연장할 수 있다. 동일안건에 대해 1회로 제한한다.

ㄷ. 의료비: 접수비·진단서 및 기타 진료와 관련된 항목을 포함하여 1인당 1회 최고 3,000대만달러를 지급한다. 단, 국민건강보험항목은 보조하지 않는다.

ㄹ. 심리복원비용: 개별심리지도 및 정신치료를 안건당 매회 1시간 연 24회 실시한다.

ㅁ. 안정연장비: 가정폭력 및 성폭력 피해 결혼이민자 및 그 자녀는 직할시 및 현(시)사회복지반의 평가에 따라, 지방정부보조기간 만료 후 익일부터 최대 6개월간 월 500대만달러를 지급할 수 있다.

ㅂ. 안정에 필요한 주택보조금: 안건당 매월 최고 6,000대만달러(월세 보조 1인당 4,000대만달러, 미성년 자녀 1인당 1,000대만달러, 최고 2자녀 보조)를 최장 3개월간 보조한다. 만약 특수한 사정이 있는 경우 6개월까지 연장이 가능하다.

그밖에도 성폭력 및 가정폭력 피해 결혼이민자를 보호하는 단체 및 지방정부에 설비·정보·서비스추진 등과 관련된 제 경비를 보조한다.

④ 심신장애자 복지

대만에 거주하는 외국인 심신장애자는 여섯 가지 항목의 공적부조를 받을 수 있다.

ㄱ. 복지서비스: 중·저소득 생활보조, 지역사회보호, 탁아 및 간병비용 보조, 조기치료 서비스

ㄴ. 의료재활: 중·저소득 의료(입원비 포함)보조, 사회보험 자기부담부분 보조, 보조기구 보조

ㄷ. 특수교육: 교육대금, 취학비용 감면, 취학장학금

ㄹ. 취업촉진: 취업서비스, 정액 취업보장, 취업훈련 생활수당, 창업대출 보조, 안마업 관리 및 영업허가증 발급

ㅁ. 교통서비스: 심신장애자 전용 주차증 발급, 국내 공공교통 이용 반·전액면제 우대

ㅂ. 기타 복지서비스: 세액감면, 국립공원 및 문화교육시설 우대, 공익채권 도매상의 신청

⑤ 아동복지 및 노인복지

베트남·인도네시아·태국·캄보디아어와 영어 등 다국어 판본의 가정교육수첩을 제작하여 결혼이민자 가족이 참고하도록 제공하고, 민간단체를 보조하여 결혼이민자의 가정교육강좌 및 자문서비스를 제공하고 있다. 또한 위기가족에 보다 확대된 서비스를 제공한다. 노인복지의 경우, 법에 의해 호적을 설치한 자는 노인복지법의 관련규정에 의거 각종 노인복지수당 및 서비스를 받을 수 있다.

7) 결혼이민자에 대한 사회복지서비스

(1) 수급자별 사회복지서비스 내용

① 생활적응복지서비스

대만 정부는 결혼이민자의 대만에서의 생활적응을 돕기 위해 다음과 같은

노력을 하고 있다.[10]

ㄱ. 생활 상황에 대한 전면적 조사 실시

ㄴ. 생활 적응 지도반 및 교사 양성 및 훈련 강화

ㄷ. 결혼이민자의 대만 생활과 관련된 정보수첩 제작 및 선도영화 제작

ㄹ. 결혼이민자의 생활적응과 관련된 자문창구 제공

ㅁ. 민간단체의 자원을 결합하여 지역성서비스 조치 강화

ㅂ. 결혼이민자 및 그 가족에 대한 지도와 서비스 조치 확립

ㅅ. 민·형사 소송, 법률 자문서비스 제공

ㅇ. 결혼이민자의 운전면허증 취득지도 및 다국어 모의시험문제 제작 배포

ㅈ. 대만 주재 관련국가기관에 결혼이민자에 대한 정보 및 국내 관련정보 제공 협조

ㅊ. 입국 전 지도 메커니즘을 정립하여 해당국 정부와의 협조체제 구축을 통한 적응기간 단축 노력 등

그 밖에 결혼이민자의 의료 및 우생보건을 위해서도 다음과 같은 정책을 실시하고 있다.

ㄱ. 결혼이민자의 국민건강보험가입 적극 지도

ㄴ. "우생보건조치 감면 혹은 비용보조방안"에 부합하는 결혼이민자에 대한 산전유전검진, 자궁 내 피임기 및 난관수술 경비보조

ㄷ. 결혼이민자의 입국 전 건강검사실시

ㄹ. 결혼이민자 지속적 건강관리체계 수립

ㅁ. 결혼이민자의 출신 및 건강관련 조사 실시 등

② 사회적 지지망의 결여문제와 교육기회의 제공

결혼이민자의 생활적응능력을 향상시키고 사회적 지지망의 결여문제를 해

---

10 http://www.ris.gov.tw/ch9/0940601b.doc.(2005)

결하기 위해, 대만정부는 결혼이민자들에게 다음과 같은 다양한 교육기회를 제공하고 있다. 예를 들면, 성인교육반의 개설, 결혼이민자 교육담당교사의 자질향상을 위한 교사훈련 및 참고교재개발, 결혼이민자의 초·중등학교 진학 및 공식학력 취득 장려, 결혼이민자 가족에 대한 교육활동(종족·성 차별 금지, 문화 존중의 관념 선도), 결혼이민자 자녀학습서비스 등이다.

③ 자녀 양육문제와 자녀교육 복지서비스

결혼이민자 자녀의 38%가 학업 및 생활적응에 문제를 갖고 있다는 점이다. 결혼이민자 자녀의 부적응 문제는 주로 가족 내 언어소통의 문제점, 어머니의 낮은 교육수준, 경제적 어려움 등에 기인한 것으로 나타났다. 대만교육부의 보고서에 의하면, 결혼이민자의 6/7(대략 83,421명)은 결혼이민자 교육반에 참가하지 않았고, 중국어와 한자를 이해하지 못하여 자녀를 교육시킬 수 없는 것으로 나타났다.

그 밖에도 내정부 아동국에서는 2002년 중국어·베트남어, 중국어·영어, 중국어·태국어 및 중국어·인도네시아어 판본으로 구성된 「0세부터 3세까지 가정교육 수첩」, 「아동성장 비결」 등의 책자를 4만여 권 제작·배포하고, 2003년에는 13만여 권을 결혼이민자 가족에 배포하였다. 또한 지방정부에 결혼이민자 가족을 위한 가정교육활동을 강화시키도록 격려하는 등 광범위하게 선전 및 지도활동을 전개하고 있다.

④ 취업권익의 문제와 취업서비스

한동안 취업서비스법의 규정에 의하여 결혼이민자들도 취업허가를 받아야 합법적으로 취업할 수 있었으나, 이제는 자유롭게 취업할 수 있다. 그러나 대만인 사용자의 그들에 대한 신뢰 부족으로 인해 대다수 결혼이민자들의 구직은 상대적으로 쉽지 않다.

⑤ 사회적 차별대우 문제 해결

상품화된 국제결혼의 본질과 결혼이민자의 출신국 경제 수준의 상대적 낙후로 인하여, 많은 대만인들이 결혼이민자에 대해 멸시적 태도를 갖고 있다.

내국인의 결혼이민자에 대한 사회적 차별 관념을 시정하기 위해, 타문화에 대한 적극적 태도 선도활동강화, 다원적 문화·생활 정보의 제공, 다문화주의적 사회 발전을 선도함으로써 결혼이민자를 적극적으로 포용하도록 문화교육활동을 전개하고 있다.

4. 프랑스의 다문화가족 정책동향

1) 프랑스의 다문화가족 현황

프랑스정부는 18세기와 19세기 출산율 저하로 인해 노동력 부족을 충당하기 위해 외국인 노동자들을 받아들이기 시작, 속지주의와 속인주의를 결합한 국적법을 통해 외국인들을 유인하려 노력하였다. 이를 통해 프랑스에 가장 많이 이주한 외국인들은 대부분이 유럽출신으로 독일인을 시작으로 이탈리아 및 벨기에 출신 외국인들이 기술자, 가정부 등으로 활동하며 프랑스에 거주하기 시작하였으며 19세기 말에 이미 100만 명 이상의 외국인들이 프랑스 내에 거주하는 것으로 집계되었다(Schuerkens, 2005). 이런 현상은 제1차 세계대전, 제2차 세계대전 이후까지 지속, 프랑스정부는 전쟁 이후 전후 복구, 노동력 부족, 감소된 인구 증가를 위한 정책의 일환으로 대규모의 외국인 노동자 유치를 추진하였으며 여러 유럽 국가들과의 협약을 통해 이주민 유입을 활성화시켰다.

프랑스의 이주민 규모는 2005년을 기준으로 약 4,959,000명이 집계되어 프랑스 총인구의 8.1%를 차지하여(프랑스인구통계창-INED, 2007) 현재 유럽 내 독일 다음으로 외국인 등록자 수가 가장 많은 국가이다. 또한 다문화가족의 자녀규모는 1999년을 기준으로 12,266,640명으로 이 중 약 17.3%인 2,213,165명이 이주민 가정의 아동이다. 이주민 가정 아동의 43.5%는 국제결혼가정의 아동으로 이들의 대부분인 85.9%가 프랑스에서 출생한 2세 아동들이다(Kirszbaum, Brinbaum, & Simon, 2009).

〈표 2-5〉 프랑스 내 이민자·외국인 수 변화 추이

	1982	1990	1999	2005
총 이민자(a+b)	4,037,036	4,165,952	4,36,094	4,959,000
남성	2,178,816	2,168,271	2,166,318	2,458,000
여성	1,858,220	1,997,681	2,139,776	2,501,000
시민권 획득자(a)	1,167,368	1,307,926	1,55,6043	1,992,000
외국 출생 외국인(b)	2,869,668	2,858,026	2,750,051	2,966,000
외국인 비율(b/(a+b))	71.10%	68.60%	63.90%	60.00%
프랑스 출생 외국인(c)	651,000	737,000	508,488	535,000
외국인 총(b+c)	3,520,668	3,595,026	3,258,539	3,501,000

자료: INED, 2007.

2) 프랑스의 다문화가족 관련 법·제도

(1) 이민 관련 법·제도

프랑스정부의 이주민정책은 이주민의 인종·문화적 다양성을 프랑스가 추구하는 하나의 가치에 동화시키기 위한 '동화(assimiliation)' 전략으로 설명될 수 있다. 즉, 프랑스와 공화주의 가치를 유지하는 데 그 목적을 두고 프랑스에 거주하는 모든 사회구성원들이 각자의 정체성과는 무관하게 동일한 권리와 의무를 지닌다는 것이다. 이런 동화주의정책은 초기 이주민 정책에서부터 최근 2005년까지 지속적으로 유지되어 오다가 2005년의 소요사태를 계기로 현재 국내외로 논쟁이 되고 있다.

2005년 소요사태를 기점으로 이주민 및 외국인 입국에 대한 프랑스정부의 입장이 폐쇄적으로 전환되었다. 먼저 2006년 법률제정 이후 가장 크게 달라진 점은 가족재결합조건의 강화, 고숙련노동자 모집, 거주 및 국적취득의 제한으로 볼 수 있다.

전체적으로 2006년의 법률 제정은 선택적 이민체제(selective migration system)로의 돌입을 예고, 보다 폐쇄적인 정책의 도입을 보여주었다. 이는 2007년 사르코지 정부에서 새로운 법안으로 '이민통제, 동화 그리고 망명에 대한 법률' 도입으로 나타났다. 내용은 주로 향후 가족, 친척과 합류하기 위해 이주를 신청한 외국인의 경우 그 혈연관계 검증을 위해 DNA 검사를 실시하는 것을 골자로 한다. 또한 불법체류자에 대한 보호유치기간을 12일에서 30일로 증가, 밀입국과 불법체류를 억제, 불법이민 통제를 위한 다양한 조치를 시도하고 있다. 그 결과 그동안 지속적으로 증가추세를 보였던 이주민 숫자가 2006년을 기점으로 감소추세에 들어섰으며 반면에 불법체류자 추방은 크게 증가하였다(한승준, 2008).

(2) 기회균등 강화 제도

사회통합정책의 일환으로 프랑스정부는 또한 2006년 3월 교육과 고용에 있어 기회균등을 강화하기 위한 제도로 '사회통합 및 기회균등처'를 설립하고 또한 '기회균등법'을 입법화하여 프랑스에 새롭게 이주한 이주민 학생들을 위한 교육 및 차별방지 조치, 이주민들에 대한 차별을 철폐하는 노력을 가하고 있다. 특히 이런 노력은 고용에 중점을 두고 있는데, 이는 이주민의 실업률이 자국민에 비해 1.5배 이상 높다는 점, 취업에 있어 이주민들이 경험하는 차별이 높다는 현실에 기반한다(Vaisse, 2005; Immigration, Islam and the challenge of integration, 2006).

프랑스정부는 1990년대 후반부터 각종 공공·민간기관들과 인종차별퇴치

협정을 체결하였고, '통합과 차별퇴치 지원기금(Funds d'Action et de Soutien pour l'integration et la Luttee contre les Discriminations: FASILD)'을 통해 재정지원을 제공하였다. 2001년에 들어 '차별퇴치에 대한 법'을 제정, 고용관련 차별에 대해서 시민단체가 피해자를 대신하여 고발할 수 있도록 허용하였으며, 2004년 12월에는 '차별퇴치평등고용청(Haute Autorite de Luttee contre les Discrimi-nations et pour l'Egalite-HALDE)'을 대통령 산하에 설립하였다. HALDE 담당 업무는 크게 두 가지로 하나는 인종차별금지에 관련된 업무와 평등의 실현 및 신장을 위한 업무로 구분될 수 있다. 또한 2007년 프랑스정부는 이전까지 여러 부사(내정부, 외무부 등)에 분산되어 있던 외국인 관련 업무를 단일화하기 위한 노력으로 '이민·통합·국가정체성·공동발전부를 신설, 이민의 흐름을 통제하고 프랑스 사회의 통합을 촉진하며 프랑스의 정체성을 확립, 공동발전을 장려한다는 4대 목표를 내세워 적극적인 통합정책을 시행하고 있다(김은정, 2009).

(3) 결혼제도

프랑스 법률상 민간결혼(Civil marriage)만이 인정되며 오직 civil ceremony가 행해진 다음에야 종교적 결혼식이 가능하다. 프랑스 내에서 결혼을 할 경우 부부 중 한 명은 결혼 전 40일 이상 연속적으로 프랑스에 거주하고 있어야 한다. 프랑스 법은 또한 결혼식 전 최고 10일 전에 결혼식이 행해진 후 시청에 결혼공고(Banns)를 내도록 규정하고 있으며 이를 위해서는 또한 공고 10일 전 혼인신고 서류를 제출하도록 되어 있다. 결혼 후 민간결혼식 증명서(신고식 결혼-civil marriage certificate)가 발급되며 종교적인 결혼식을 행하기 위해서는 반드시 민간결혼식 증명서가 필요하다.

민간결혼식 이전 시청에 제출해야 할 서류로는 출생신고서, 거주증명서(주소지가 표기된 청구서 및 보험청구서 등)가 요구되며 2007년 12월 20일 발효된 법으로 금지되기 전까지는 신체검사서 역시 요구되었다. 외국인 배우자의 경우 필요한 서류는 ① 여권, 프랑스 입국 비자 혹은 거주 비자, ② 제출일 기준 3개월 내 발급된 출생신고서, ③ 배우자 출신국가의 혼인법에 대해 설명, 당사자의 프랑스에서의 결혼이 합법적이라고 설명할 수 있는 법 진술서, ④ 결혼을 신청하는 외국인 당사자가 미혼이라는 것을 입증하는 제출일 기준 3개월 내 발급된 미혼확인서, ⑤ 프랑스 내 거주하는 경우 이를 입증할 수 있는 두 가지 서류(공과금 청구서 등)의 거주증명서가 요구된다.

3) 프랑스의 다문화가족 정책

(1) 다문화가족의 사회보장 지원

프랑스에서는 프랑스 시민에게 제공되는 사회보장혜택을 이주민에게도 보장한다. 하지만 이주민에게 있어 합법적 체류라는 조건과 세부적으로 장기체류허가를 받은 이들에게만 적용되는 혜택이 대부분이다(Schuerkens, 2005). 불법으로 체류하는 이주민의 경우 프랑스의 사회보장체계에서 배제되어 있는데, 예외적으로 산업재해 등 직무 관련 질병을 앓고 있는 불법체류자와 본국에서 치료가 어려워 프랑스에서의 의료 치료 및 요양을 필요로 하는 불법 노동자들에게 있어서는 일부 수당이 주어지기도 한다(곽원섭, 2007). EU 및 EEA 출신의 외국인인 경우 출신국의 사회보장체계에 가입된 경우, 프랑스 거주 시에서도 혜택을 받을 수 있으나 비회원국 출신 외국인인 경우 장기체류허가를 가진 자에 한해 대부분의 사회보장혜택이 주어진다.

프랑스의 사회보장체계는 여러 종류의 제도(regime)하에 운영되고 있는데 이는 외국인에게 해당되며 프랑스 인구 80%가 적용되는 일반형식, 비농업계 자영업자에게 해당되는 자치형식, 농업체계에 종사하는 이들을 위한 농업형식, 그리고 공무원 등에게 해당되는 특별형식이 있다. 일반적으로 외국인의 경우 일반형식 사회보장에 해당되며 이는 연금, 유족연금, 실업보험, 장애인

보험, 산재보험, 실업보험, 출산 수당 등을 포함한다. 고용을 통해 보험 가입이 된 경우 배우자의 자녀들은 자동적으로 위 보험에 동시 가입이 된다. 일반 형식 보험의 경우 세금(CSG & CRSD)과 기여금액으로 운영되며 기여금은 대부분 고용인과 피고용인이 부담하는 형식이다. 프랑스에 거주하며 보험에 가입한 사람들은 소득의 7.5%를 CSG 명목으로 납부하며 0.5%를 CRSD로 납부한다.

(2) 다문화가족 자녀의 교육 지원

프랑스에서 교육 정책은 이주민 통합을 위한 강력한 통합전략이다(한승준, 2007).

이주민 가정의 자녀들은 보통·의무·무상교육의 프랑스 교육 제도하에 프랑스인과 동등하게 교육을 받을 수 있다. 하지만 실제 새로운 이주민 아동을 포함, 이주민 가정 출신의 아동들의 학업 수준 및 교육 수준은 프랑스인과 비교했을 때 현저히 차이가 난다. 예로 15세 아동의 수학, 언어 및 학업수준을 비교한 국제 PISA 연구 결과, 이주민 가정의 15세 아동들이 프랑스인 가정의 아동들보다 약 70~80점 낮은 점수를 보이는 것으로 나타났다(Vaisse, 2005; Immigration, Islam and the challenge of integration, 2006). 이런 교육성과에서 오는 집단 간 차이를 감소시키고자 하는 노력은 이미 1970년대부터 시작되었다. 1981년에 프랑스정부는 교육불평등 문제를 다루기 위해 우선 교육지대(Priority Education Zone-PEZ)를 마련했다. 이는 '덜 가진 자들에게 더 많이'라는 슬로건 아래 시행된 것으로 그 내용을 살펴보면 다음과 같다(주경란, 2008; Vaisse, 2005; Immigration, Islam and the challenge of integration, 2006).

① 저소득층, 낮은 졸업률, 높은 외국인 인구 비율, 높은 실업률 등 여러 조건을 충족하는 '사회적으로 혜택 받지 못한' 인구들이 집중해서 거주하는 지역을 ZEP으로 선정, 선정된 지역 공교육기관에 대한 재정지원

을 확대한다.

② 모든 지식 습득의 기본이 되는 언어 습득 및 숙달에 교육의 초점을 두고 이에 대한 지원을 제공한다.

③ 만 3세부터 유치원을 다닐 수 있도록 지원하며 조기교육을 장려한다.

④ 생활환경이 열악한 아동들을 위해 교사교류, 보충수업, 상급학교 방문, 안내책자 배부 등 상급학교로의 지원을 제공한다.

⑤ 우선 교육망을 설치, 우선교육의 실행 경험과 방법 등을 교환할 수 있는 장을 마련, 이를 위한 학군별 자료관을 설치, 담당자들을 지원한다.

프랑스정부는 또한 1965년부터 1984년까지 프랑스 전국에 '이주민 자녀 학교 적응을 위한 정보센터'를 설치, 초등학교 내에는 통합반, 중학교 과정에는 적응반을 설치, 운영하였다. 이는 2002년 '이민자와 비정착 주민들의 학교 적응을 위한 교육센터'로 대체, 현재까지 운영되고 있다. 이 교육센터에서 제공되는 서비스를 살펴보면 다음과 같다(김은정, 2009).

· 이주가정을 위한 학교 입학 정보를 제공
· 학교생활 적응을 위한 상담과 지원
· 지역교사들 대상의 다문화교육 프로그램 운영
· 외국인 자녀 교육에 관심 있는 일반인 대상 다문화교육 프로그램 운영

5. 독일의 다문화가족 정책동향

1) 독일의 다문화가족 현황

독일에 거주하는 외국인 수는 지속적으로 상승세를 보이고 있다. 독일에 거주하는 외국인(독일 시민권이 없는 자)은 2007년을 기준으로 약 720만 명

으로 이는 독일 총인구의 약 8.8%를 차지한다. 독일국적을 취득한 외국인의 수는 약 150만 명으로 집계되며 독일 인구 중 이주 배경을 가진 사람(persons of immigrant background), 즉 부모세대에서 독일로 이주, 독일에서 출산했거나 외국인이었으나 독일로 귀화한 사람 그리고 독일-외국인 사이에서 태어난 독일 출생 자녀 및 손자녀들의 수는 2005년을 기준으로 약 10%를 차지한다(연방정부통계청, 2006). 이는 독일 인구 중 약 19%(1,530만)가 외국인이거나 이주배경을 가진(migration background) 인구라는 것을 알려주는데 이는 독일정부 및 사회의 직접적 인정과 무관하게 독일사회의 '다문화화'가 오래전부터 진행되어 왔다는 것을 알려준다.

〈표 2-6〉 독일 내 외국인 인구 추이

(단위: 1,000)

구분	2005	2006	2007
독일인	75,158.8	75,059.0	74,960.8
외국인	7,289.1	7,255.9	7,257.0
총인구	82,531.7	82,314.9	82,217.8
외국인 비율	8.8%	8.8%	8.8%

자료: OECD, 2008.

독일로 이주하는 이주자들은 대부분 EU 국민, 독일에 이미 거주하는 외국인의 배우자 및 가족(제3국가 국민), 구소련국가 및 동유럽 출신의 독일혈통, 난민 및 망명인, EU 비회원 국가 출신의 계약직·일시직 노동자, 외국인 유학생 및 유대인이다.

독일 내 국제결혼은 1990년대만 해도 매년 60,000건이 넘었으나 2000년대 들어서 점점 감소추세를 보이고 있다. <표 2-7>에 나타나듯이 최근 4년 동안의 국제결혼 건수를 살펴보면, 독일여성과 외국인 남성 간의 결혼은 2005년에 비해 2008년에는 15%나 감소한 경향을 보이며 독일남성과 외국인 여성 간의 결혼 역시 동일하게 지속적인 감소추세를 보이고 있다.

<표 2-7> 독일 내 국제결혼 추이

구분	2005	2006	2007	2008
독일여성·외국인 남성	21,113	19,748	18,608	18,154
독일남성·외국인 여성	29,390	26,971	24,933	23,288

자료: 독일연방통계청. 2009.

독일의 다문화가족 자녀 규모는 2006년을 기준으로 독일 내 총출생률의 약 10.1%를 차지하며 2000년부터는 점차 감소하는 추세를 보인다. 이 중 약 57%인 39,089명이 2000년도 개정된 국적법에 의해 독일시민권을 획득하였다. 2000년도 이후 독일시민권을 획득한 이주민 가정의 자녀들은 총 270,352로 나타난다.

<표 2-8> 독일 출생률

구분	총출생	외국인 부모 가정 내	국적법 아래 독일권 시민 취득 자녀 수
2000	766,999	91,033(11.9%)	41,257
2001	734,475	82,773(11.3%)	39,600
2002	719,250	78,993(11.0%)	37,568
2003	706,721	76,174(10.8%)	36,819
2004	705,622	73,077(10.4%)	36,863
2005	685,795	70,417(10.3%)	40,156
2006	672,724	68,265(10.1%)	39,089
총	4,991,586	540,732	270,352

자료: 연방내무부. 2008.

(1) 이민법

1998년 새로 출범한 사민당이 독일 내 '돌이킬 수 없는 이민과정이 시작되었다'라는 입장을 밝히기 전까지 독일정부의 공식적인 입장은 '독일은 이민국가가 아니다'라는 것이었다. 이 시점까지 독일정부는 이주노동자 및 외국인의 입국을 통제하기 위한 노력을 시도했으나 이후 인력난의 결과로 사민당의 주도하에 2000년 그린카드(Greencard) 조항을 만들어 전문인력에 그린카드를 부여, 입국하도록 장려했다.

독일은 전통적으로 혈통과 역사를 중요시 여기는 사회로 외국인 거주의 오랜 역사에도 불구하고 독일사회 내 외국인 통합은 사회적, 문화적으로 거부되었으며 더 나아가 법적인 측면에서도 허용되지 않았다. 하지만 2000년 '새로운 시민법(citizenship law)' 도입을 계기로 '출생지주의(jus soli)' 방식 이래 독일에서 출생한 외국인 자녀의 '독일시민권' 획득이 가능하게 되었으며 이는 오랫동안 고수되어온 혈통주의 대신 거주 중심의 '통합'이 독일사회에서 시작되었음을 알린다. 또한 2007년 개정되고 시행되어 온 국적법(Nationality Act)에 의하면 영구주거권을 가진 외국인은 조건을 갖출 경우에 한해 독일 거주 8년 이후부터 시민권 신청이 가능하다. 이는 이전 15년 이상 독일 거주가 귀화조건의 일부였던 것에 비해 크게 완화된 것이다(박채복, 2007).

독일의 이주정책과 관련, 중요한 법은 이민법(Immigration Act -Residence Act로도 알려짐)이다. 2002년 연방상원에서 이민법이 통과되면서 여러 절차를 거쳐 이전에 존재했던 외국인 법이 2005년 1월부터 이민법(the new Immigration Act of 2005-Zuwanderungsgesetz)으로 바뀌면서 발표되었다. 이 법은 기존의 외국인법을 대체하는 것으로 이민을 통해 EU 국민 및 외국인의 거주 및 통합을 규제한다는 명목 아래 실질적으로 보다 포괄적인 통합전략의 중요성을 강화하였다.

〈표 2-9〉 시기별 독일의 이주민 정책

시기	단계	내용
1955~1973	모집단계	• 노동력 문제 해결을 위한 해외 인력 모집 • 경제&노동자시장정책의 차원에서의 외국인 유입 • 이들을 위한 사회복지, 사회·경제정책 전무
1973~1980	확정단계	• 오일쇼크로 인한 실업률 상승, 1973년 국외모집 중지 조치, 1977년까지 가족의 후속이주 제한 • 제한적 정책 불구 외국인들의 지속적 체류 증가 • "독일은 이민수용국이 아님"의 입장 명확
1981~1998	방어단계	• 망명신청자, 난민, 독일혈통 이주민 급증 • 독일정부 "독일은 이민국이 아니다"라는 입장 고수 • 외국인법 개정(1991. 1 .1 효력)
1998~현재	인정단계	• 독일국적법 개혁, 그린카드 발급, 전문이주노동자 모집, 2005년 이민법 개정 & 2007년 독일 통합계획 수립

자료: 김재경, 1997; 주재순, 2007; Hintereder, 2007.

(2) 국제결혼제도

독일의 결혼은 기본법 제6조(Article 6, Basic Law-Grundgesetz)에 근거한다. 독일에서 국제결혼은 독일국민과 외국인 간의 결혼 그리고 독일 내 거주하는 외국인과 외국에 거주하는 외국인 간의 결혼을 얘기하는데 이를 이국결혼(binational marriage)이라 칭한다. 흥미로운 것은 독일사회에서 이국결혼 혹은 국제결혼이라 일컫는 것은 대부분이 EU회원 국가와 미국, 일본과 같은 몇몇의 선진국을 제외한 제3국가 출신 배우자와 독일국민 사회에서의 결혼인데 이는 유럽법(European Law)에 근거, EU 회원국가 출신의 외국인과 독일국민 간의 결혼은 독일국민 간의 결혼으로 간주되기 때문이다.

EU 비회원국가 출신인 경우, 배우자는 본국의 독일대사관과 같은 기관에 가족동반비자 신청을 해야 한다. 신청을 위해서는 공공기관에서 인증한 혼인증명서와 독일배우자의 여권 사본을 제출해야 하며 비자 승인 후 독일로 입국이 가능, 독일로 입국함과 동시에 일시적 체류가 보장되는 체류허가(residency permit)가 주어진다. 유기한 체류허가를 발급받을 경우 일정부분 취업이 가능하며 이후 무기한 정착(settlement permit)을 발급받을 수 있다.

결혼생활 2년 후에는 결혼생활 유지와 상관없이 독립적인 체류허가를 받을 수 있게 된 것이다. 독립적인 체류허가 발급 이후 5년 이상 독일에 거주하며 자격요건을 충족할 경우, 외국인 배우자는 무기한 정착허가 신청을 할 수 있다.

2) 독일의 다문화가족정책

(1) 다문화가족의 사회보장 지원

독일은 사회보장국가의 원칙에 근거, 복지정책을 수행하고 있다(김희선, 2009). 외국인 노동자와 그 가족, 그리고 이주민들도 대부분의 사회복지 혜택을 받고 있는데(윤동화, 2009) 이는 독일의 사회보장의 5부분, 즉 의료보험,

장기요양보험, 연금사고보험, 실업보험을 포함하며 더 나아가 사회복지보조금, 자녀수당 및 양육수당 등을 포함한다. 국적과 상관없이 독일 내에서 취업활동을 하고 있는 모든 사람은 법정 사회보험에 가입하게 되어 있다. 보험료는 일반적으로 고용인-피고용자가 각각 50%씩 부담하게 되어 있으며 피고용자의 총소득의 40% 정도가 보험료로 납부된다. 즉, 피고용자가 부담해야 하는 액수는 본인의 소득의 20%정도이며 나머지는 고용인이 부담한다. 보험료는 세부적으로 살펴보면, 2009년을 기준으로 의료보험의 경우 보험가입자의 총소득의 14.9%, 장기요양보험료는 1.95~2.2%, 연금은 19.9%, 실업보험은 2.8% 정도가 된다(연방사회노동부, 2008).

(2) 통합프로그램 제공

① 통합강좌

독일 내에 장기거주하며 체류허가를 받은 모든 외국인은 반드시 강좌를 이수해야 하며, 크게 오리엔테이션과 언어강좌의 두 부분으로 구성되어 있다. 통합강좌의 일부분인 오리엔테이션 강좌는 독일의 법질서, 문화, 역사 등에 대한 기본적 지식을 알리는 데 목적을 둔다. 독일연방의 역사, 기본법 및 국민의 의무, 유럽사회적 시장경제, 유럽의 통합, 독일의 이민사 및 인간의 이해, 종교적 다양성, 문화의 다양성 등 법질서, 문화, 역사 부문의 다양한 강좌 중 이주민이 선택, 수강하는 시스템으로 이뤄지며 총 45시간의 수업이 제공된다. 수업은 독일어로 제공되며 수업 수강 이후 필기 혹은 구술시험을 치도록 구성되어 있다. 통합강좌는 곧 언어강좌를 가리키는데 이는 독일에 거주하는 모든 외국인, 즉 외국인, 독일혈통 외국인, EU 소속 국민들에게 공통적으로 제공되는 강좌로 총 900시간을 이수하게 되어 있다. 독일어 능력은 독일 내 교육 및 노동시장 참여를 위해 필수적인 조건으로 여겨지며, 외국인으로 하여금 독일사회에서의 수월한 적응을 위한 중요요소로 손꼽히기에 독일정부에서는 집중적인 언어강좌체계를 도입, 제공하고 있다. 언어강좌는 모듈방식의 커리큘럼으로 6단계로 구성되어 있으며, 참여자들은 자신의 수준에 맞춰 수

강하게 되어 있다. 또한 모국어에 조차 문맹이거나(illiterate in their native language), 여성, 청소년과 같은 특수집단을 위해서는 특별언어강좌가 제공되기도 한다.

② 이주민 상담서비스

2005년 1월부터 연방내무부의 관리 아래 실행되고 있으며 이주민들을 대상으로 전문적이고 개별적인 사례관리를 제공한다. 독일 각 지역에 고루 분포되어 있으며 특히 새롭게 이주하는 이주민들을 대상으로 이주 후 최대 3년까지 초기상담을 제공하며 개인의 욕구에 적합한 맞춤형 서비스를 제공한다. 서비스의 예로는 이주민의 사회적 능력을 파악하고 이런 능력을 고려, 필요한 서비스 계획을 수립하는 것이 포함된다.

③ 정보서비스

독일로 이주하는 이주민들에게 연방정부, 주정부, 지역사회 내 통합정책 및 자원, 서비스들에 대한 정보를 제공하는 것은 현재 독일의 연방이민난민국(the Federal Office for Migration and Refugees)에 의해 관리된다. 리플렛 및 책자와 같은 다양한 출판물이 매년 제공되고 있으며 그 내용으로는 독일의 공공교통시설이용, 공공기관이용, 재정적 지원, 학교 및 직업 소개, 언어교육 소개 등 일상생활에 필요한 다양한 지식이 있다. 가장 많이 제공되는 출판물로는 이주 초기자를 위해 제작, 배포되는 '환영합니다. 이주민들을 위한 기본 정보서(welcome to Germany: Basic Information for Immigrants)'가 있으며, 이 외 독일정부의 통합정책과 관련된 새로운 소식 등을 담은 '통합을 중심으로: Focus on Integration' 뉴스레터, 그리고 '독일어: 외국어로써(German as a second language)' 잡시를 발간하고 있다.

(3) 다문화가족 자녀의 양육 및 교육지원

① 자녀양육지원

자녀양육에 대한 부담을 줄이기 위해 정부가 지원하는 제도로는 아동수당 (Child benefit)이 있는데, 이는 독일 내 거주하면서 세금을 납부하는 사람들 이면 독일인과 동등하게 자녀양육비를 제공받을 수 있다. 아동 1명당 부모 및 법적 보호인 중 한 사람에게만 양육비가 지원되는데 아동이 양육비 지원 대상과 같이 거주하는 것이 확인이 될 때 지원된다.

가정의 부담을 덜기 위해 연방자녀양육보조법(Federal Child-Raising Allowance Act)을 정하여 연방자녀양육보조비(Federal child-raising allowance)를 실행 하고 있다. 하지만 이 법은 2007년 1월을 기준으로 연방부모수당법(The Fedaral Parental Benefit Act)으로 대체, 제정일을 기준으로 이후에 출생한 모든 아동 에 해당된다. 즉 2006년 12월 31일 이전에 출생한 아동은 연방자녀양육보조 법에 적용된다. 연방부모수당법 수혜의 자격요건은 자녀양육보조법과 동일하 고, 수당액은 부모의 소득과 직결된다. 자녀양육보조와 같이 독일에 영구 거 주하거나 취업허가를 받은 외국인은 부모수당을 받을 수 있다.

② 자녀교육지원

현재 독일에서 교육을 받고 있는 학생 중 외국인 자녀이거나 혹은 이주민 가정의 자녀는 전체 학생의 약 10%를 차지한다. 현재 독일정부에서는 다문화 가정 자녀를 대상으로 다양한 언어교육 프로그램을 실행하고 있는데, 각 시별 로 이주민 가족을 위한 행정부서를 마련, 자녀들의 언어교육 및 적응을 위한 다양한 원조프로그램을 지원하고 있다.

<표 2-10> RAA의 주요 언어 프로그램

사업명	대상	목적	사업내용
손잡고 이끌기(Griffbereit)	1~3세	다언어교육	아동의 언어능력 향상을 위한 부모교육
손잡고 이끌기(Griffbereit) 배낭(Rucksack)	4~6세	다언어교육	이주민 가정 아동의 독일어 및 모국어 능력 향상
이주아동청소년지원사업(Forming)	이주민 가정 청소년	언어교육	언어능력 향상을 위한 교재개발 및 프로그램 운영
함께 말하기(MitSprache)	초등학생	언어교육 및 숙제지도	언어능력 향상 및 숙제지도 프로그램
제2언어 독일어 (Module Duetch als itsprache)	교사	독일어 교수법 지도	독일어 교수법 자료개발

자료: 김은정, 2009.

03

결혼이민자 가족의
형성과정

1. 결혼유입배경

1. 이주의 여성화 현상

국제적인 노동력 이동에서 '이주노동자의 여성화(feminization of migrant workers)' 추세가 심화되고 있다(Castles and Miller, 1998; Kofman, 1999). 특히 아시아 지역에서 '이주노동자의 여성화' 현상이 두드러진다.

여성결혼이민자들은 성(gender)과 전지구화(globalization) 및 이주(migration) 현상으로부터의 영향을 복합적으로 받고 있으며 그들은 친정과 시댁의 생계를 책임지는 노동자(workers)이면서, 아내(wives)·어머니(mothers)라는 가족 내의 지위를 가짐과 아울러, 두 나라의 시민(citizens) 자격이 교차하는 복합적인 지대에 자리 잡고 있다(보건복지부, 2005).

가난과 실업이 만성화된 저개발국 여성이 자신과 가족의 경제상황을 향상시키기 위하여 부유한 나라의 남성과 결혼을 통해 대단위로 이주하고 있다.

2. 여성결혼이민자 출신국의 상황

극심한 빈곤과 실업에 시달리는 저개발국의 여성들이 상대적으로 부유한 국가로 끊임없이 이동하고 있는 가장 근본적 이유는 빈곤이다. 이주노동자로 해외취업의 길에 나서는 것보다 국제결혼을 하는 것이 비용이 훨씬 덜 들기 때문에, 저개발국의 저소득층 젊은 여성들이 결혼이민자가 되고 있다.

대부분의 저개발국 정부는 자국인의 해외취업을 적극적으로 권장하고, 자국여성의 국제결혼이주에 대하여 방관하고 있다. 이주노동자와 결혼이민자의 송출은 그 나라의 중요한 외화 획득 원천으로 간주된다. 이처럼 자국인의 해외송출에 우호적인 정부정책은 국제결혼중개업체들이 활동하기에 더없이 좋은 환경이 되고 있다.

중국·베트남·태국·몽골·러시아 등은 국제결혼중개업을 규제하는 법률이 없다. 즉, 이 나라 정부들은 자국 여성의 국제결혼이 장래의 외화송금 수입을 약속한다는 점을 근거로 국제결혼중개 행위를 방관하고 있다. 필리핀은 예외적으로 '우편주문신부 방지법(Anti-Mail Order Bride Law-Republic Act 6955)'을 제정하여, 국제결혼이 인신매매의 형태로 이용될 가능성을 규제하고 있다. 필리핀에서는 신문광고를 통해서 국제결혼을 알선하는 행위는 법으로 금지되어 있다. 따라서 필리핀에서 활동하는 국제인신매매조직들은 그들의 사업을 '직업소개소' 등 합법적인 형태로 위장한다.[11] 하지만 실제 이 법이 적용되어 국제결혼알선업자가 처벌받은 사례는 드물다. 그렇지만 최근 한국의 국제결혼업체와 특정 종교집단의 국제결혼 알선이 문제가 됨에 따라 경각심을 높이려는 시도가 이어지고 있다.[12]

---

11 2005년 1월 17일 필리핀 국가수사국(The National Bureau of Investigation: NBI) 요원들은 마닐라 근교 파라냐케시(Paranaque City, Metro Manila)에 있는 직업소개소를 급습해 필리핀 여권 수백 개와 결혼서류·비자서류, 필리핀인 예비 우편주문신부들의 사진 등을 압수하고, 한국인 남성 6명과 필리핀 여성 5명을 체포하였다. 그들은 직업소개소를 위장하여 예비신부들을 모집했는데, 2004년 이 업체의 알선으로 결혼한 필리핀 여성이 한국에서 한국인 남편으로부터 성매매를 강요받았다는 점이 체포 사유였다(《중앙일보》, 2005.1.19).

12 주한 필리핀 대사는 2005년 1월 필리핀 여성들이 "주의를 기울이지 않으면 통일교 집단 결혼의 희생양이 될 수도

3. 한국의 상황

실제 한국사회에서 국제결혼은 한국인 여성과 외국인 남성 간에 이루어진 것이 대부분이었다. 그러나 1980년대 말 이후 사회문제로 대두된 농촌총각의 결혼문제를 해결하는 방편으로 추진된 조선족 동포 여성과의 결혼이 새로운 형태의 국제결혼을 시작하게 했다. 1990년 농촌총각과 연변처녀와의 첫 번째 결혼이 언론을 통해 보도되었다. 이를 주선한 정치인은 만주지역의 단절된 역사를 회복시키기 위해 핏줄을 재결합하는 것이 가장 효과적이라고 판단했다고 한다(≪조선일보≫, 1990.12.16). 이후 농촌의 영농후계자들에게 배우자를 주선하려는 여성단체나 농민단체의 중국 방문이 늘어나기 시작했고, 1992년 중국과의 국교가 정상화된 이후에는 지방자치단체가 여러 가지 경로로 조선족 동포와의 결혼을 주선하게 되었다. 다른 한편에서는 특정 종교단체가 일본 여성과 한국인 남성 간의 결혼 주선을 필리핀 여성으로 확대하면서 농촌지역의 국제결혼을 증가시키기도 했다.

또한 한국사회의 성비불균형은 매우 심각한 수준이며, 그 주요원인은 한국사회의 뿌리 깊은 남아선호사상 때문이다. 2004년 한국사회 성비는 116으로 여성 100명당 남성은 크게 늘어날 수밖에 없다. 여기에 미혼남성의 증가를 가중시키는 것이 바로 여성의 결혼기피 및 만혼 현상이다. 특히 여성의 경제활동 참여가 증가하면서 많은 여성은 과거 관습적 결혼보다는 사회활동을 통한 자아실현을 선호하게 되었고, 직장여성의 경우 결혼에 따른 여러 가지 부작용을 우려하여 결혼을 기피하거나 늦추는 경향이 나타나고 있다. 이런 상황에서 남성은 결혼적령기를 넘기게 되거나 혹은 그 탈출구로써 국제결혼을 선택하고 있다. 또한 최근 경제상황이 악화되면서 많은 여성들이 경제적 이해를 중시하게 되었고, 그 과정에서 경제적 능력을 갖추지 못한 남성들이

___
있다"라고 경고했다(≪국민일보≫, 2005.1.25).

결혼에 어려움을 겪고 있다.

2006년 우리나라의 국제결혼 건수는 39,690건으로 전체 결혼신고 건수의 11.9%가 국제결혼이다. 특히 농촌지역을 중심으로 외국여성과 한국남성의 결혼비율은 전체 결혼의 35.9%로 급격히 증가하고 있다. 이는 농촌총각 3명 중 1명은 국제결혼을 하는 것이다(통계청, 2007).

<표 3-1>에서 보는 바와 같이 한국인 남성이 외국인 여성과 결혼한 경우가 한국인 여성이 외국인 남성과 결혼한 경우에 비해 월등히 많은 것으로 보아 우리나라 국제결혼에서 여성화 현상이 뚜렷하다. 이는 우리나라에서 신붓감을 구하지 못한 농촌총각들이 외국인 여성과 결혼을 선택하기 때문으로 보인다.

〈표 3-1〉 국제결혼가정 현황

구분	총 결혼건수	국제결혼	외국인 아내	외국인 남편
인원(명)	332,752	39,690	30,208	9,482
비율(%)	100	11.9%	9.9%	3.7%

* 국제결혼 비율 추이: 1990년1.2%→2000년3.7%→2004년11.4%→2005년13.6%→2006년 11.9%(통계청, 2007)

# 2. 배우자 선택과정 및 결혼경로

성혼률 100%를 자랑하며 더 많은 수의 사람을 결혼시키고, 초고속으로 '성혼'에 이르게 하기 위해서는 절차화되고 의례화된 '시스템'의 구축이 필수적이다. 베트남 여성과의 결혼이 붐을 이루기 시작한 2003년에 비해 현재는 국제결혼에 드는 시간과 비용이 현저히 줄어들었다. 중개업자에 의한 국제결혼의 전 과정은 다음과 같이 구성된다(김현미, 2006).

1. 과정

한국남성 회원 모집 → 관광형 맞선 → 성혼 및 결혼식 → 한국에서의 혼인신고 → 베트남 여성 결혼비자 신청 → 한국으로의 이주→ 가족 구성

2. 비용

한국남성들은 결혼을 하기 위해 850만 원에서 1,200만 원 정도를 지불한다. 이 비용은 크게 1차비용(서류비용, 남성의 왕복 항공료, 인솔자 항공료), 결혼진행비(결혼식, 피로연 진행 비용), 수속비용(신부여권, 서류비용, 식대, 호텔비용, 맞선비용, 신부관리비, 패물 및 신혼여행비용)과 지사 운영비(베트남 지사 및 직원 운영비) 그리고 성혼 사례비를 포함한다(고현웅 외, 2006).

3. 맞선과 결혼

맞선-결혼식-합방-신혼여행으로 구성되는 베트남에서의 일련의 과정은 호치민의 경우 5박 6일이나 7박 8일이 걸리지만, 하노이의 경우 비행기 도착과 출발시간을 맞추면 총 3박 4일 만에 맞선부터 결혼까지의 모든 일정이 가능하다. 하노이로 가는 대부분의 중개업체는 아침에 공항에서 남성들을 집합시켜 오후 1시에 하노이에 도착한다. 이후 저녁 8시나 10시까지 맞선을 본다. 결혼할 여성이 확정되자마자 그날 밤으로 신부 집을 방문하여 인사를 드린다. 다음날 아침 9시에 '신부'는 건강진단을 받는다. 당일 오후 1시에 결혼식을 올린 후, 오후에 하롱베이로 신혼여행을 떠난다. 밤으로 하노이에 귀가한 후 다음날 아침 하노이 시티투어를 한 후, 인천으로 귀국한다.

맞선은 보통 3차까지 진행되는 경우가 많은데, 한국남성은 적게는 20~30명, 많게는 200~300명의 베트남 여성을 본다. 차례로 5~10명의 여성들이 들어오면 남성은 마음에 드는 여성을 1차로 선택하고, 1차로 선택된 여성들 중 또다시 마음에 드는 여성을 선택하는 2차 맞선으로, 2차로 선택된 여성들 중 또 선택하는 3차 맞선으로 이어진다. 맞선 시 여성들은 남성의 신상에 대해

질문을 할 수 없고, 남성은 통역자를 통해 여성들에게 자유롭게 질문을 한다
(고현웅 외, 2006).

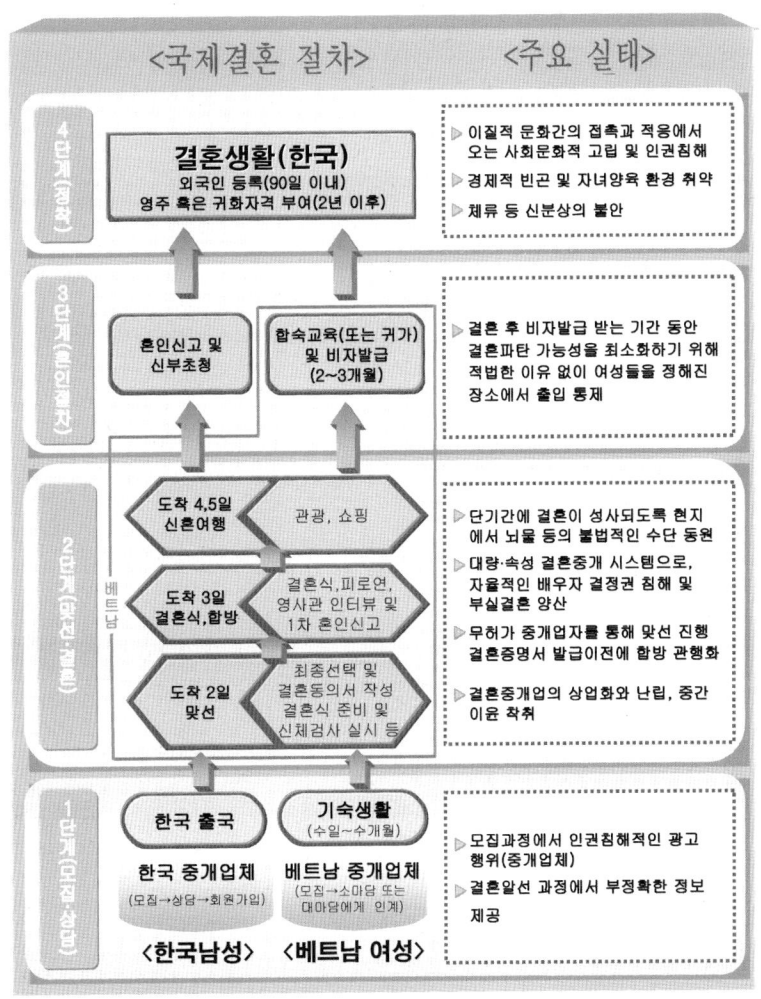

자료: 결혼이민자 가족 및 혼혈인·이주자를 위한 사회통합지원대책(2006)

〈그림 3-1〉 대표적인 국제결혼 절차: 베트남 사례

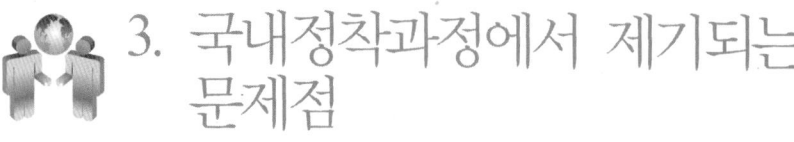

3. 국내정착과정에서 제기되는 문제점

국제결혼 이민여성의 국내정착과정에서 제기되는 중요한 문제는 다음과 같이 몇 가지로 요약할 수 있다.

첫째, 중요한 문제는 국제결혼 이민여성의 법적 지위가 불안정하고, 그 결과 결혼생활적응에 많은 어려움을 초래하고 있다는 점이다. 1997년 국적법이 개정되기 이전까지 국제결혼 이민여성은 결혼과 함께 한국 국적을 획득하였다. 그러나 증가하는 위장결혼과 그에 따른 피해를 방지할 목적으로 한국 국적을 획득하기까지 국제결혼 이민여성은 2년 동안 체류비자(F2) 자격으로 국내에 거주할 수 있다.[13] 그런데 체류비자로 거주하는 2년 동안 국제결혼 이민여성은 외국인 신분인 까닭에 복지혜택을 받을 수 없으며, 1년마다 남편의 신원보증을 조건으로 체류비자를 갱신해야 하며, 결혼사유가 해소될 경우 불법체류자로 전락할 가능성이 높아 결국 인권유린 및 불안정 생활로부터 벗어나지 못하고 있다. 이러한 불합리한 문제점을 개선하기 위해 정부는 2004년 국적법을 다시 개정하였고, 이때 배우자의 사망이나 실종 및 배우자의 귀책사

---

13 1997년 개정된 국적법은 외국인 남성의 경우 3개월에서 1년 단기체류비자를 얻게 되며 취업도 불허하고 있어 결국 가족해체를 강요하고 있기 때문이다. 그런 의미에서 보면 개정된 국적법은 성에 따라 차별적인 요소를 담고 있음을 엿볼 수 있다.

유로 이혼하게 될 경우 국적 취득이 가능하도록 문호를 열어두었다. 그렇지만 그 귀책사유를 입증해야 하는 책임을 떠맡고 있는 국제결혼 이민여성은 한국어에 아직 능숙하지 않을 뿐만 아니라 법률 자문을 자유롭게 이용할 수 있는 인적 및 물적 자원이 부족하기 때문에 그 과정이 매우 힘든 과정이 아닐 수 없다.

둘째, 국제결혼 이민여성의 정착과정에서 제기되는 또 다른 심각한 문제는 의사소통의 어려움과 문화적 이해부족에 따른 한계점이다. 국제결혼 이민여성에 대한 한국사회의 편견과 함께 경제적 빈곤이 정착과정에 큰 걸림돌로 작용하고 있다. 그리고 무엇보다 국제결혼 이민여성에 대한 사회적 편견은 우리 사회의 이들에 대한 이해부족 때문이다. 그밖에도 국제결혼 이민여성에 대한 한국남성의 가정폭력과 인격모독 그리고 출산이나 양육과정에서도 많은 문제점을 갖고 있다. 그리고 국제결혼 한국남성의 경우 국제결혼에 많은 경제적 비용을 부담하고 있기 때문에 국제결혼 이민여성을 평등관계의 배우자로 간주하기보다 소유물 개념이 각인되어 있어 인격모독을 자주 한다고 한다. 국제결혼 이민여성은 임신이나 출산 그리고 자녀양육 과정에서도 어려움을 겪고 있다(자세한 내용은 다음 4장 결혼이민자 가족생활 참조).

셋째, 결혼정보업체는 국제결혼을 성사시킬 목적에서 한국남성에 대한 정보를 과대포장하거나 혹은 허위정보를 제공하기도 한다. 예를 들면, 농촌에서 농사를 지을 경우 대체로 대규모 영농인으로 포장하거나 건설현장의 일용노동자를 건설업 운영자로, 트럭 야채상을 엔지오로 속이기도 한다. 더욱이 한국남성과 외국인 여성 간의 연령 차이가 매우 심각하다는 점이다. 여기에 결혼은 대부분 신속하게 진행되는 경우가 대부분이다. 예를 들면, 외국인 여성을 신부로 선택하는데 걸리는 시간은 채 2~3일에 불과하며, 맞선을 보고 결혼까지 5~6일로 매우 짧아 국제결혼이 처음부터 사랑보다는 조건이 중시될 수밖에 없는 한계적 상황을 내포하고 있다(≪새전북신문≫, 2005.1.25; ≪조선닷컴≫, 2005.3.21).

더욱이 결혼정보업체나 혹은 특정 종교단체가 추진하고 있는 국제결혼은 부부간의 신뢰관계가 아닌 금전관계나 허위관계에서 출발하고 있어 건강한 결혼생활로 지속되지 못하고 해체되는 경우가 빈번하게 발생하고 있다. 법무부의 조사결과에 의하면 국제결혼을 한 뒤 별거나 이혼을 하는 경우가 전체 국제결혼 가운데 20%를 넘고, 인권단체의 경우 50%까지 추산하고 있다. 특히 결혼관계가 신뢰보다 조건으로 이루어지다 보니 서로에 대한 이해와 교류가 부족하며, 여기에 위장결혼에 대한 우려가 증폭되면서 불신의 벽이 높아져 원만한 가족생활을 어렵게 하고 있다(≪새전북신문≫, 2005.1.25; ≪조선일보≫, 2004.10.6).

〈표 3-2〉 여성결혼이민자의 한국국적 획득 경로 및 문제점

특성 \ 방법	혼인	이혼, 배우자 사망 및 실종
조건 (간이귀화)	① 배우자와 혼인상태로 2년 이상 거주 ② 혼인 후 3년 경과로 대한민국에 1년 이상 거주	① 혼인상태에서 배우자 사망·실종 ② 배우자 귀책사유로 정상적인 혼인생활 불가 상태에서 거주기간 충족한 자 ③ 혼인에 의한 출생 미성년자의 양육자로서 거주기간을 충족하지 못했으나 법무장관이 상당하다고 인정한 자
국적취득 신청서류	① 귀화허가 신청서, 결혼증서, 신원진술서, 배우자의 신원보증(필수), 독립적 생계유지 입증 서류 ② 서류 제출 시 배우자 동행(필수)	① 귀화허가신청서, 결혼증서, 신원진술서, 독립적 생계유지 입증서류 ② 추가서류 - 귀책사유 서류 1종, 배우자 귀책 사유 판결문, 구타 입증 진단서, 배우자 파산결정문, 가출신고, 혼인관계 중단원인 확인서
귀화신청 자격조사	① 서류심사 ② 신원조회 및 체류동향 조사	① 서류심사 ② 신원조회 및 체류동향조사
적격심사	① 필기시험 - 면제 ② 면접	① 필기시험 - 면제되지 않음 ② 면접시험
문제점	① 국적취득 신청과정 - 남편 동행 의무화 　-남편의 통제력 내포 ② 비자갱신(체류연장)할 때 남편 동행 의무 ③ 배우자의 신원보증 필수	① 귀책사유 입증 책임의 어려움: 한국어가 미흡하고, 법률지식이 부족, 주변의 도움을 받기 어려운 상황에서 이민여성 스스로 입증하기 어렵다 ② 이혼이 진행되는 동안 취업 불허 ③ 필기시험 통과 어려움

자료: 법무부 출입국관리국 홈페이지 www.immigration.go.kr 참조

마지막으로 최근 기초지방자치단체가 농촌지역 노총각 장가보내기 차원에서 국제결혼을 추진하고 있는데, 이 경우 상업화된 결혼정보업체와 성격은 크게 다르지만 비슷한 문제점을 내포하고 있다. 비록 지자체가 추진하는 국제결혼에 참여하는 농촌지역 노총각의 경우 국제결혼 과정에 소요되는 금전적 비용부담이 상대적으로 적다고 할지라도, 국제결혼 준비과정이 철저하지 못한 관계로 결혼생활에 실패하는 경우가 비슷하게 발생하고 있기 때문이다. 즉 이들 또한 매우 제한된 시간 속에서 외국인 신부를 선택하고 결혼을 하기 때문에 상대 여성을 이해할 시간적 여유를 갖지 못한 경우가 대부분이다. 여기에 지방자치단체의 경우도 농촌 노총각 결혼 성사에만 관심을 쏟았을 뿐 국제결혼 이민여성에 대한 국내 적응을 위한 체계적인 지원과 관리에 소홀하여 국제결혼가정의 해체를 방치하고 있다.[14]

---

14 경상북도 예천군은 2005년 농촌 노총각 18명에게 1인당 국제결혼 사업비용으로 600만 원을 지원할 예정이다. 예천군은 군내 노총각과 동남아 미혼여성 간의 만남에서 결혼, 정착에 이르는 전 과정을 체계적으로 지원할 계획이다. 그리고 예천군은 또한 앞으로 3년간 국내에 시집 온 동남아 여성들의 국내적응 교육사업을 3개월 과정의 한국교육과 음식·전통예절교육, 남편을 위한 타문화 이해, 그리고 국제결혼 이민여성 자녀의 양육 및 초등학교 적응을 지원하는 조사 및 프로그램도 준비할 계획이다(≪경북매일신문≫, 2005).

04

결혼이민자 가족생활

1. 결혼이주여성의 적응이 어려운 이유

　첫째, 불평등한 관계를 전제로 한 결혼이기 때문이다. 우리나라 농촌의 국제결혼은 대부분 애정을 바탕으로 한 자연스러운 관계라기보다는 배우자를 구하지 못하는 '농촌총각'과 '못 사는 나라'의 여성의 이해관계가 자연스럽게 맞물리면서 나타나는 현상이기 때문에 결합의 순간부터 문제의 원인이 내재되어 있다고 볼 수 있다. 많은 결혼이민여성들이 경제적 이유 때문에 국제결혼을 선택하고 있으며, 상대 남성에 대해 알아보지도 못하고 결혼알선업자를 거쳐 한국에 오고 있다. 이런 과정을 거치면서 남성은 여성을 하나의 인격으로 대하기보다는 자신의 소유물처럼 인식하게 되며, 결혼이민인 여성은 한국 남성에 비해 매우 불리한 결혼관계에 들어가게 될 수밖에 없다. 한국에 체류하기 위해서는 남편에게 의존하고 복종할 수밖에 없으며, 경제적 구속, 정서적·사회적 네트워크의 부재로 인해 결혼 내에서 인권침해나 부당한 대우를 받아도 보호받기 힘든 위치에 있게 된다.

　둘째, 언어 및 문화적 차이로 인해 적응이 어렵다. 같은 아시아 국가의 여성이라 해도 체계적인 교육이나 의식적인 노력 없이는 사고방식이나 생활습관, 언어 등 문화적 차이를 극복하기가 힘들다. 그러나 결혼생활을 통해 한국문화를 자연스럽게 익혀 나갈 것이라는 막연한 기대감으로, 대부분 결혼 전이나 입국 초기 문화적 적응훈련을 받지 못하고 있다. 그러다 보니 적응과정이 길어질 수밖에 없으며, 가족 간 의사소통의 어려움으로 인해 갈등이 심화되고 결혼이민여성의 소외감이 더 커질 수밖에 없는 환경이 된다.

셋째, 가부장적 가족관계에서 오는 갈등이 적응을 어렵게 만든다. 우리나라 농촌의 경우 가부장적 가족관행이 많이 남아 있어 결혼이민여성들을 당혹하게 하거나 힘들게 하는 경우가 많다. 특히 남편이 나이 많은 재혼, 장애자, 알코올중독, 빈곤 등의 문제를 가지고 있거나 부부간 연령 및 학력 차이가 크고, 가사 전담 외에 농사일이라는 과중한 노동 부담까지 지게 될 경우 이러한 갈등의 소지는 더 높아져 가정폭력, 부부 및 고부갈등 등이 발생하기 쉬운 구조를 가지게 된다. 결혼이민여성의 입장에서 보면 불합리하고 불평등한 관계일 수 있건만, 외국인 여성의 입장을 배려하고 고려해주기보다는 일방적으로 시댁 문화에 맞출 것을 강요하기 때문에 심리적 저항감이 커질 수밖에 없다. 결혼이민여성에 대한 적응훈련도 필요하지만 국제결혼가정의 가족구성원을 대상으로 한 교육도 필요함을 알 수 있다.

넷째, 사회적 고립 및 지지자원의 부재이다. 결혼이민여성들을 더욱 무력하게 만드는 것이 사회적 고립이다. 고국과 가족을 떠나 혼자라는 것에서 느끼는 외로움과 함께, 농촌의 경우 젊은 여성이 없기 때문에 또래 친구를 만들기가 무척 어렵다. 따라서 본인이 적극적으로 찾아다니지 않으면 사회적인 관계를 갖기 어려운 실정이다. 설사 교류의 기회가 있다고 해도 남편과 시부모의 간섭과 통제로 이러한 기회마저 차단당하는 경우도 많다. 많은 시어머니들은 중국교포가 도망가는 것을 보고 자신들의 며느리도 도망갈까 봐 경계하는 경우를 자주 보는데, 가출위험이 높아진다는 우려 때문에 며느리의 정기적 외출을 허락지 않는 경향이 있으며, 심지어 말을 잘하게 되면 가출 가능성이 높아진다고 생각해 며느리의 한국어교육도 꺼리는 경우가 있다.

# 2. 결혼이민자 가족의 문제

여성결혼이민자보다는 한국남성이 더 보유하고 있는 경제적 자원, 뿌리 깊은 한국가족의 가부장적 체제, 두 국가 간 근원적 문화차이, 단일민족임을 강조해왔던 한국의 역사적 배경 등이 가족갈등의 원인으로 언급될 수 있다(김오남, 2006a). 여기에서는 가족갈등의 양상을 가족관계의 근간이 되는 부부관계에서 발생할 수 있는 부부갈등, 언어와 문화차이로 인해 자녀양육과 교육에 어려움을 겪고 있는 자녀문제, 이민여성에게 중요한 지원자이면서 동시에 갈등의 원천을 제공할 수 있는 친인척 관계를 중심으로 전개하고자 한다. 이 부분은 김오남(2006b)을 주로 참조하였으며 심층적인 인터뷰에 참가한 여성결혼이민자의 특성은 다음과 같다.

〈표 4-1〉 인터뷰에 참가한 여성결혼이민자의 특성

대상	연령	남편연령	거주기간	자녀수	출신국가	본인직업	남편직업
A	31	42	8년	2명	필리핀	주부	회사원
B	34	35	5년	2명	중국(조선족)	주부	회사원
C	31	42	9년	2명	태국	주부	회사원
D	33	41	8년	2명	중국(한족)	주부	운전
E	28	42	2년	1명	필리핀	주부주부	농업
F	36	45	10년	2명	중국(조선족)	중국어강사	미화원
G	36	46	7년	3명	필리핀	주부	무직
H	22	49	2년	1명	베트남	노점상	운전
I	31	40	1년 10개월	1명	베트남	주부	택배
J	32	45	8년	2명	필리핀	주부	농업
K	39	48	9년	2명	필리핀	주부	운전

1. 부부관계문제

1) 부부갈등

(1) 의사소통 장애

처음에는 외국인과 결혼했으므로 이해하지만 시간이 지나도 말이 통하지 않을 때 부부간의 갈등과 좌절은 더해간다. 말을 안 해도 아내가 내 마음을 잘 알아주겠지 하고 기대하는 '고맥락문화'(유명기, 1997)에 익숙한 남편은 아내에게 일일이 설명할 능력과 태도, 그 필요성도 알지 못하는 현실이 문제를 더 심각하게 한다고 하겠다. 기존 연구들(강유진, 1999; 윤형숙, 2004)은 의사소통의 장애, 어려움을 부부갈등의 원인이자 양상으로 언급하고 있다. 언어장애로 인해 일상적인 대화조차 어렵기 때문에 부부간 상호이해와 친밀감의 교류는 다소 어려울 뿐만 아니라 더 심각한 부부문제를 야기하는 요인으로 지적한다.

> "남편이 잔소리가 많아요. 이해하기 어려울 때도 많고요… 난 남편하고 싸워도 같이 안 싸워요. 내가 대들면 남편이 더 큰소리치고…"(A)

(2) 남편과의 성격차이 및 생활방식의 차이

부부싸움의 가장 큰 원인으로 남편과의 성격차이(33.4%), 생활방식의 차이(22%)를 지적하였다(보건복지부, 2005). 특히 권위적인 남편의 태도는 이민 여성들이 가장 힘들어하는 것 중 하나로서 아내로서 대하기보다는 지시적이고, 한국여자와는 다르게 취급되는 점에 대해 불만이며 경제적으로 빈곤한 나라에서 왔기 때문에 무시당한다고 하였다.

"우리 남편은 말해야 꼭 해요. 쓰레기도 버리라고 해야 버려요. 이모셔널(emotional)한 부분에 무관심해요. 대화할 때도 윽박지르고…."(A)

"남편이 8남매 중에 막내라서 사랑을 받고 싶어 하고 주지를 않는 것 같아요. 우리 중국에서는 남자도 집안일 여자랑 똑같이 하는데 한국남자는 안 그런 것 같아요… 우리 남편은 노력은 하고 싶어 하는데 습관이 돼서 안 바뀌는 것 같아요. 남편이 부인 집에 별로 신경 쓰지 않는 것 같아요. 똑같이 남자 집, 여자 집에 해야 하는 것 아닌가요?"(B)

(3) 부부폭력

부부폭력은 이민여성들이 겪고 있는 가장 직접적이고 심각한 인권침해의 하나이다. 이들 가정에서 의사소통의 어려움, 문화적 이질감, 남편의 성격장애나 알코올중독 등 다양한 이유로 부부폭력에 더 많이 노출되어 있다. 또한 남편 자신의 생활기반이 약하고 아내와 나이차이가 많아 젊은 아내에 대한 위기감, 가출할 수 있다는 의혹 등이 폭력으로 이어진다고 하였다(전라남도 여성정책과, 2004). 즉 폭력과 폭언은 아내를 통제하는 수단으로서 주로 행해진다. 한국남성과 결혼한 이민여성들을 조사한 결과 폭언이 가장 일반적이었으며(58.8%), 뺨을 때리는 등 물리적 폭력(17.6%)도 상당한 수준이었다(광주여성의 전화, 2004). 지난 한 해 언어폭력을 경험한 사람은 31%, 신체적 폭력을 경험했다는 사람은 10~14%이었다. 현재 별거하거나 이혼한 이민여성들 중 부부폭력의 경험률이 높은데 언어폭력은 70~80%, 신체적 폭력은 50%, 남편으로부터의 성행위 강요는 40% 이상이 경험한 것으로 나타났다(보건복지부, 2005). 전라남도(2006)의 이민여성 실태조사에 의하면 출신국가별로 보면 대체적으로 남편폭력은 베트남 부인에서 낮게, 태국 부인이나 필리핀부인에서 높게 나타났다. 구체적으로 모욕적인 말은 출신국가에 관계없이 대부분 30% 이상의 부인들이 경험하고 있었으나 베트남 부인은 그 비율이 21.1%로 낮게 나타났다. 또한 때리겠다는 위협이나 물건을 던지는 것, 세게 밀기 등도 베트남 부인에게 낮게 나타났으며 태국 부인에서 대체적으로 높게 나타났다. 물건 던짐을 경험한 태국부인의 비율은 무려 41.9%에 달하였으며 18.5%의 필리핀부인은 실제 손발로 구타당한 경험이 있다고 대답하였다. 성과 관련된 폭력은 필리핀부인에서 높게, 기타 국가 부인에서 낮게 나타났는데 필리핀부인의 16.7%는 성행위를 강요당한 적이 있다고 대답하였으며 8.5%는 변태적인 성행위를 강요받은 적이 있다고 대답하였다. 이러한 결과는 부부갈등의 가장 극단적인 표출방법인 폭력이 매우 보편화된 갈등양상으로 자리 잡고 있음을 입증하는 결과로 비추어진다.

> "말 함부로 하는 것 가슴 아파요. 남한테 창피해요. 욕하고. XX 소리도. 부부생활이 8년 되고 하니까 많은 것 경험하는 것 같아요."(A)

(4) 남편의 술, 도박, 외도 등으로 인한 갈등

남편이 과음한 경우 평소보다 더 폭력적으로 변한다. 남편의 알코올중독과 가정폭력 간 깊은 관련이 있다. 또한 과음은 일용직인 경우 다음날 노동으로 연결되기 어렵고 그 결과 생활비의 제공을 받기 어려운 상황으로 연결되어 이민여성에게 남편의 음주습관은 큰 문제행동으로 여겨진다. 도박, 외도 등으로 인해 잦은 외박 등도 이민여성이 호소하는 남편의 심각한 문제행동으로 보고된다(신경희, 2004; 양선화, 2004).

> "우리 남편은 술 먹고 지붕으로 올라갔어요. 이웃집에서 도망가라고 했는데 참고 살았어요. 술 먹으면 괴물 같아요. 근데 5년 전부터 술 끊는다고 해서 지금은 괜찮아요."(A)
> "술 한번 먹으면 끝까지 가야 해요. 2차, 3차. 옛날에는 술 먹고 길에 누워 있어서 내가 집에 데리고 왔어요."(B)

(5) 취업활동의 제약

취업의 제약요건으로는 여성 자신의 한국어 실력의 부족으로 기인한 경우도 있으나 여성이 일하는 것에 대해 남편은 무조건적인 반대를 하거나 유보적인 입장을 취한다(한국염, 2004). 남편이 많은 돈을 벌지 못해 혹은 다른 이유로 자신이 일을 해 모국에 돈을 보낼 수밖에 없을 때 남편과 시부모는 반대하는 입장을 갖는다. 집안 살림에 도움이 되는 것은 사실이나 일을 함으로써 여성이 독립적이 되고 자신의 통제에서 벗어나는 것을 원하지 않기 때문이다. 부부간의 갈등과 남편의 폭력이 심하게 나타나는 계기가 되기도 한다.

현실적으로 이민여성들의 취업을 위한 여건이 마련되지 않은 실정으로 무엇보다도 경제적 어려움을 탈피하고자 취업을 원하나 이들을 위한 체계적인 직업훈련이나 일자리 마련이 되지 않은 상황이며 특히 한국어에 익숙하지 않은 경우 취업은 더욱 힘든 상황이다. 여성결혼이민자를 비롯한 이들 가족의 경제상황이 매우 어려운 실정이고 여성이 원하는 프로그램이나 지원은 취업을 희망하는 부분이 가장 높게 나타나 경제적 자립의 토대를 마련해주는 노력이 실천현장에서 중점적으로 이루어져야 한다고 강조하였다(김오남, 2006a).

(6) 가정해체

통계청의 이혼통계자료에 의하면 외국인 배우자의 이혼이 아직 집계되지 않고 있으며 특히 이들 외국인 배우자가 한국국적을 취득한 이후에 별거나 이혼을 하였다면 더욱 구별이 어렵게 된다. 보건복지부(2005) 조사에서도 전수조사는 아니나 국제결혼 이민여성 대상자 가운데 별거나 이혼인 경우가 12%로 나타났다는 점은 주의를 요한다. 특히 중국 한족의 28%가 가정해체를 경험하였다. 중국동포의 경우에도 14%가 별거나 이혼을 경험한 것으로 나타났다.

> "큰아주머니께서 여러 번 이혼을 해서 우리 남편도 이혼할 수도 있겠다 싶어. 싸울 때 서로 말 안 맞고 그러면. 살면서 이혼할 수 있겠다 생각하면서 살아요. 이혼할 수 있죠."(B)

<표 4-2>에 의하면 한국인 남편과 외국인 처와의 이혼은 4,010건으로 중국 2,551건(63.6%), 베트남 610건(15.2%), 일본 202건(5.0%), 필리핀 171건(4.3%) 순으로 나타났다. 중국인 처는 타국에 비해 혼인 누적건수가 많아 이혼 비중

이 높은 것으로 보이며, 베트남인 처는 2005년에 이어 2006년에도 111.1%의 높은 증가율을 나타내었다.

〈표 4-2〉 외국인 처의 국적별 이혼건수 및 구성비

(단위: 건, %)

	2002	구성비	2003	구성비	2004	구성비	2005	구성비	2006	구성비	증감률
계	401	100.0	583	100.0	1,611	100.0	2,444	100.0	4,010	100.0	64.1
중국	181	45.1	275	47.2	841	52.2	1,431	58.6	2,551	63.6	78.3
베트남	7	1.7	28	4.8	147	9.1	289	11.8	610	15.2	111.1
일본	97	24.2	121	20.8	145	9.0	168	6.9	202	5.0	20.2
필리핀	29	7.2	44	7.5	112	7.0	142	5.8	171	4.3	20.4
몽골	10	2.5	6	1.0	83	5.2	116	4.7	132	3.3	13.8
우즈베키스탄	3	0.7	16	2.7	67	4.2	75	3.1	105	2.6	40.0
미국	21	5.2	27	4.6	74	4.6	62	2.5	73	1.8	17.7
기타	53	13.2	66	11.3	142	8.8	161	6.6	166	4.1	3.1

자료: 통계청(2007), 2006 이혼통계

다음으로 한국인 남편과 이혼한 외국인 처의 연령별 이혼은 20대 후반 (25~29세)이 798건(19.9%), 20대 초반(20~24세)이 790건(19.7%), 30대 후반 이 598건(14.9%), 30대 초반(30~34세) 593건(14.8%) 순이었다. 즉 20대 39.6%, 30대 29.7%, 40대 연령이 18.7%를 차지하였다. 베트남과 우즈베키스 탄의 20대 이하 연령층의 구성비는 타국에 비해 비교적 높게 나타났다.

〈표 4-3〉 외국인 처의 연령 및 국적별 이혼

(단위: 건, %)

	계	중국	베트남	일본	필리핀	몽고	우즈베키스탄	미국	기타
계	4,010	2,551	610	202	171	132	105	73	166
15~19	216	4	170	1	14	5	14	-	8
20~24	790	311	304	5	62	42	43	2	21
25~29	798	480	85	39	45	46	33	6	64

30~34	593	397	31	57	33	27	10	16	22
35~39	598	482	13	38	13	8	1	13	30
40~44	440	388	3	26	2	3	2	7	9
45~49	308	263	3	19	2	1	2	13	5
50~54	170	150	1	7	-	-	-	6	6
55세 이상	97	76	-	10	-	-	-	10	1
구성비									
계	100.0	100.0	100.0	100.0	100.0	100.0	100.0	100.0	100.0
15~19	5.4	0.2	27.9	0.5	8.2	3.8	13.3	-	4.8
20~24	19.7	12.2	49.8	2.5	36.3	31.8	41.0	2.7	12.7
25~29	19.9	18.8	13.9	19.3	26.3	34.8	31.4	8.2	38.6
30~34	14.8	15.6	5.1	28.2	19.3	20.5	9.5	21.9	13.3
35~39	14.9	18.9	2.1	18.8	7.6	6.1	1.0	17.8	18.1
40~44	11.0	15.2	0.5	12.9	1.2	2.3	1.9	9.6	5.4
45~49	7.7	10.3	0.5	9.4	1.2	0.8	1.9	17.8	3.0
50~54	4.2	5.9	0.2	3.5	-	-	-	8.2	3.6
55세 이상	2.4	3.0	-	5.0	-	-	-	13.7	0.6

자료: 통계청(2007), 2006 이혼통계.

2. 자녀 양육의 어려움

1) 여성결혼이민자와 자녀의 관계

보건복지부(2005)의 보고에 따르면 이주여성과 자녀관계를 보면 전체의 64.3%가 자녀와 집밖에서 있었던 일에 대해 거의 매일 대화를 하는 것으로 나타났는데 특히 일본과 필리핀 어머니들이 다른 나라 어머니보다 자녀와 더 대화를 하는 것으로 나타났다. 반면 재혼한 경우 전처소생의 자녀와는 거의 대화가 없는 비율이 39%나 되었다. 자녀와의 관계에 대해서는 대체로 만족한다가 60~70% 정도 되며 자녀의 생활태도나 학교성적에 대한 만족도는 대화나 함께하는 시간 등에 대한 만족도에 비해 낮다. 대만의 경우 남편의 사회경제적 지위가 낮은 자녀들은 가정교육과 학교교육에서 상대적 열세를 극복하기가 쉽지 않다(莫黎黎·賴佩玲, 2004)고 하였다. 또한 문화적 배경이 달라 자녀에 대한 가정교육 관념도 다를 수 있어 이러한 상황에서 결혼이민 자는 종종 남편 혹은 시어머니와 의견 충돌이 생기며, 때로는 자녀에 대해 모순적이거나 불리한 영향이 있음을 보고하였다.

> "그렇게 좋지는 않아. 가끔 말 안 들으면 소리 지르고… 나도 스트레스 쌓이면 소리 막 질러요. 잘못하면 때리기도 하고요."(A)
> "화를 내야 아이가 말을 들어서요."(B)

2) 자녀의 언어문제

부모의 이중언어 사용으로 인한 적절한 언어습득이 되지 않거나 지연될 수 있다고 하여 언어습득지체현상을 언급하였다(임경혜, 2004). 문제 자녀의 문제 내용을 전체적으로 보면, 지능이 낮고 말을 못한다가 41.3%로 가장 높게 나타났으며, 집중력이 없고 산만하다가 39.1%, 다른 아이들과 어울리지 못한다가 36.9%로 다른 문제에 비해 높게 나타났다(전라남도, 2006). 농촌지역 이주여성 자녀의 언어발달과 환경에 대한 연구(정은희, 2004)에서 나이가 어릴 수록 이해언어에 어려움을 가지고 있었고, 표현 언어도 68% 아동이 지체가능성을 보이며, 이주여성의 경우에도 한국어 학습경험이 충분하지 않아 한국어와 한국문화 강습이 절대적으로 필요하다고 하였다. 농촌지역 결혼이민자 자녀들이 언어 미숙 등 성장장애와 정신적 고통을 겪고 있는 것으로 나타났다.

> "말하는 게 좀 서툴러요. 또래에 비해 늦어서 걱정이에요."(B)

3) 자녀의 심리, 정서문제

열악한 가정환경, 교육기회의 상대적 박탈, 부정적 사회인식 등은 아동이 높은 자아존중감을 갖는데 방해요소로 작용한다. 이런 낮은 자아존중감은 아동의 원만한 또래관계 형성과 학업성취 의욕에 부정적으로 작용하며 아동기 우울과 불안장애의 원인이 된다. 홍진주(2004)는 몽골 출신 이주노동자 자녀의 심리사회적 적응연구에서 자존감과 내면화 문제(위축, 우울불안, 신체화)는 문화적응 스트레스가 낮고 사회적 지지가 높은 경우 낮게 나타났다.

4) 행동문제

전남지역에 거주하는 이주여성이 동거 자녀 중 문제가 있다고 대답한 자녀의 수는 전체적으로 62.9%는 문제 자녀가 없다고 대답하였으나, 33.0%는 1명, 4.2%는 2명의 문제 자녀가 있다고 대답하였다(전라남도, 2006). 외현화 문제는 공격성과 비행은 문화적응 스트레스가 높을수록 그 문제 정도가 높게 나타났다(홍진주, 2004). 특히 소외된 아동들은 그들에게 즐거움을 주고 현실문제로부터 도피할 수 있는 것에 몰입하거나 탐닉하게 되며 자신들의 내적 불안정에서 오는 긴장감을 방출할 수 있는 방법으로 TV중독, 컴퓨터중독 등을 찾게 된다(전라남도 여성정책과, 2004).

5) 학업 및 학교적응의 문제

이주여성 자녀의 경우 대다수가 학업 및 생활적응의 문제를 갖고 있다. 가족 내 언어소통의 문제, 경제적 어려움에 기인하고 있는 것으로 나타났다. 이주여성이 자녀의 숙제를 거의 봐주지 못하는 비율도 55%나 되었다(보건복지부, 2005). 한국에서 정규교육을 받지 못하는 미취학자들도 30%에 달한 것으로 나타나 교육적 측면을 기반으로 한 이민자 자녀들의 건전한 성장과 발전을 도모하는 방안들이 마련되어야 한다. 혼혈인 후원사업을 벌이고 있는

펄벅재단이 2004년 조사한 결과 비혼혈인의 경우 0%에 가까운 초등학교 미진학 및 중퇴율이 9.4%였으나, 혼혈인의 경우 미진학 및 중퇴율은 17.5%로 비혼혈인(1.1%)의 15배가 넘었다. 베트남 엄마들은 한국어로 학습을 지도하는데 어려움이 많기 때문에 아이들의 학업성취 부진을 초래하기도 한다(하밍 타잉, 2005). 이와 같은 결과들은 학령기 아동의 학교적응이 그들의 문화접변과 밀접한 관계가 있으며 특히 문화접변과 주류사회 학교 시스템의 특성은 아동의 발달에 영향력을 갖는다는 것을 시사한다. 대만 교육부의 보고서에 의하면, 결혼이민자의 6/7(대략 83,421명)은 결혼이민자 교육반에 참가하지 않았고, 중국어와 한자를 이해하지 못하여 자녀를 교육시킬 수 없는 것으로 나타났다(보건복지부, 2005).

국내 이주여성 자녀의 학교 적응문제에 있어서도 현재 자녀와 동거하고 있는 응답자들 중 그들 자녀가 또래 아이들로부터 집단 따돌림을 경험했다는 비율은 17.6%이다(보건복지부, 2005). 도시보다는 농촌에 거주하는 경우 이주여성의 자녀가 집단따돌림을 당할 가능성이 더 높으며 이주여성의 동거 자녀가 집단 따돌림을 경험한 비율은 14.8%로 나타났다. 출신국가별로는 필리핀부인 동거 자녀의 집단 따돌림 경험 비율이 27.9%로 가장 높게 나타났다. 한편 전남지역 국제결혼 이주여성들은 자녀가 집단 따돌림을 당한 경우 그 이유를 전체적으로 26.6%의 이주여성이 특별한 이유 없이 자녀가 따돌림을 당한다고 생각하고 있었으며, 21.5%는 외모가 달라서, 21.4%는 부모 중 한 사람이 외국인이어서, 12.6%는 의사소통이 잘되지 않아서, 그리고 8.9%는 태도나 행동이 달라서 집단 따돌림을 당한다고 생각하고 있었다(전라남도, 2006). 거주지역별로 보면, 다른 아이들과 어울리지 못한다는 특성은 도시지역이 62.5%로 농촌지역의 31.5%보다 높게 나타난 반면, 집중력이 없고 산만하다는 특성은 농촌지역이 42.1%로 도시지역의 25.0%보다 높게 나타났다.

"이해력도 떨어지고… 친구들한테 따돌림받기도 해요. 친구들하고 놀 때 맨날 술래되는 것 같아요."(A)

6) 자녀양육의 어려움

이주여성은 공통적으로 자녀를 돌보는 어려움 중 사교육비 및 양육비용의 어려움과 아동을 돌볼 사람이 없는 문제가 가장 크게 나타났는데, 취학자녀의 연령이 될수록 사교육비 및 양육비용의 어려움이 주된 문제로 제기되었다(광주여성의 전화, 2004; 김오남, 2006a; 보건복지부, 2005; 신경희, 2004; 전만길, 2005; 하 밍 타잉, 2006). 또한 전남지역 국제결혼 이주여성이 자녀들을 양육하면서 느끼는 애로사항은 사교육비 및 아동양육비용의 어려움이 49.0%로 가장 많이 나타나 절반 가까이 교육비나 양육비용의 고통을 언급하였다. 베트남여성을 대상으로 한 하 밍 타잉(2005) 연구에서도 한국에 대해 전혀 모르면서 결혼한 24명(30%) 중에 13명은 아이들 양육문제가 '어렵다'고 응답하였고, '보통'은 10명 그리고 단지 1명만이 '좋다'고 응답하였다. 한국에 대한 이해가 높을수록 아이들 양육문제에 덜 힘들어 했다.

국제결혼 이주여성 가족에서는 누가 아이를 낮 시간에 돌보아주는가를 조사한 결과 6세 이하 미취학 자녀를 두고 있는 응답자 중 37.6%가 본인이나 남편, 가족이 돌본다고 하였다. 보육시설을 이용하는 비율이 15% 미만으로 우리나라 일반가정에 비해 현저히 낮음을 알 수 있다(보건복지부, 2005). 전남에 거주하는 이주여성 본인이나 남편 또는 다른 가족들이 돌보아주는 경우가 58.8%로 가장 많았으며, 보육시설(어린이집, 놀이방)에 보낸다가 22.9%, 유치원에 보낸다가 14.6%로 나타나 가정 자체의 양육이 대부분 많이 이루어짐을 알 수 있다(전라남도, 2006).

> "아이가 두 명이고 셋째는 임신인데 어린이집 보내기만 하는데도 돈이 너무 많이 들어요. 근데 아이가 더 크면 학원비가 많이 들어 탈이에요. 힘들어요."(B)

7) 자녀문제 개입

교육인적자원부(2006)의 다문화가정의 자녀교육 실태조사를 참조하였다. 첫째, 농어촌, 도시 저소득층 국제결혼자녀의 교육이 문제이다. 농어촌, 도시지역의 저소득층가정의 자녀, 그중에서도 특히 외국인 어머니를 둔 자녀에게 관심을 가져야 하며 자녀의 교육에 영향을 미치는 변인을 중심으로 하여 보면, "국제결혼가정"은 소득수준과 거주지역을 기준으로 하여 다음과 같이 분류될 수 있다.

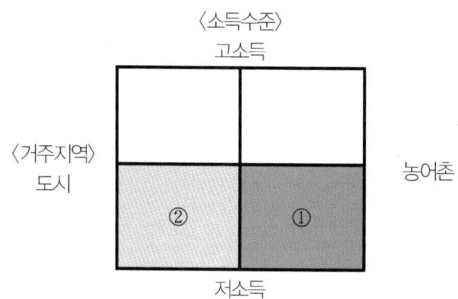

전문직 종사자 등 고소득층에 속하면서 도시지역에 사는 가정의 경우에는 자녀교육의 문제에 큰 문제가 없는 것으로 판단되나 도시나 농어촌지역에 사는 저소득층 가정의 자녀, 그 중에서도 특히 외국인 어머니를 둔 아이에 대해서는 국가 차원에서 특별히 관심을 기울일 필요가 있다. 왜냐하면 아버지에 비하여 어머니가 자녀 양육에 미치는 영향력이 훨씬 크기 때문이다.

둘째, 초등학교에 취학하기 시작한다. 1997년 국적법 개정 이후 국제결혼가정에서 태어난 자녀는 한국 국적을 가지게 된다. 이에 따라 그 자녀는 교육을 포함하여 모든 면에서 내국인과 동일한 권리를 가진다. 농어촌 지역의 국제결혼이 붐을 일기 시작한 것은 1990년대 후반이며, 2000년에 들어서면서 이들 사이에서 태어난 자녀가 초등학교에 입학하기 시작한다.

국제결혼가정 자녀의 취학 현황을 보면, 지역별 학생 수는 경기(24.2%), 서울(11.2%), 전남(9.6%), 전북(8.4%), 경북(7.6%)의 순으로 초 87.1%, 중 9.5%, 고 3.4%로 아직은 초등학생이 대부분이다.

〈표 4-4〉 국제결혼가정 자녀의 취학 현황

(단위: 명)

구분	서울	부산	대구	인천	광주	대전	울산	경기	강원	충북	충남	전북	전남	경북	경남	제주	계
초	555	203	133	243	117	82	10	1,259	288	253	312	475	550	411	394	47	5,332
중	108	36	15	25	8	14	0	176	14	19	24	29	28	30	56	1	583
고	25	11	9	19	2	17	0	45	2	7	9	13	9	27	7	4	206
합계	688	250	157	287	127	113	10	1,480	304	279	345	517	587	468	457	52	6,121
시 지역	688	239	133	262	127	113	10	1,042	105	112	140	193	64	130	230	32	3,620
읍면 지역	0	11	24	25	0	0	0	438	199	167	205	324	523	338	227	20	2,501

자료: 교육인적자원부(2005) 조사

위의 표에서, 읍면 지역에 사는 학생으로 분류된 2,501명은 거의 대부분 1997년 이후 본격화된 농어촌 총각과 중국, 동남아 등지의 외국인 여성 간의 국제결혼가정의 자녀일 것으로 추측된다.

셋째, 학교에서 뒤처지고 있다. 언어능력의 부족으로 말미암아 학습부진 정도가 심각하다. 국제결혼가정 2세들은 말을 배우는 가장 중요한 시기인 유아기에 한국말이 서투른 외국인 어머니의 교육하에 성장하기 때문에 언어발달이 늦어지고 의사소통에 제한을 받는다. 따라서 언어능력의 부족은 학습부진을 초래하고 있다. 국제결혼가정의 자녀들은 일상적인 의사소통에 큰 문제가 없었으나, 독해와 어휘력, 쓰기, 작문 능력이 현저히 떨어지는 것으로 나타났다. 또한 아이들이 성장하는 과정에서 정체성의 혼란을 경험하며 집단따돌림 등으로 건강하지 못한 정서적 충격을 경험하기도 한다.

> ※ 둘째인 딸아이가 사춘기라서 그런지 요새 부쩍 엄마는 우리 사회에 대해서 잘 모르는 게 너무 많다
> 고. 그래서 이런 것도 잘 모르고 저런 것도 잘 못 가르쳐준다고 짜증을 많이 냅니다. 셋째도 요새
> 그러기 시작하고…(필리핀 출신의 어머니).

국제결혼가정의 자녀는 10명 중 2명 정도가 집단 따돌림을 경험한 것으로
조사되었고 이 수치는 우리나라 초등학생이 집단 따돌림을 경험하는 비율
(13.4%)과 거의 유사하다.

> ※ 전국 초등학교 4~6학년 3,507명을 대상으로 조사한 결과에 의하면, 조사대상자의 13.4%에 해당
> 하는 학생이 '집단 괴롭힘이나 따돌림을 경험한 적이 있다'고 응답함(2005년 한국교육개발원 조사).

그러나 우리나라 학생이 경험하는 집단 따돌림과 국제결혼가정의 자녀가
경험하는 집단 따돌림은 그 내용에 있어서 전혀 다르다. 우리나라 학생의 경
우, 집단 따돌림을 경험하는 주된 이유는 '잘난 척해서'(29.4%)인 반면, 국제
결혼가정의 자녀는 그 성격상 특성과는 무관하게 단순히 국제결혼가정의 자
녀라는 이유 때문으로 나타났다.

〈표 4-5〉 집단따돌림을 당한 이유

집단따돌림을 당한 이유	비율(%)
엄마가 외국인이기 때문에	34.1
의사소통이 잘 안 되어서	20.7
특별한 이유 없이	15.9
태도와 행동이 달라서	13.4
외모가 달라서	4.9
기타	22.0

자료: 보건복지부(2005)

국제결혼가정 자녀의 경우에는 본인의 의사와 무관하게 결정된 요인, 또한 본인의 노력에 의하여 해결될 수 없는 이유로 집단따돌림을 경험하기 때문에 매우 건강하지 못한 정서적 충격(자살 충동, 적개심 등)을 경험하게 된다.

넷째, 지방자치단체가 움직이기 시작했다.

국제결혼가정 자녀의 학교 진학이 본격적으로 이루어지면서 시·도교육청 차원에서 이들을 돕기 위한 움직임이 일기 시작했다. 교육적인 면에서 이들을 돕기 위한 시·도교육청 차원의 움직임은 크게 다음과 같은 방향을 취하고 있다.

① 부모(특히 외국인 어머니)를 대상으로 한 한국문화교육, 한글교육

② 국제결혼가정 자녀를 대상으로 한 한글교육, 상담, 보충학습

③ 일반학생을 대상으로 한 타문화 이해교육

■사례: 전라북도 교육청의 국제결혼가정 교육지원 프로그램

전라북도교육청에서는 2005년 11월에 도교육청 내에 국제결혼가정 교육지원을 위한 전담팀을 마련하여 운영하고 있다. 전담팀에서는 2006년 2월에 국제결혼가정 신입생 입학을 위하여 발송되는 안내자료를 4개 국어로 발간하여 가정에 보냈다. 글로벌 에티켓 교재를 개발하여 이번 신학기부터 각급 학교에 보급하여 지도하고, 한글교재를 영어와 중국어 등으로 펴내 국제결혼가정 자녀들이 우리글과 우리 문화를 익힐 수 있도록 도움을 주고자 하고 있다.

지방자치단체, 사회단체와 연계하여 '국제결혼가정 학부모 만남의 날'을 운영하였고 이를 통하여 한글을 지도하고, 우리의 전통 문화를 체험하도록 한다.

일선학교로 하여금 '국제결혼가정 학부모 사랑방'을 운영하도록 하여 국제결혼가정 자녀의 학부모와 교사 또는 자원봉사자 간 상담 기회를 제공하며, 한글강좌를 개설하여 운영하고 있다.

2006년 1월 15일에는 초·중·고교 입학을 앞둔 혼혈학생 140명과 학부모를 초청하여 '우리는 하나' 행사를 개최하였다.

국제결혼가정에 대한 상담과 교육지원 등을 위한 홈페이지를 개설하여 운영하고 있다.

http://www.jbe.go.kr/JBEWAO/Index.aspx

3. 경제문제와 개입

2005년도 가구당 최저생계비를 기준으로 할 때 국제결혼가정의 절반이 넘는 52.9%가 최저생계비 이하의 소득수준인 것으로 나타나 이들 가정의 절대빈곤문제가 매우 심각한 것으로 조사되었다. 특히 가구소득이 최저생계비 50% 이하의 수준에 있는 경우도 절반에 가까운 44.2%나 되는 것으로 파악되었다. 출신국별로 보면 중국동포 이민여성가구의 빈곤상황이 기타 외국에 비해 상대적으로 덜 심각한 것으로 조사되었다(보건복지부, 2005). 최근 전남과 광주 인근 지역의 국제결혼가정을 대상으로 한 김오남(2006b)의 연구에 의하면 가정 월평균소득이 100만 원 이하가 48.9%, 150만 원 이하까지 포함한다면 80%에 육박한 것으로 나타나 국제결혼가정의 빈곤문제가 심각한 수준에 있음을 알 수 있다.

이러한 근거는 결혼이민여성과 결혼한 남성들의 대다수가 경제적으로 불안한 위치에 있는 사람들이기 때문이다. 일정한 직장이 없는 경우도 있고, 결혼으로 인한 빚을 갚아야 하는 부담까지 안고 있다. 이는 결혼조건의 중요한 이유 중 하나로 한국남성의 경제적 조건이 우세하다는 것과는 달리 경제적 문제를 많이 가지고 있는 상황에서 더욱 가족갈등의 소지가 될 수 있을 것이다.

여성결혼이민자의 빈곤문제해결과 직업능력개발 및 지원사업을 소개(경남 예시)한다.

1) 사업 취지 및 방향

① 배경 및 필요성

ㄱ. 2005년 12월 기준 경남지역 내 국제결혼을 통해 들어온 결혼이민자는
   3,437명(전국의 4.58%)임. 이들 중 여성은 3,252명, 남성 185명 차지
   (자료: 법무부, 국적취득자 미포함).

ㄴ. 여성결혼이민자의 급격한 증가로 언어소통의 어려움, 문화적 차이, 지
   역사회 부적응 등으로 인한 각종 문제점들이 사회적 이슈로 대두됨.

ㄷ. 언어소통 등 한국문화와 생활환경의 장벽을 넘지 못해 파탄을 맞는 경
   우가 많으나, 이를 해결할 적절한 방안마련 부재와 지역민들의 관심
   및 인식 저조.

ㄹ. 여성결혼이민자를 단순한 외국인 거주자가 아닌 지역민의 일원으로서
   원활한 지역 내 정착과 지역 인적자원개발을 위한 체계적인 교육과 직
   업능력향상 사업이 필요함.

② 목적

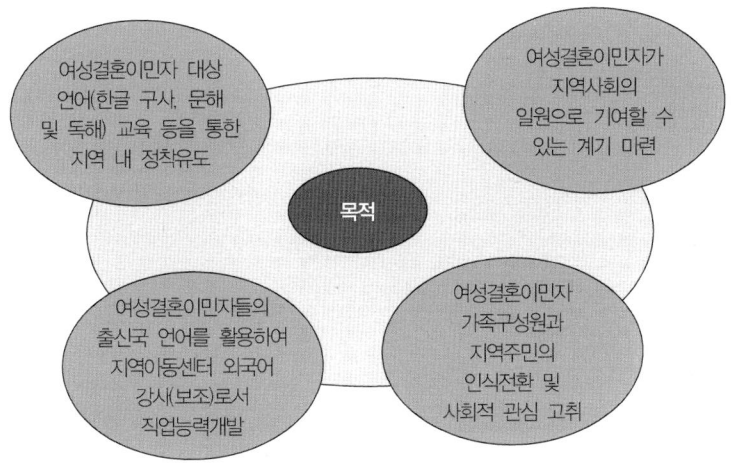

〈그림 4-1〉 사업 목적

③ 기대효과

여성결혼이민자들의 한글언어교육을 통해서 외국이주여성이 아닌 한국인으로서의 정체성 확립과 지역 내 활용 가능한 인적자원(지역아동센터의 외국인 보조강사)으로 양성하여 일할 기회를 제공.

ㄱ. 사업성과 홍보를 통하여 지역 내 이주여성들에 대한 정착 교육프로그램이 장기적인 교육프로그램으로 제도화되도록 활용.

ㄴ. 지역민의 일원으로 지역사회에 기여할 수 있는 계기 마련.

2) 사업 개요

① 사업 개요

ㄱ. 교육기간: 2006년 6월 26일~9월 8일(3개월)

ㄴ. 교육대상: 각 시·군별 여성결혼이민자 중 고등학교 졸업 이상 학력(69명)

ㄷ. 사업추진기관

－주관기관: 경남지역 인적자원개발지원센터

－사업협력기관: 경상남도 여성정책과

－교육운영기관: 경남대학교 국제교류센터

ㄹ. 교육과정

－한국어교육: 66시간, 내용(한국어 읽기, 듣기, 말하기, 쓰기)

－외국어 현장활용교육(영어권): 25시간, 내용(외국어활용기법, 소양교육, 실습 및 참관)

－외국어 현장활용교육(중국어): 25시간, 내용(외국어활용기법, 소양교육, 실습 및 참관)

3) 프로그램 내용 및 현황

① 다문화 강사 양성(1단계 사업)

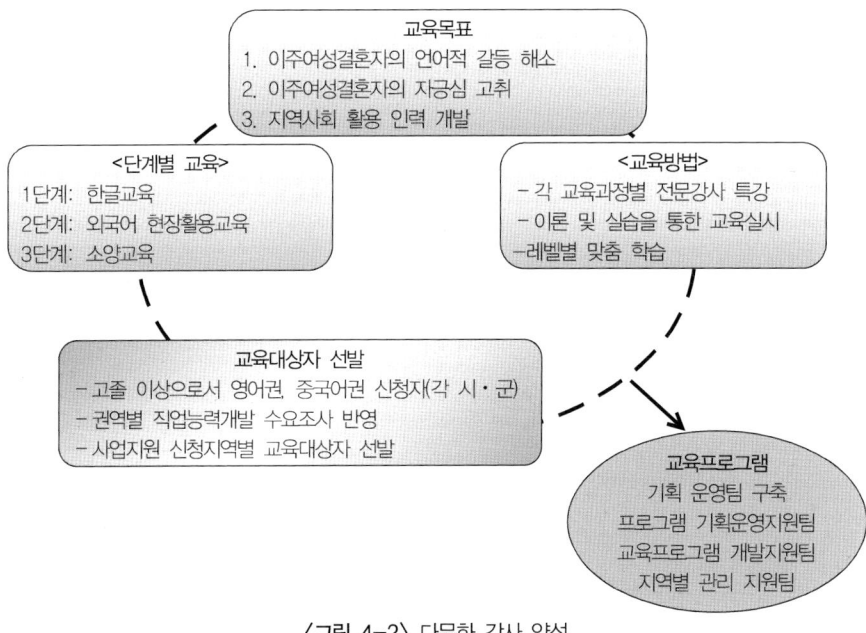

교육목표
1. 이주여성결혼자의 언어적 갈등 해소
2. 이주여성결혼자의 자긍심 고취
3. 지역사회 활용 인력 개발

<단계별 교육>
1단계: 한글교육
2단계: 외국어 현장활용교육
3단계: 소양교육

<교육방법>
- 각 교육과정별 전문강사 특강
- 이론 및 실습을 통한 교육실시
- 레벨별 맞춤 학습

교육대상자 선발
- 고졸 이상으로서 영어권, 중국어권 신청자(각 시·군)
- 권역별 직업능력개발 수요조사 반영
- 사업지원 신청지역별 교육대상자 선발

교육프로그램
기획 운영팀 구축
프로그램 기획운영지원팀
교육프로그램 개발지원팀
지역별 관리 지원팀

〈그림 4-2〉 다문화 강사 양성

② 지역아동센터 강사활용(2단계 사업)

ㄱ. 활용대상

- 선발된 여성결혼이민자(각 시·군 50명)

ㄴ. 사업기간

- 2006년 9월 18일~12월 18일(8개월)

ㄷ. 사업방법

- 양성된 강사를 시·군의 각 지역아동센터 개소당 영어, 중국어 강사 각 1명씩 강의.

- 지역아동센터 현황에 비해 양성강사가 많을 경우 저소득가정(국민기초 수급자 가정, 저소득모·부자 가정, 저소득 장애인가정 등)의 미취학, 초

등, 중학 학생에 대해서 외국어 강의.

ㄹ. 교육시간

- 주 2회 매 2시간(사정에 따라 변경가능).

ㅁ. 선정기준

- 출석률, 한국어 수준, 교수기법 수준, 외국어 구사능력 등을 종합평가.

- 교육평가기관: 경남대 국제교류센터.

ㅂ. 수료인원

- 여성결혼이민자 69명 중 64명이 수료.

ㅅ. 선정인원

- 일정수준 이상일 경우 50명 이상 설정(시·군별 상대평가 순위).

- 일정수준 자격미달일 경우 50명 미만 선정.

ㅇ. 선발절차

- 교육평가자료제출(경남대 국제교류센터) → 경남인적자원개발지원센터
  → 경상남도 여성정책과 → 해당 시·군에 통보

③ 추진체계

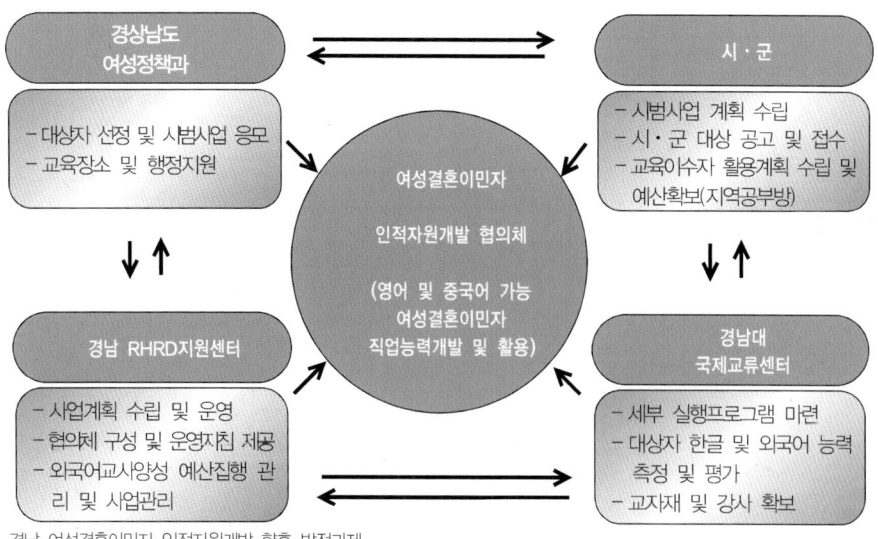

경남 여성결혼이민자 인적자원개발 향후 발전과제

〈그림 4-3〉 추진체계

④ 발전과제

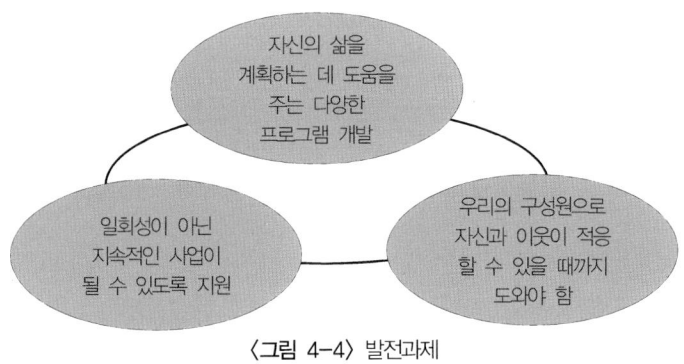

〈그림 4-4〉 발전과제

■ 교육 후 여성결혼이민자의 비전

| "지역의 어린이를 위한 강사지원 | "다른 여성결혼이민자를 도와주는 멘토의 역할 |

4. 시부모 및 친인척문제

시부모와의 갈등은 이민여성에게 보편적인 현상으로 나타나고 있다(성지혜, 1996; 홍기혜, 2000). 윤형숙(2004)은 고부간의 갈등과 시어머니의 학대양상에 대해 다음과 같이 언급하고 있다. 며느리를 구박하고 아들에게 며느리에 대한 잘못된 정보를 주거나 아들의 마음을 붙들어 매어두려고 하며, 시부모가 가정경제권을 장악하고 아들과 며느리 모두 시키는 대로 하게 하는 것, 남존여비적인 태도를 갖고 남성은 하늘, 여성은 땅이라며 무조건적으로 아들에 대한 순종과 복종을 강요하는 것, 한국사회에서 어떻게 시부모를 모셔야하는가에 대한 생각을 주입시키며, 시집식구가 폭언이나 폭력행사로 말을 해도 못 알아들은 경우 욕을 하거나 심하게는 폭력을 행사한다. 또한 같은 나라에서 온 친구들과 못 어울리게 하거나 지역사회 사람과 관계를 갖지 못하게 집밖의 출입을 통제하며, 사랑, 이해, 순종, 칭찬 등 가부장적 기대에 부응하여 살기를 강요하며, 기대에 어긋날 때 칭송은 언제든지 거두어지고 통제의 언어와 행동이 나온다. 보건복지부(2005) 보고에서도 시어머니와의 관계에서 한국어 의사소통의 어려움을 가장 많은 어려움으로 지적하였다.

여성결혼이민자에 대한 문제는 이주여성 자신, 부부, 가족, 사회, 국가적 차원에 이르기까지 복합적으로 연결되어 있는 사안이다. 그러기에 어떻게 접근되는 것이 바람직한 것인가는 더욱 어려운 문제일 수 있다. 그러나 이들이 한국에 와서 기여하는 점, 가족 안에서의 어려움을 떠나 근본적인 지점에서 생각할 때 여성들과 가장 많은 시간을 공유하고, 중요한 지원체계이며, 주요한 문제해결책으로 가족이 존재하고 있다는 점을 간과해서는 안 된다. 따라서 가족 안에서부터 적응이 이루어진다면 한국사회의 적응으로 자연스럽게 연결되기 때문에 가족단위의 지원방안이 먼저 강구되고 실행될 때 이주여성문제는 그 실효성을 거둘 수 있을 것이다.

더불어 체계론적 접근방향에서 이들을 기본적인 생활권으로 유도할 수 있는 사회복지적 지원과 더불어 자활할 수 있는 적극적 개입방안, 교육을 통한 남편의 변화, 친인척의 이해와 노력, 지역사회 실천현장에서 유도되고 있는 접근방향과 수용력, 국가시책의 섬세함 등이 어우러질 때 이주여성의 안전망이 확보되고 한국사회에 적응, 유입될 수 있을 것이다.

"시어머니가 장애이신데 걷지도 못해 계속 옆에 있어줘야 하니까 힘들어요. 시아버지는 치매라서 먹을 것 계속 달라고 해요… 먹고 또 밥 달라고. 말해도 소용없고…"(C)

〈표 4-6〉 국제결혼사례별 가족문제의 주요요인

	심리적 변인	일반생활 변인	국제결혼 특수변인
필리핀 여성 & 한국 남성	결혼 전 기대에 대한 만족도 부족, 결혼동기: 경제문제 해결	경제관리능력 성 역할(전통적 사고) 한국남편의 폭력	한국인 남편에 대한 정보부재 이질 문화 생활적응, 혼혈아에 대한 집단적 배타성
필리핀 남성 & 한국 여성	남편 신분에 대한 불안	한국여성의 이중부담: 경제적 역할 및 가사노동	후진국 남성과 결혼한 한국여성에 대한 사회적 멸시 사회적 소외 양가에 대한 관계 불균형 시댁(한국여성)과 의례적 관계 친정과의 정서적 관계
조선족 여성 & 한국 남성	조선족 여성의 결혼동기: 경제문제해결	남편의 경제권독점 남편의 부인에 대한 전통적 기대감 상실(순종형 기대) 남편의 경제력 부재에 대한 실망감 경제활동에 대한 남편의 무책임한 태도 성별 역할 부재	한국남성의 신상정보 비공개 경제문제 해결방안 한국남성 한국사회에 대한 정확한 정보습득부재 조선족 여성에 대한 사회적 편견 체제우월감을 통한 교만 복잡한 결혼절차
일본 여성 & 한국 남성	정서적 의사소통	한국인남편의 지배적 사고, 남편의 부정적 대화	일본인 어머니와 2세의 한국 부적응 한국인의 일본에 대한 편견: 2세의 일본인 어머니 공개 꺼림, 2세 자녀교육, 2세의 한국어 습득지체
미국 남성 & 한국 여성	부인의 불안심리 상호불신 결혼동기: 경제문제	경제적 어려움, 언어장애 부인의 자해행위, 남편폭행 남편 과음, 마약, 외도 부인식구부양 부담 남편의 인종적 학대 성적 부조화	결혼동기: 막연한 기대, 환상, 가족의 경제문제를 결혼으로 해결의도, 이질문화 상호이해부족

자료: 임경혜(2004) 참고

# 3. 사회제도권 내의 문제

1. 사회보장체계에서의 배제

앞서 언급한 절대빈곤의 실태가 심각한 점을 언급하였는데 국제결혼가정이 한국사회에서 삶을 영위하고 있는 절대다수가 기본적인 최저생활조차 유지할 수 없다는 것으로 한국사회의 안전망에 심각한 문제가 있다는 점을 보여주고 있다. 예를 들면 결혼이민 여성가구 중 경제적 이유 때문에 끼니를 거른 경험이 15.5%나 된다는 사실은 빈곤문제의 심각성과 사회복지적 지원의 취약함을 알 수 있다. 또한 절대 빈곤에 있는 가구비율이 절반을 넘고 있음에도 불구하고 국민기초생활수급자의 비율이 낮다. 이는 한국사회의 최후의 안전망이라고 할 수 있는 국민기초생활보장제도가 국제결혼 이민여성가구의 배제와 이 제도에 대해 잘 모르고 있었고 동시에 외국인이라는 이유 때문에, 조건충족이 되지 않아 수급대상에서 배제된 경우가 많다는 것이다. 최근 사회보장체계의 변화를 가져온 결과로 사회보장체계에 대해 긍정적 반응을 보인 여성도 있었다.

"시부모님이 장애인이고 노인들이어서 혜택을 받고 있어요. 그래서 대상자여서 아이들도 혜택 받고 보험료도 2만 원만 내면 돼요. 그래서 만족해요. 좋아요."(C)

2. 의료보장체제에서의 소외

전체 국제결혼가정의 1/3이 의료보장체계 안에 들어가 있지 못하며 자신이 의료보험에 가입되었는지의 여부도 모른다. 외국인은 본래 가입이 안 되는 것으로 알고 있는 경우가 가장 많았는데 이는 의료보험에 대한 홍보가 부족했다는 사실을 반영하고 있다. 조사대상의 18%가 의사의 도움이 꼭 필요한데도 병원에 가지 못하였거나 중도에 치료를 포기하였던 경험이 있었는데 그 원인으로 '치료비 부담'이 주원인이었으며 농촌의 경우 '접근성의 문제'도 큰 제약조건으로 작용하였다.

이민여성에 대한 모성보호의 문제도 시급하며 특히 이들의 20% 정도가 낙태를 경험하였으며 낙태를 하게 된 이유로 농촌에 거주하는 중국동포가 아닌 다른 국적의 경우에는 12%가 '남편 또는 가족의 반대'로, 18.6%는 '혼혈아 걱정 때문에' 낙태를 하였다고 하였다. 질병특성에서도 우리나라 일반인에 비해 알레르기 질환, 빈혈, 자궁근종, 난소낭종, 심장병, 중풍 등 뇌심혈관계 질환이 높게 나타났다(보건복지부, 2005).

이민여성이 임신한 경우, 한국음식에 익숙하지 않은 상태에서 아기를 갖게 되면 음식을 먹기 어렵지만 가족들은 한국음식에 적응하기를 원하기 때문에 관심을 기울이지 않는다. 또한 농촌에 거주하거나 의사소통의 어려움으로 정기적인 검진이 잘 이루어지지 않고 있다. 산후조리를 제대로 못하는 경우와 만성질환에 걸리는 경우도 흔하다고 보고되고 있다(광주여성의 전화, 2004).

"다른 병원은 괜찮아요. 근데 치과 치료비가 너무 많이 들어 보험이 돼 있으면 좋겠어요. 치과병원은 보험도 안 되고 해서…."(B)

3. 국적취득의 문제

국제결혼 이민여성이 겪고 있는 문제로는 국적을 취득하기 전 한국인 배우자가 사망했을 때 신분상의 문제와 상속권에 대한 것이다. 민법상 배우자가 사망 시 상속을 받게 되어 있는데 사망한 배우자 가족 측은 상속을 포기하게 하거나 상속포기에 대한 아무런 의사 없이 상속분을 처분하는 사례도 있다. 이민여성이 체류하기를 원하는 경우 체류연장을 위해 가족의 신원보증이 필요한데 상속분과 체류연장의 협상을 하는 사례도 있다. 둘째, 현행 국민기초생활보장법상의 문제인데 국적법 제6조 간이귀화자격을 갖추고 귀화신청을 한 후 확정적으로 한국국적을 취득할 때까지 그 배우자가 속한 가구가 수급권자라 하더라도 여성결혼이민자는 미성년 자녀가 없을 때 수급권자가 될 수 없다. 셋째, 일방적인 혼인취소로 무국적자가 되는 문제가 있다. 원만하지 못한 결혼생활로 인해 자의든 타의든 이민여성이 가출한 경우 주거지와 체류신분 등이 불안정한 이민여성을 상대로 한국인 배우자에 의한 가출신고 및 일방적인 혼인무효소송 등으로 주민등록이 말소되어 국적이 취소, 결과적으로 무국적자가 되는 사례가 빈번히 발생하고 있다. 넷째, 한국인 배우자들이 국적취득을 빌미로 이민여성을 학대하거나 갈취하는 등 인권침해 사례가 많다. 한국국적을 취득하기 위해 한국인 배우자의 신원보증 등이 필요하기 때문에 국적취득을 원하는 이민여성은 한국인 배우자의 폭행이나 갈취 등의 피해자가 되기 쉽다(양철호 외 5인, 2003).

> "우리나라는 왕실제도여서 대사관에 여러 번 가야 하고 남편이랑 같이 가고, 하여튼 복잡해요… 그래서 한국 국적 취득하지 않았어요. 힘들어요. 다른 나라는 우리처럼 복잡하지 않은데 우리나라(태국)는 복잡해요. 쉽게 좀 바뀌었으면 좋겠어요."(C)

# 4. 사회복지서비스의 수요와 욕구

여성가족부(2006)의 결혼이민자 가족실태 조사 및 중장기 지원정책 방안연구를 참조로 하였다. 이민자통합을 위한 각종 서비스나 제도에 대해 그들이 어느 정도나 인지하고 있는지, 어느 정도의 이민자가 실제로 이러한 서비스를 받은 경험이 있는지, 그 경우 가장 도움이 된 서비스는 무엇인지, 앞으로 가장 필요로 하거나 받기를 희망하는 서비스는 무엇인지, 그리고 이러한 서비스를 받기 위해 필요한 조건은 무엇인지 등을 분석하기로 한다.

1. 사회적 서비스와 제도의 인지

현재 한국에 거주하고 있는 국제결혼가정의 이민자에게 그동안 우리 사회에서 제공된 여러 가지 사회적 서비스나 제도에 대해 어느 정도 알고 있는지를 물어보았다.

모든 이민자가 가장 많이 알고 있는 서비스는 "정부가 보육시설 또는 유치원에 다니는 빈곤층 영·유아의 보육료를 지원한다"(52%)는 것이다. 다음으로는 "정부가 빈곤층에게 생계비·의료비 등을 지원한다"(49%)와 "경찰이 가정폭력 피해자를 보호하고, 재발우려가 있을 때 가해자에게 접근금지 조치를 내린다"(41%)였다. 일곱 가지 사회적 서비스 중 가장 인지도가 낮은 것은 "기초 지방자치단체(읍·면·동사무소)에서 생활정보를 제공한다"로 전체 이민자의 1/5 정도만 그 내용을 알고 있다.

이민자의 출신국별로는, 그동안 우리 사회에서 제공된 여러 가지 사회적 서비스나 제도에 대해 가장 잘 알고 있는 집단은 일본 여성이고, 가장 인식도가 낮은 집단은 베트남 여성이다.

2. 이민자 사회통합서비스 경험 유무와 지원기관

그 교육 프로그램에 직접 참여한 비율은 낮으며, 특히 남성이민자가 더욱 낮다. 여성이민자는 '한국어교육'(23%), '한국문화관련교육'(19%), '한국요리강습'(18%) 등에는 어느 정도 참여하고 있으나, 다른 교육 프로그램 참여율은 매우 낮다.

3. 가장 도움이 되는 이민자 사회통합서비스

앞에서 살펴본 한국어교육, 한국요리강습, 한국문화관련 등 일곱 가지 교육 프로그램 가운데 이민자에게 가장 도움이 된 프로그램이 무엇인기를 물어본 결과, 가장 도움이 된 프로그램은 한국어교육(50%)이고, 그 다음은 컴퓨터·정보화교육(14%)과 한국요리강습(12%)이다.

여성결혼이민자의 출신국별로는 기타 나라 출신, 베트남, 필리핀 여성들은 한국어교육이 가장 도움이 되었고, 조선족 여성은 한국어교육(22.1%)보다도 컴퓨터·정보화 교육(24.1%)이 가장 큰 도움이 되었다고 응답하였다.

4. 가장 필요한 이민자 사회통합서비스

이민자들에게 10개의 사회통합서비스 프로그램 가운데 가장 필요로 하는 것과 두 번째로 필요로 하는 프로그램을 선택하도록 하였다. 그 결과 가장 필요로 하는 프로그램의 내용은 '한국어교육'(39.7%)인 것으로 나타났고, 그 다음은 '취업교육·취업훈련'(15.2%)과 '컴퓨터·정보화교육'(13.9)이다. 특히 이러한 '취업교육·취업훈련'과 '컴퓨터·정보화교육'이 필요하다고 지적한 집단은 조선족 여성과 남성이다. 그 외 한국요리강습, 한국문화관련, 법률상담, 의료상담, 가족관계상담 순으로 나타났다.

'한국어교육'의 필요성은 조선족을 제외한 모든 출신국의 이민자가 필요로 한다. 그러나 한국어교육을 제외한 나머지 프로그램 가운데 '한국요리강습'은 조선족 여성을 포함한 모든 여성이민자가 필요로 한다. 그러나 '한국문화관련' 프로그램보다는 '취업교육·취업훈련'이나 '컴퓨터·정보화교육' 등에 대한 수요가 더 높다는 사실에 주목해야 한다. 이는 결혼 이민자들의 취업 욕구를 반영하기도 하지만, 그들은 실제생활에서 도움이 되는 보다 구체적이거나 실용적인 프로그램이 필요함을 알 수 있다.

5. 이민자 사회통합서비스 필요 정도

열 개의 서비스 프로그램 각각에 대해 그 필요 정도를 조사하였다. 이민자들이 가장 절실히 요구하는 프로그램은 '컴퓨터·정보화교육'(66.8%, 3.71점)과 '취업교육·취업훈련'(64.4%, 3.66점)이다. 그 다음으로는 '한국요리강습'(62.1%, 3.59점), '한국어교육'(59.3%, 3.52점), '한국문화관련교육'(57.3%, 3.47점)과 '의료상담'(57.4%, 3.44점)의 순으로 나타났다.

여성이민자의 출신국별로는 조선족은 '컴퓨터·정보화교육'(65.7%, 3.66점)과 '취업교육·취업훈련'(64.4%, 3.59점)을 필요로 하고 있으며, 중국 한족 여성은 이러한 두 가지 프로그램과 함께 '한국어교육'을 필요로 한다. 필리핀 여성은 거의 모든 프로그램에 대한 수요가 가장 높다. 한편 필리핀과 베트남 여성은 '한국어교육', '한국요리강습', '한국문화관련' 등에 대한 수요도 높지만, 다른 출신국의 여성과는 달리 '가족관계상담', '가정폭력상담' 및 '전화이용통역' 서비스도 필요로 한다.

6. 희망하는 이민자 사회통합서비스

1) 교육·훈련 서비스

이민자들이 희망하는 교육·훈련 서비스 내에서 '언어훈련'(한글교육, 통역), '건강·위생상식', '육아상식', '의료·간호기능' 등 보다 구체적으로 어떤 내용의 프로그램을 희망하는가를 조사하였다. 우선 남성이민자들은 '직업교육·취업훈련'(45%), '언어훈련'(35%) 그리고 '체류·영주·국적취득 등 출입국관리법 교육'(39%)의 세 가지를 가장 희망한다. 그러나 여성이민자들은 '언어훈련'(47%), '직업교육·취업훈련'(37%), '생활기능'(34%), '자녀학습지원방법·노하우 교육'(28%), '육아상식'(26%), '건강·위생상식'(25%) 등 다양한 서비스를 희망한다.

2) 의료·건강 서비스

희망하는 의료·건강 서비스에 대해서는 남성이민자는 출신국을 막론하고 '국민건강보험가입·안내·도움'(62%)을 희망한다. 여덟 가지 항목 가운데 남성이민자는 오직 '국민건강보험가입 안내·도움'만을 희망하고 있음에 비해, 여성이민자는 '유아건강검사제공', '육아지식제공', '국민건강보험가입·안내', '진료 시 의사소통 도움', '전염병·질병예방지식제공' 등 다양한 의료·건강서비스를 희망한다.

여성의 출신국별로는 '유아건강검사제공'은 베트남을 제외한 모든 출신국의 여성들이, '육아지식제공'은 특히 일본과 필리핀 여성이, '국민건강보험가입·안내'는 한족과 필리핀 여성이, '진료 시 의사소통 도움'은 베트남과 일본 여성이 그리고 '피임방법 소개'는 베트남과 필리핀 여성이 더 희망한다. 이는 여성결혼이민자의 연령이나 자녀 유무 및 자녀의 연령 등 가족생애주기에 따라 더 희망하는 의료·건강 서비스의 내용이 달라지기 때문이다.

3) 생활적응 서비스

이민자가 희망하는 생활적응 서비스의 내용으로는 남성이민자 '일자리 알선'을 가장 희망하고 있고, 여성이민자는 '일자리 알선'과 '자녀교육에 도움제공' 및 '생활적응 지도확대'를 희망한다. 이민자의 출신국별로는 '일자리 알선'과 '자녀교육에 도움제공'은 거의 모든 여성결혼이민자가 희망하고 있고, '생활적응 지도확대'는 특히 필리핀과 한족 여성이 '결혼이민자 지원센터 설립·확대'는 기타 나라 출신과 필리핀 여성이, '자녀 탁아·육아에 도움'은 한족 여성이 그리고 '공공부조제공'은 일본 여성이 희망한다.

7. 이민자 사회통합서비스를 받기 위해 가장 필요한 조건

이민자들에게 위와 같은 이민자 사회통합서비스를 받기 위해 가장 필요한 전제조건이 무엇인가를 물어본 결과, 남성이민자는 '참석하기 편리한 시간'이 필수적이라고 응답하였다. 그러나 여성이민자는 '배우자·가족의 허락과 지원', '참석하기 편리한 시간' 그리고 '자녀를 돌보아주는 것' 등 세 가지를 필요로 한다.

이민자의 출신국별로는 특히 필리핀과 베트남 여성들이 '배우자·가족의 허락과 지원'의 필요성을 가장 많이 지적하고 있어서, 배우자나 그 가족의 허락과 지원이 먼저 해결되어야만, 그들 여성결혼이민자가 사회통합 프로그램에 마음 놓고 참석할 수 있을 것으로 보인다.

# 5. 문화적 욕구

1. 국제결혼 이민여성의 문화 적응

문화학습이나 적응문제는 한국어학습과 달리 학습이나 적응 정도를 등급으로 나누어 분석하기가 쉽지 않을 뿐만 아니라 평가하기도 쉽지 않다. 개념적 차원에서 문화학습과 적응의 정도는 첫째, 문화적 지식의 습득, 둘째 한국문화를 수용하려는 태도나 가치의 정도를 근거로 구분할 수 있다. 이러한 구분은 한국어능력처럼 명확한 등급으로 서열을 매길 수는 없다. 단지 한국문화를 학습해나가는 다양한 유형으로 설명하는 것이 좋을 듯하다.

제1형은 낯선 문화인 한국문화를 학습하는 과정에서 문화적 지식(cultural knowledge)을 배우기 시작한 유형이다. 이 유형에 속한 학습자는 한국문화와 관련된 단편적 지식들을 불규칙하게 습득한다.

제2형은 문화적 지식을 어느 정도 배운 단계로 한국문화와 생활에 익숙해지기 시작한 상태이다.

제3A형은 한국문화에 대한 상당한 수준의 문화적 지식을 학습했으나 한국문화를 수용하려는 태도가 낮은 유형이다. 이 경우는 한국사회와 문화에 대한 부정적인 태도 때문에 문화적 지식수준이 높음에도 불구하고 한국문화를 적극적으로 수용하려 하지 않는 경우이다.

제3B형은 상당한 수준의 문화적 지식을 학습했을 뿐만 아니라 한국문화를 수용하려는 태도가 높은 단계이다. 이 유형에 속한 이민여성들은 한국문화를 적극적으로 수용하는 모습을 보인다.

2. 문화학습의 영향 요인

문화학습에 영향을 주는 요인들은 다음과 같은 몇 가지로 정리될 수 있을 것이다. 문화관광부(2005)의 여성결혼이민자 문화예술교육 프로그램 기초연구를 참조하였다.

1) 한국 체재기간

한국에서의 체재기간과 문화학습의 정도에는 일정 부분 비례하는 경향이 있다. 특히 제1형과 제2형에 속하는 이민여성들의 문화학습은 한국에 체류한 기간과 밀접한 관련이 있는 것으로 보인다. 반면에 제3A형과 제3B형의 경우는 한국에서의 체류 기간이 아니라 가정환경을 비롯하여 이민여성들이 처한 사회적 환경에서 형성된 태도의 차이가 중요한 것 같다.

2) 남편과 가족환경

남편의 성격이나 태도 그리고 경제적 형편이 이민여성들의 문화학습 의욕에 많은 영향을 주는 것으로 판단된다. 남편이 자상하게 한국어와 한국문화에 대해 가르치려 노력하는 경우와 방치하는 경우는 이민여성들의 문화학습 정도에 커다란 영향을 주고 있다.

아울러 시부모를 모시고 사는 대가족일 경우 상대적으로 더 많은 문화학습의 기회를 갖는 것으로 보인다. 그러나 고부간의 갈등은 문화적 지식은 습득하더라도 한국문화에 대한 태도나 가치에 부정적 영향을 미치기도 한다.

3) 외부와의 접촉

가족 바깥의 세계 즉 외부와의 빈번한 접촉이 문화학습에 도움을 주는 것으로 보인다. 대부분 집안에서 남편과 지내는 이민여성의 경우 문화학습의 진도가 낮은 것으로 관찰되었다.

4) 개인적 동기 및 학습노력

언어와 마찬가지로 한국에서의 생활과 문화적 지식에 대한 관심 유무도 중요한 요인으로 보인다. 내성적이거나 한국으로 시집 온 이후 남편과 자신의 현실에 대한 좌절로 의욕이 저하된 이민여성들은 언어나 문화 모두에서 낮은 학습동기를 보여주었다. 이들의 대부분은 자신이 불편하지 않을 정도로만 한국문화에 적응하려는 모습을 보여준다.

3. 문화학습의 상황과 전망

여성결혼이민자들의 대부분은 한국문화에 대한 체계적인 설명이나 교육을 전혀 받지 못한 상태였다. 처음에는 언어도 통하지 않는 상황에서 눈치와 관찰로 한국문화를 학습해 나갔으며, 남편이나 시부모가 필요에 따라 설명해주는 즉흥적이고 단절된 문화 지식만을 학습해왔다.

여성결혼이민자들이 일상생활에서 스스로 터득해 나가는 힘든 문화학습과 적응의 과정을 거치는 반면에, 한국인 남편과 시댁 식구들은 일방적으로 이민여성들이 한국문화에 빨리 동화되기를 바라기만 한다. 이들은 자신들의 관점에서 불편함이 없으면 언어나 문화 모두 적응하고 있다고 판단한다. 실제 단편적이고 기계적인 요구를 알아듣는 것이 한국어 학습이 이루어진 증거라고 여기며, 문화학습과 적응은 한국 음식을 할 줄 알고 가족이나 사람들 앞에서 표 나지 않게 지내는 것으로 판단한다.

서로 다른 문화를 지닌 부부가 올바른 문화학습을 하기 위해서는 서로가 상대방 문화에 대해 관심을 갖고 이해의 폭을 넓히는 과정이 필요한데 현재 국제결혼 부부와 가족들에게는 오직 일방적인 한국문화로의 적응만 강조되고 있다. 국제결혼 이민여성의 문화학습과 적응을 위한 프로그램은 문화 간 이해와 의사소통의 방향으로 구성되어야 할 것이다.

4. 여성결혼이민자 문화예술교육 참여 현황

1) 여성결혼이민자의 문화예술교육 참여

(1) 참여과정에서의 변화

① 문화적 자기표현의 기회 증대

문화예술교육은 참여자들에게 자기표현의 기회를 제공해준다. 문화예술을 매개로 자신의 생각을, 자신의 이야기를 담아내고 표출할 수 있으며 참여자들

간의 공감대를 확산시킬 수 있다.

문화예술을 통한 자기표현은 문화예술적 감수성을 높여주고 현재의 삶에 대한 자기성찰의 기회를 부여해준다.

② 소속감과 결속력 강화

문화예술교육은 여성결혼이민자들에게 지역사회에 대한 소속감과 여성결혼이민자들 간의 결속력을 강화시킨다. 한국어교육과 문화체험교육을 통하여 여성결혼이민자들은 서로 새로운 친구를 사귀기도 하고, 친밀감에 기반을 둔 친교모임을 만들고 활동하기도 한다.

③ 적극적인 태도와 자신감 고양

문화예술교육을 통하여 여성결혼이민자들은 적극적인 삶의 태도와 자신감이 고취되는 모습을 보인다. 연구진이 문화예술교육운영 현장을 참관했을 때, 교육운영이 원활하게 잘 이루어지는 곳에서는 참여자들이 매우 활발하고 밝고 긍정적인 모습을 보였다.

④ 새로운 인적자원으로의 성장과 발전

여성결혼이민자들은 본국에서의 다양한 경력과 경험을 가지고 있다. 문화예술분야에서 전문가로 활동한 사람들도 있다.

이들의 문화예술과 관련된 많은 능력과 가능성들이 사장되지 않도록, 그들의 능력을 한국사회에서 새로운 가능성을 펼치는 기회가 될 수 있도록 해야 한다. 여성결혼이민자 문화예술교육의 통역, 분역, 외국인 문화제 기획자, 외국인 대상 문화유산해설사, 초·중·고등학교 문화예술교육 강사(예: 필리핀 춤의 이해, 일본의 전통 문화 등) 등의 분야에서 문화예술교육 인력으로서 활동할 수 있다.

⑤ 가족, 이웃, 지역사회 내에서의 이해 증진

여성결혼이민자 문화예술교육은 참여 여성들을 변화시키는 것만이 아니라 남편, 시부모 등과 같은 가족도 변화시키는 역할을 한다. 가족과 함께하는 문화예술캠프 프로그램의 경우 남편 및 시부모로 하여금 여성결혼이민자들에 대한 이해를 높이는 기회를 제공해준다.

5. 문화적응을 위한 제안

1) 한국어교육 측면

(1) 한국어교육 프로그램 개발

국제결혼 이민여성들이 한국에 성공적으로 정착하기 위해서는 한국어를 잘 사용할 수 있어야 한다. 이런 관점에서 국제결혼 이민여성들이 한국에서 생활하기 위해 필요한 기초적인 한국어부터 자신의 아이들을 교육시킬 수 있는 고급단계까지 단계별로 한국어를 교육시키는 한국어교육 프로그램 개발이 필요하다.

여성결혼이민자들은 처음 정착단계에서 단순히 정확한 언어적 또는 문법적 지식이 아니라 일상생활의 사회적 상호작용에 필요한 언어적 지식과 함께 문화적 지식 즉 의사소통능력을 습득하고 담화 중심의 언어를 사용할 수 있는 능력을 습득하는 것이 중요하다. 따라서 한국어교육 프로그램은 의사소통 중심적 언어교수법에 따라 개발되고 제작되어야 할 것이다.

앞으로 더 늘어날 이민여성들을 위해 한국어교육 프로그램을 만드는 것과 동시에 그들 자녀들을 위한 학습서비스도 지원되어야 한다. 이민여성 자녀의 부적응문제는 주로 가족 내 언어소통의 문제점, 어머니의 낮은 교육수준, 경제적 어려움 등에 기인한다(보건복지부, 2005). 정부에서는 이들 자녀들이 우리 사회에 바로 적응할 수 있도록 한국어뿐 아니라 다양한 학습지원 프로그램을 만들어야 할 것이다.

(2) 한국어 교재 개발

국제결혼 이민여성을 위한 한국어 교재 개발이 시급하다. 현재 여성가족부의 지원을 받아 만들어지고 있는 시민단체 주관의 한국어 교재는 전문성이 없어 각 장이 체계적인 언어학적 단계 설정을 하지 못해 매 수업이 새로운 어휘를 학습하는 수준일 뿐이다. 현재 출판되어 있는 한국어 교재들은 모두 대학생 이상의 학력을 갖고 있는 사람들을 대상으로 만들어졌기 때문에 외국인 노동자나 국제결혼 이민여성에게 적절한 교재라고는 할 수 없다.

국제결혼 이민여성들을 위한 한국어 교재는 그들이 처해 있는 현실의 일상생활에 필요한 어휘와 대화 내용 중심의 교재이어야 한다. 이렇게 일상생활의 의사소통을 해결해준 후에 좀 더 조직적이고 체계적인 한국어교육을 위한 교재가 발간되어야 할 것이다.

(3) 한국어교육 자원봉사자와 교사 간의 네트워크 형성

도시지역과 달리 농촌지역은 경험 있는 한국어 교사나 자원봉사자를 찾기가 쉽지 않다. 따라서 군이나 면 단위로 순회할 수 있는 한국어 교사나 자원봉사활동가의 네트워크를 만드는 것이 교육사업을 수행하기 위한 현실적 대안이라고 생각한다. 한국어 교사 훈련을 전문적인 한국어교육기관을 통해 실시하면 지방자치단체의 지원으로 운영되는 여러 한글교육 프로그램의 질이 높아질 뿐 아니라 이민여성들에게 한국어를 가르치는 자원봉사자들의 사기도 높일 수 있다. 뿐만 아니라 이민여성들을 전문적으로 가르치는 자원봉사자와 교사들의 네트워크 구성은 한국어교육을 하고 싶어도 하지 못하는 여러 지역

단체들에게 도움이 되리라 생각한다.

2) 한국문화교육 및 상담 프로그램

(1) 한국문화교육 프로그램 운영

이번 조사에 응한 국제결혼 이민여성 대부분이 체계적인 한국문화교육을
전혀 받아보지 못했다는 점은 한국문화교육 프로그램의 필요성과 시급성을
일깨워준다. 그동안 지방자치 단체가 개별적으로 국제결혼 이민여성을 위한
문화교실 프로그램을 진행한 경우들이 있는데 대부분 일 년에 한 차례 모임
을 갖는 일회성 행사로 운영되고 있다.

한국문화교육과 체험 매뉴얼의 개발과 강사교육을 위한 전문적 연구가 필
요하다. 외국인을 위한 한국문화교육이 이제껏 본격적으로 연구되거나 실시
되지 않았기 때문에 장기적으로는 한국문화를 교육할 수 있는 프로그램 개발
의 관점에서 진행되어야 할 것이다.

(2) 한국인 남편을 위한 다문화교육 프로그램 개발

문화적응의 측면에서 모든 책임을 이민여성들에게만 부과하는 현재의 실
정은 안정적인 결혼생활을 유지하는 데 한계가 있다. 시급한 것은 이민여성들
뿐만 아니라 남편과 시댁 가족을 위한 다문화교육이다. 남편과 시댁 가족에게
배우자나 며느리의 출신국과 그곳의 문화에 대한 기본적 지식과 올바른 관점
을 교육해야 서로의 문화를 존중하며 이해해 나가는 기본적 환경을 조성할
수 있다. 한국인 남편이나 시댁 식구의 기본적 관점이 경제적으로 어려운 나
라에서 시집온 이민여성들과 그들의 모국에 대한 존중감이 없는 상황에서
남편과 시댁 식구를 위한 다문화교육은 이민여성들의 자존감과 안정적 부부

관계를 형성하는 데 중요한 기여를 할 것이다.

남편을 위한 문화교육 프로그램은 궁극적으로는 부부가 함께 참여해서 다문화가정을 꾸려나가는 태도와 관점을 교육하고 상담할 수 있는 다문화 상담서비스로 발전해야 할 것이다.

3) 다문화사회와 문화다양성 보장을 위한 범사회적 기반조성

(1) 다문화사회를 향한 정부정책 수립

실제 이들의 존재가 한국사회의 미래에 어떤 변화를 가져올 것인지 그리고 그러한 변화가 한국사회의 발전에 어떤 함의를 갖고 있는지에 대한 면밀한 조사가 필요하다. 이를 위해 외국인 근로자나 국제결혼 이민여성들이 밀집해서 살고 있는 지역을 중심으로 이들이 주위의 일반 한국인들과 어떤 관계를 형성해나가며 지역사회는 이들의 존재를 어떻게 수용해 나가는지 문화적 관점에서의 분석이 필요하다. 이를 토대로 외국인 근로자, 국제결혼, 이민 등 전지구화시대에 더욱 촉진될 현상에 대한 정책적 준비를 해야 할 것이다.

(2) 방송매체 및 인터넷을 통한 문화다양성 교육

방송(교육방송이나 공영방송)을 통한 문화상대주의 및 문화다양성 홍보를 강화해야 할 필요가 있다. 한국사회의 민족주의적 경향이나 타문화에 대한 무관심과 무지는 전지구화시대에 부정적 영향을 미칠 수 있는 요소라 할 수 있다. 학교교육에서 벗어나 있는 기성세대들에게 아시아 각국의 뛰어난 문화적 전통을 보여주며 경제력의 차이가 문화의 우열을 나누는 것이 아니며 다양한 문화가 함께 공존하며 향유될 수 있는 사회의 가치를 홍보해야 한다. 이를 위해 실제 타문화 관련 프로그램을 확대할 필요가 있다.

(3) 국제결혼가족과 지역사회의 다문화 수용능력 제고를 위한 프로그램 마련

국제결혼 이민여성들을 지방자치단체가 구체적으로 상담 지원할 수 있는 전담 사회복지사를 육성할 필요가 있다. 이들이 정기적으로 관내의 국제결혼 이민여성과 그 가족을 위한 상담활동을 할 수 있어야 한다. 직접 방문하기 힘든 경우, 전화상담이 가능한 제도적 개혁도 이루어져야 할 것이다. 또한 국제결혼가정과 지역주민과의 교류를 활성화할 수 있는 지방 자치단체 주관의 문화 프로그램을 제공해야 한다. 이민여성들에게 한국문화를 체험하거나 교육하는 것과 동시에 이민여성들이 자신들의 문화적 전통을 지역사회의 주민들에게 소개할 수 있는 장을 만들어야 한다. 또한 각급 학교에서도 국제결혼 이민여성을 교육현장에 적극적으로 초청해야 할 것이다. 전지구화시대에 맞는 미래인력은 다문화 감성과 글로벌마인드를 갖추어야 한다. 해외연수를 나가서라도 이러한 교육을 받고자 하는 상황에서 국내에 들어와 있는 이민여성들이 자신들의 문화를 학교교육을 통해 소개한다면 글로벌 시민교육을 실천할 수 있게 될 것이다. 이민여성들의 학교교육 참여는 국제결혼가정의 자녀들이 자긍심을 갖고 학교생활을 하는 데도 도움이 될 것이다.

05

결혼이민자와 가족을
위한 서비스 현황

# 1. 다문화가족 관련 정책

다문화가족을 위한 정책은 결혼이민자의 체류불안대책, 생활안정대책 및 사회통합대책, 사회참여촉진정책 등이 수행되고 있으나 부처별로 정책이 중복되어 효율성이 떨어지며 결혼이민자의 개인특성이 고려되지 않으며, 다문화가족 자녀 및 배우자 등 가족 전체를 대상으로 한 정책이 부족하고, 보건·복지·가족영역 간 연계가 미흡하여 정책의 효과성이 떨어지고 있다.

1. 결혼이민자정책

정부의 결혼이민자정책은 2005년에 제1차로 체류불안문제 해결을 위하여 안정적 체류지원, 생활정보제공, 한국어·한국문화 이해교육, 가족관계증진 및 가정폭력피해자 지원, 기초생활보장, 취업을 위한 교육·훈련 및 일자리연계 지원 등이다. 제2차 대책은 생활안정대책으로 결혼이민자 가족의 사회적응지원 체계구축, 자녀양육지원 등이 핵심내용이다. 그리고 제3차 대책은 사회통합지원대책으로 결혼이민자에 대한 차별과 복지 사각지대 해소를 통한 사회통합과 다문화사회 실현에 중점을 두어 여성부, 보건복지부, 법무부, 농림부, 교육부 등 관련부처가 합동으로 추진하고 있다. 동 대책은 결혼부터 생활적응, 출산·육아·교육에 이르기까지 여성결혼이민자의 가족 이웃을 통합하는 과정을 포괄한다. 전체 7개 과제로 '탈법적인 결혼중개방지 및 국제결혼 당사자 보호', '가정폭력피해자에 대한 안정적인 체류지원 강화', '한국사회 조기적응 및 정착지원', '자녀의 학교생활 적응지원', '결혼이민자 가족의 안정적 생활환경조성', '다문화에 대한 사회적 인식개선 및 업무책임자 교육', '추진체계구축' 등이 추진되고 있다.

〈표 5-1〉 결혼이민자 가족 사회통합지원대책

영역	과제
탈법적인 결혼중개방지 및 당사자 보호	· 국제결혼 중개업체 관리를 위한 법률제정 · 국제결혼에 대한 정보·교육으로 결혼당사자 보호 · 결혼비자 발급 서류·절차 표준화, 국가 간 협력체계 구축 · 배우자의 신원보증 해지신청 관리강화
안정적인 체류지원	· 혼인파탄 입증책임 및 간이귀화 입증요건 완화 · 전용 핫라인 설치 등을 통한 가정폭력피해자 보호 · 정보제공 시스템 구축 및 다문화교육 실시
조기적응 및 정착지원	· 찾아가는 서비스 제공 및 온라인정보 활용지원 · 다문화교육 추진체계 구축, 학교의 결혼이민자 자녀 지원을 위한 교사역량강화
아동의 학교생활 적응지원	· 집단 따돌림 예방, 복지 및 상담 서비스 제공 · 산전·후 지원 등 자녀출산 및 양육지원
안정적인 생활환경조성	· 기초생활보장, 직업상담 및 공공서비스부문 취업지원 · 무료건강검진실시, 방문보건서비스, 무료진료지원
사회적 인식개선 및 업무책임자교육	· 일반국민의 의식제고를 위한 홍보추진 · 지역사회의 다문화 친화적인 체계구축 및 분위기 조성 · 공무원 등 업무책임자교육 · 시·군·구 단위로 결혼이민자 가족지원센터 운영
추진체계구축	· 자원봉사 인프라구축, 상담·강사·통역 인력양성 · 업무추진체계 및 전달체계구축, 추진기반 마련

자료: 교육인적자원부 외 편. 2006. htttp://www.president.go.kr.

2. 결혼이민자의 사회참여 촉진정책

결혼이민자의 사회참여 촉진정책은 보건복지가족부, 여성부, 노동부, 문화관광체육부, 농림수산식품부, 교육과학기술부 등 6개 부처를 중심으로 추진되고 있다.

1) 보건복지가족부

보건복지가족부에서는 다문화가족과가 신설되어 2008년 '다문화가족 생애주기별 맞춤형 서비스 지원강화 계획'을 제시하고 입국 전 단계부터 정착기에 이르기까지 다문화가족의 생애주기에 따라 수요에 부응하는 맞춤형 서비스 제공을 강화한다. 생애주기별 정책과제로는 결혼준비기는 결혼중개 탈법 방지 및 결혼예정자 사전준비지원, 가족형성기는 결혼이민자 조기적응 및 다문화가족의 안정적 생활지원, 자녀양육기는 다문화가족 자녀 임신·출산·양육지원, 자녀교육 기능에는 다문화아동·청소년 학습발달 및 역량개발 강화, 가족역량기에는 결혼이민자 경제·사회적 자립역량 강화, 가족해체 시에는 해체 다문화가족 자녀 및 한부모가족 보호·지원 등이 제시되고 있다.

주기별	정책과제	세부추진과제
결혼준비기	결혼중개 탈법 방지 및 결혼예정자 사전 준비 지원	▶ 국제결혼 방법 방지 및 결혼당사자 인권보호 ▶ 결혼이민예정자 사전정보 제공 ▶ 한국인 예비배우자 사전 교육
가족형성기	결혼이민자 조기적응 및 다문화가족의 안정적 생활 지원	▶ 결혼이민자 의사소통 지원 ▶ 다양한 생활정보 제공 ▶ 다문화가족 생활보장 ▶ 가족관계 증진 및 가족위기 예방
자녀양육기	다문화가족 자녀 임신 출산 양육지원	
자녀교육기	다문화 아동 청소년 학습 발달 및 역량 개발 강화	▶ 임신 출산 지원 ▶ 부모의 자녀양육 능력 배양 ▶ 영유아 보육 교육 강화 ▶ 부모 자녀 건강관리
가족해체시	결혼이민자 경제 사회적 자립 역량 강화	▶ 결혼이민자 경제적 자립 역량 강화 ▶ 결혼 이민자 사회연계 강화
가족역량 강화기 전 단계	해체 다문화가족 자녀 및 한부모 가족 보호 지원	▶ 한부모 가족 지원 ▶ 요보호 아동
	다문화사회 이행을 위한 기반 구축	▶ 사업추진체계 정비 ▶ 대북민 다문화 인식 제고

〈그림 5-1〉 생애주기별 정책과제

2) 여성부

여성부에서는 제3차 여성정책기본계획에서 결혼이민자 가족에 대한 지원 체계 수립과 서비스를 확대하고자 했으며 다양성과 차이에 대한 사회적 수용력 증대를 위하여 정책을 모색하고 있다. 다양성과 차이 존중을 위한 전략목표를 위한 추진계획으로는 문화적 다양성에 대한 수용성 제고, 여성결혼이민자의 사회통합지원, 결혼이민자의 지원 등이다. 결혼이민자의 경제적 자립지원을 위해 다문화 강사, 통역 서비스, 기타 고용 서비스 분야 활동가 등 이민자에 적합한 직종 등 사회적 일자리를 개발하고, 취업교육·상담·연계 등 취업지원의 내실화, 저소득 결혼이민자 가정에 기초생활보장 확대를 검토하고 여성결혼이민자가 본격적인 사회·경제활동을 하도록 브리지(Bridge) 프로그램의 개발·시행 등을 추진하고 있다.

3) 노동부

　노동부에서는 '대통령 지시사항 추진계획'에 의거하여 여성결혼이민자를 위한 기술교육과 일자리 지원 강화방안으로 여성부와 연계하여 효율적인 기술교육을 실시하고자 다문화가족지원센터와 여성인력개발센터를 활용한다. 취업을 희망하는 결혼이민자의 구직등록을 유도하기 위해 취업지원서비스 안내문을 발송하고 '사회적일자리사업' 참여를 확대하고 있다.

〈표 5-2〉 대통령 지시사항 추진계획

```
1. 추진계획 개요
● 여성가족부와 역할 분담을 통해 효율적인 기술교육 실시
● 전국의 고용지원센터와 기타 관련부처의 인프라를 통한 취업지원
2. 세부추진계획(산자부 등과 공동추진)
(1) 여성가족부와 역할 분담을 통해 효율적인 기술교육 실시(2007. 12)
● 결혼이민자 가족지원센터(2007년 38개소)를 통한 기술교육 실시
● 여성인력개발센터를 통한 교육훈련
● 여성가족부와 연계하여 신규실업자 훈련기회 제공
(2) 전국의 고용지원센터와 관련부처의 인프라를 통한 취업지원(2007. 12)
● 여성인력개발 센터의 희망일터 지원단을 통한 취업지원
● 여성가족부의 실태조사 등을 토대로 여성결혼이민자에 대한 고용지원서비스 안내·홍보 강화
  → 취업을 원하는 결혼이민자의 구직등록 적극 유도
※ 취업지원서비스 안내문 발송(여성가족부 등 관련부처와 협조), 각 고용지원센터를 통한 지역별 홍보
  추진
(3) 여성결혼이민자가 사회적일자리사업에 우선적으로 참여하도록 노력(07년 상반기)
● 이들이 다수 거주한 지역을 중심으로 사회적일자리사업에 우선적으로 참여할 수 있도록 지속 배려
```

자료: 노동부. 대통령지시사항 추진계획, 2007.

4) 문화체육관광부

　문화체육관광부는 2006년 다문화사회를 대비한 문화적 지원 TF를 운영하여 이민자를 위한 한국어교육과 문화체험 지원사업 등을 추진하다 2007년 다문화정책팀을 신설하고 다인종·다문화시대에 대비한 '다문화정책 추진방

향'을 발표하였다. 기존의 차별배제, 동화주의 입장을 넘어서 문화다원주의에 입각한 문화다양성 존중, 문화향유권 확대 등을 내용으로 관련 법률의 제정, 검토와 유휴공간을 활용한 이주민 문화전용공간 확충 등 제도적인 기반을 마련하였다. 결혼이민자의 한국문화 조기적응을 지원하기 위해 '문화멘토'를 활용, 결혼이민자의 한국사회 정착을 제고하고, '다문화정보 포털사이트'를 구축하여 다양한 언어로 정보를 제공하였다.

〈표 5-3〉 문화체육관광부령 제175호 제6조 제2항

제6조 제2항 중 "국제문화협력팀 및 공간문화팀"을 국제문화협력팀·공간문화팀 및 다문화정책팀"으로 하고, 같은 조에 제8항을 다음과 같이 신설한다.
⑧ 다문화정책팀장은 다음 사항을 분장한다.
1. 다문화사회 문화정책에 관한 종합계획의 수립·조정
2. 다문화사회 이해증진을 위한 홍보에 관한 사항
3. 이민자에 대한 한국어교육에 관한 사항
4. 이민자의 문화활동 지원에 관한 사항
5. 국민과 이민자 간 문화적 소통에 관한 사항
6. 이민자의 한국문화 및 자국문화 향유 실태조사
7. 다문화사회 증진을 위한 문화콘텐츠 지원개발
8. 다문화사회의 문화환경 및 기반조성

자료: 행정안전부, 대한민국정부 관보 제16637호, 2007. 11. 27.

3. 다문화사회통합 프로그램 이수제도

2009년부터 다문화사회통합 프로그램 이수제도를 시행하여 이민자 및 국민 등 사회구성원 주인인식을 함양하고 다문화사회에서 일시적 또는 영구적 사회구성원이 갖추어야 하는 소양을 갖추도록 하는 것을 목적으로 하고 있다. 이 제도는 결혼이민자가 결혼 2년 후 귀화필기시험을 면제받고 국적을 취득하므로 한국어 능력이 초급수준에 그치고, 일반귀화 신청자의 경우도 5년 이상 한국사회에 거주하였음에도 한국사회 및 다양성 이해 등 기본소양 함양이

부족하여 사회부적응 문제를 최소화하기 위한 것이다.

이 제도는 중앙부처, 지방자치단체 및 민간단체 등에서 이민자를 대상으로 실시 중인 한국어, 우리 사회 이해 등 정착지원 시책을 표준화한다. 법무부장관이 지정하는 소정의 사회통합 프로그램을 일정시간 이상 이수한 경우 국적 취득 시 필기시험을 면제하여 이민자 및 그 가족이 안정적으로 우리 사회에 적응하도록 돕는다. 영주권 등과 연계하여 영주자격 취득희망자에게도 사회통합 프로그램을 일정시간 이수한 경우에 한해 영주자격 부여를 점진적으로 검토하며 장기적으로 사회적응이 필요한 난민인정 대상자, 장기체류자에게도 적용하며, 자격변경 시에는 연계 적용한다. 법무부에서 실시하는 사회통합 프로그램 이수제는 2010년 3월부터 본격적으로 시행될 예정이며 이에 대하여 법무부 출입국 외국인정책본부는 이민자사회통합 프로그램 확대운영을 위한 거점 운영기관을 모집하여 신교육기관이 2010년 3월부터 2011년 12월까지 2년간 이민자를 대상으로 한국어, 한국사회 이해과정 등의 사회통합 프로그램을 운영할 방침이다. 이민자 사회통합 프로그램의 특징은 주요지역에 거점 교육기관을 두고 이 기관이 협력기관 형태인 매칭 및 지자체, 농협 등 일반운영기관에 학사운영과 관리, 감독업무를 맡기는 등 거점교육기관과 일반교육기관으로 나누어 신청한다. 2009년 1월 서울, 부산 등 주요도시에 이민자의 사회적응을 돕는 이민자 사회통합 시범교육기관 20개소를 지정하여 운영실적과 전문가, 현장활동가 견해 등을 토대로 교육기관을 확대할 방침에 있으며, 전국적으로 거점기관은 26개소를 선정하였다.

이 제도의 구성체계는 기본소양 사전평가, 사회통합 프로그램의 각 과정, 종합평가 등으로 구성된다. 기본소양 사전평가는 한국어 능력, 우리 사회에 대한 이해 정도 등 기본소양을 측정하고 이수대상 프로그램 과정 및 이수시간을 배정한다. 기본소양 사전평가를 통해 배정된 사회통합 프로그램 과정 및 이수시간을 충족시킨 이수자를 대상으로 최종평가를 한다.

〈표 5-4〉 단계별 과정 및 이수시간

과정 　　　　단계			1단계	2단계	3단계	4단계	5단계
한국어과정			초급 1	초급 2	중급 1	중급 2	고급
이수시간			100시간	100시간	100시간	100시간	면제
한국사회 이해과정							50시간
단계 배경	사전 평가	결혼이민자	29점 이하	30~49점	–	–	50~100점
		일반이민자	29점 이하	30~49점	50~69점	70~89점	90~100점

 2. 법과 제도

1. 체류 및 국적 관련법[15]

여성결혼이민자가 한국에서 체류하는 데 관련된 국내법으로는 출입국관리 법령과 재외동포의 출입국과 체류관리에 관한 법률 및 법무부의 '국민의 외 국인 배우자에 관한 체류관리지침' 등이 있다. 결혼이민자는 한국인과 결혼하 게 되면 '국민배우자(F-2)' 비자를 발급받는다. F-2비자는 체류기간이 통상적 으로 1년 부여된다.

〈표 5-5〉 체류·국적취득 종류 및 절차

분류	유형	세부사항
F-2 체류 자격 발급	한국인 배우자가 초청하는 경우	(혼인신고 후) 한국인 배우자가 출입국관리사무소에서 사증발급인정서 신청 후 발급 → 발급받은 사증발급인정서/사증발급인정번호를 외국인 배우자에게 우편이나 전화로 통보 → 외국인 배우자가 재외한국대사관 /영사관에서 사증발급 신청 후 사증 발급
	한국인과 결혼하고 F-2로 변경	한국인과 혼인 후 본국 법과 대한민국 법에 따라 혼인의 유효한 성립에 대한 입증서류 제출→ 심사 거쳐 F-2로 변경
F-2 취득 후 한국국적 취득 전	외국인 등록증 발급	○ 입국일로부터 90일 이내 출입국 사무소 또는 출장소에 외국인 등록 체류기간이 만료되기 이전 관할 출입국 관리사무소를 방문하여 체류 연장과 외국인 등록증을 신청해야 함.

15 아름다운재단 공익변호사그룹 공감(2007)의 「이주노동자 지원활동가를 위한 법률매뉴얼」에서 발췌한 것임.

F-2 취득 후 한국국적 취득 전	체류연장	○ 체류기간이 만료되기 전에 관할 출입국관리사무소에 방문하여 체류연 장 절차를 밟음. 체류연장 신청을 하지 않을 경우, 초과체류 상태로 불법체류가 되어 단속될 수 있음. ○ F-2 체류연장 신청 시 원칙적으로 한국인 배우자와 동행해야 함. * 단, 자녀가 있는 경우 동반하지 않아도 됨.
	신원보증	○ 혼인동거기간 3년 미만의 경우, 체류연장 허가 시 '혼인의 계속성'을 확인하기 위해 배우자의 호적등본과 신원보증서를 제출하도록 요구함. ○ 예외적인 경우 한국인 배우자 이외에 보증능력이 있는 제3자가 신원 보증인이 될 수 있음.
	취업활동	별도 허가 없이 자유로운 취업 가능
F-5 체류 자격 (영주자격) 취득	F-2 체류자격을 소지하고 2년 이상 대한민국에 체류한 자	① 한국인 배우자와 계속 혼인이 유지되고 있는 경우 ② 한국인 배우자가 사망 또는 법원의 실종선고를 받은 경우 ③ 한국인 배우자와 이혼, 별거 중인 자 중 그 잘못이 한국인 배우자에 있음을 증명할 수 있는 경우[16] ④ 혼인관계가 중단되었더라도 한국인 배우자와 혼인에 의하여 출생한 미성년자를 양육하는 경우 * 영주 자격 소지 시, 체류연장 허가신청 불필요함.
혼인에 의한 국적 취득	국적신청 (간이귀화) 절차	신청서류 접수 시 원칙적으로 **한국인 배우자와 동행**해야 하고, 본인이 반 드시 국적 관서에 나가서 제출해야 함. 국적취득 신청 시 본인 또는 한 국인 **배우자의 재정 능력을 입증하는 서류**(재직증명서 또는 3천만 원 이 상의 재산보유에 대한 증빙서류)를 제출해야 함. * 대전, 부산, 대구, 광주, 마산, 춘천, 제주, 인천, 수원, 여수, 의정부, 전 주, 청주 출입국 관리소에서 귀화신청 가능하고 그 외 지방 출입국관 리출장소에서는 신청 불가
	국적심사절차	귀화신청 자격조사/귀화허가 여부 결정을 위한 적격검사(면접심사) 적격심사에는 필기와 면접심사가 있으나 결혼이주자의 경우에는 필기시 험이 면제됨. 신청일로부터 면접심사를 받기까지 통상 약 1년이 소요됨. 자녀가 있는 경우 보다 신속하게 진행됨.
주민등록증 취득	호적신고	귀화허가 통지서를 받은 날로부터 1개월 내에 호적 신고.
	외국국적 포기	전 국적 국가의 대사관에 가서 '국적포기신고'를 해야 함. 6개월 이내에 전 국적 포기하지 않으면 취득한 한국국적 자동 상실됨.
	외국국적포기 확인서	외국국적포기증명서를 직접 법무부 국적 업무 출장소에 제출하여 발급신청
	주민등록 발급신청	호적등본과 외국국적포기 확인서를 가지고 주민등록관서에 가서 주민등 록증 발급신청

외국인이 한국인과 결혼하더라도 그의 신분이 바로 한국인이 되지 않는다.
즉, 결혼이민자 여성이 한국인과 혼인 후 2년까지는 외국인으로서의 지위를
가진다. 따라서 국제결혼을 하여 1년을 산 뒤에는 체류연장 절차를 밟아야
하고, 거주지를 이전할 때 체류지 변경신고를 해야 하며, 외국으로 출국했다

---

16 법무부의 2005.9. 영주(F-5) 자격 부여대상 및 체류관리 업무

가 재입국했을 시에는 출국 전에 재입국허가를 받아야 하는 등의 절차를 거쳐야 한다. 혼인하여 2년을 산 후 'F-5'나 '한국국적신청(간이귀화[7])' 둘 중 하나를 선택하여야 하는데, 영주자격(F-5)과 국적취득의 다른 점은 본국 국적을 유지한 채 한국에 안정적인 체류를 보장받고 싶은 경우에 영주비자를 신청하는 것이며, 국적 취득은 본국 국적을 포기하는 것이다. 하지만 영주비자 소지자는 내국인과 동일한 시민권(투표권, 공무 담임권 등), 사회권(사회보장 혜택)의 혜택을 받지 못한다는 한계가 존재한다.

체류연장과 국적 신청을 할 때에는 한국인 배우자의 도움이 필수적이라고 할 수 있다. 결혼 후 2년 동안은 결혼이민자의 신분이 매우 불안정하다고 볼 수 있으며, 이러한 상황이 부부 사이를 동등한 것이 아닌 위계적인 관계로 이끌도록 작용할 수 있다.

또한 외국인이 한국인과 결혼하여 F-2 체류자격 비자를 취득하거나, 국적취득이나 영주자격을 취득하기 위해서는 본인이나 한국인 배우자의 재정능력을 입증하는 서류가 요구되는데, 이것은 결혼이민자에게 재정능력을 요구하는 이유로 국가의 사회보장 서비스를 담보할 수 있는 재정능력의 한계 때문이라고 볼 수 있다. 입국 시 외국인에게 재정능력을 요구하는 것은 불가피하다고 할지라도, 한국에 이미 정착하여 가정을 이루며 살아가는 결혼이민자에게 재정능력에 대한 입증을 요구하는 것은 부당하다고 할 수 있겠다.

1) 혼인 중단 시 체류연장 및 국적취득 문제

한국인과 결혼한 외국인이 혼인에 기한 체류연장 및 간이귀화신청을 하기 위해서는 원칙적으로 신청 당시 정상적인 혼인관계가 유지되어야만 한다. 따라서 혼인관계가 중단된 외국인은 체류연장 신청 및 귀화신청을 할 수 없다.

---

17 간이귀화라고 표현되는 이유는 외국인이 일반적인 귀화절차에 따라 한국 국적을 취득하려면 국내 거주기간이 5년 필요한 것에 비해 한국인과의 혼인을 이유로 외국인이 귀화 신청을 하면 2년으로 단축된 국내거주기간이 적용된다는 점에서 그러하다.

다만 예외적으로, 혼인이 중단된 것에 대해 외국인에게 책임이 없는 경우에는 혼인이 중단되었어도 체류연장 및 국적취득 신청이 가능하도록 허용하고 있다.

〈표 5-6〉 혼인 중단 시 체류 및 국적

유형	체류 및 국적에 대한 변경사항	비고
한국인 배우자가 사망, 실종한 경우	외국인 배우자가 국내체류를 희망한다면 체류가 허가됨. 국적신청도 가능	외국인 배우자는 법적으로 제1순위 상속권자이며, 한국인 배우자의 부모, 형제는 사망자의 재산에 대해 상속 권리를 행사할 수 없음.
별거 또는 이혼	그 잘못이 누구에게 있는지, 한국인과의 사이에 출생한 자녀를 누가 양육하는지에 따라 체류연장 신청 및 국적 신청 가능성이 결정됨. 이혼의 귀책사유가 양측에 있거나, 외국인 배우자에게 있는 경우, 방문동거(F-1)로 체류자격 변경됨. 이에 의해서 국내 취업이 불가함.	결혼 파탄 사유가 외국인 배우자에게 없어야 할 것(결혼 파탄사유가 한국인에게 있다는 법원의 판결문 또는 그 외 혼인 파탄 사유가 한국인에게 있음을 입증할 수 있는 자료구비)이며, 한국인과 혼인 중 출생한 자녀에 대한 법적인 양육권을 갖는 경우에는 별거 또는 이혼 후에도 체류연장 및 국적취득 신청 가능.
자녀에 대한 면접교섭권이 있는 경우	혼인 중단 시 한국인 배우자와의 사이에 자녀가 있는 경우, 중단 사유에 대한 한국인 배우자의 잘못을 입증하지 못하고, 자녀에 대한 양육권도 갖지 못할 경우	외국인 배우자는 면접교섭권을 사유로 체류연장 신청이 가능하다. 체류연장 기간에 상한 제한이 없으므로, 체류기간 만료 후 면접교섭권을 이유로 재차 연장신청이 가능하다.
결혼이민자가 가출한 경우	한국인 배우자의 가출 신고만으로는 외국인 배우자가 불법체류자가 되지 않음.	한국인 배우자가 관할 출입국관리사무소를 방문하여 외국인 배우자에 대한 신원보증을 철회하면 해당 외국인 배우자는 불법체류자로 단속될 위험에 처하게 됨

2. 사회복지 관련법[18]

사회보장기본법에서는 우리나라 사회보장제도를 사회보험, 공공부조, 사회복지서비스, 관련복지제도로 규정하고 있다. 국적이 없지만 국내에 거주하고 있는 사람들에 대해서는 제8조에 "국내에 거주하는 외국인에 대한 사회보장제도의 적용은 상호주의 원칙에 의하되, 관계법령이 정하는 바에 따른다"로

---

18 문순영(2007). 「현행법(안)을 통해 본 국제결혼 여성이주민을 위한 사회적 지원체계에 대한 탐색적 연구」, 『여성연구』, 72:109~142.

규정되어 상호협정이 체결된 국가의 외국인에게 사회보장제도 관련법들의 규정 내용에 의하여 권리 자격이 발생하도록 하고 있다. 따라서 여성결혼이민자의 경우, 한국 국적을 취득한 경우에는 내국민으로서 사회보장에 관한 권리가 발생하지만, 그렇지 않은 여성결혼이민자에 대해서는 외국인으로 분류되어 여성의 모국이 한국과 사회보장에 관한 협정이나 협약을 맺은 경우로 사회보장수급권이 한정되며, 개별 사회복지법(예, 국민연금법, 건강보험법 등)이 외국인들에 대한 적용 규정을 두고 있는지에 따라 권리 발생 여부나 그 방식과 내용이 결정된다.

〈표 5-7〉 사회복지법상 외국인 적용규정 여부[19]

구분	법률명	외국인 적용 규정이 있는 경우
사회보험제도	국민연금법	○
	국민건강보험법	○
	고용보험법	○
	산업재해보상보험법	
공공부조제도	국민기초생활보장법	○
사회복지서비스	사회복지사업법	
	아동복지법	
	노인복지법	
	장애인복지법	
	모・부자복지법	○
	영유아보육법	
	성매매 방지 및 피해자 보호에 관한 법률	○
	정신보건법	
	성폭력방지 및 피해자 보호 등에 관한 법률	○
	가정폭력방지 및 피해자 보호 등에 관한 법률	○
	입양촉진특례법	
	일본군 위안부 생활안정법	
	사회복지공동모금회법	
	장애인 등 편의증진법	
복지관련법	건강가정기본법	

---

19 문순영(2007). 「현행법안을 통해 본 국제결혼 여성이주민을 위한 사회적 지원체계에 대한 탐색적 연구」.

1) 국민연금법

국민연금법은 1998년에 개정되면서 외국인 적용조항을 두었다. 결혼이민자의 경우 국적 취득 전 체류 자격이 F-2인데, 이러한 경우 취업을 하여 독자적인 소득을 가지고 있고, 이 여성의 모국이 한국과 국민연금에 대한 상호협정체결이 이루어져 있으면 국민연금의 적용대상자가 되어 연금급여를 받을 수 있다.

2) 국민건강보험법

국민건강보험법은 제93조에 외국인에 대한 특례조항을 두고 있다. 건강보험과 관련해서는 결혼이민자가 국적취득과 상관없이 건강보험료를 낼 수 있는 재정적 여건만 갖추어지면 적용이 되어 급여를 받을 수 있다.

3) 국민기초생활보장법

국민기초생활보장법의 수급대상자[20]는 원칙적으로 내국인으로 한정되어 있으나, 정부는 "국내체류 외국인 중 한국인과 결혼하여 한국 국적의 미성년 자녀를 양육하고 있는 자도 수급권자가 되도록 하여 외국인 배우자와 그 자녀의 복지를 증진하기 위해" 2005년 12월 23일 법률 7738호 개정을 통해 '제5조 2(외국인에 대한 특례)'를 신설하였다. 수급대상자로 선정되면 생계비 지급, 직업교육 알선(각 지역 자활후견기관의 자활근로사업 참여 가능), 의료서비스 제공 등 사회보장 지원을 받을 수 있다. 그러나 어디까지나 한국인

---

20 수급대상자 선정: 소득인정액 기준과 부양의무자 기준을 동시에 충족해야 함. 2007년 소득인정액 기준은 2인가구는 73만 4천 원 이하, 3인 가구는 97만 2천 원 이하이며, 소득인정액은 소득과 재산에 따라 결정된다.

자녀를 양육하고 있는 여성이주민만으로 제한되는 것이어서, 한국국적 자녀의 어머니로서의 역할에 근거하여 여타의 외국인 지위와 다소 다르게 법적 보호를 제공하고 있다고 볼 수 있다.

4) 모·부자 복지법

한국인 배우자와 사별 또는 이혼하여 한국 국적의 미성년 자녀를 양육하는 경우에는 모·부자 복지법의 지원 대상에 포함될 수 있다. 2006년 12월 28일 모·부자 복지법이 개정[21]되었는데, 이 법 제5조의2(외국인에 대한 특례)에 의하면 "국내에 체류하고 있는 외국인 중 대한민국 국민과 혼인하여 대한민국 국적의 아동을 양육하고 있는 사람으로서 대통령령이 정하는 사람이 제5조에 해당하는 경우에는 이 법에 따른 보호 대상자가 된다"고 명시하고 있다. 이로 인해, 생계비나 아동양육교육비, 직업훈련비 및 훈련기관 중 생계비, 아동양육비, 기타 대통령령이 정하는 비용과 같은 복지급여를 신청할 수 있으며, 이외에도 보호대상자들의 생활안정과 자립을 촉진하기 위한 사업에 필요한 자금, 아동교육비, 의료비, 주택자금 등을 대여할 수 있도록 하였다. 그 외에도 아동의 양육 및 교육서비스, 취사 및 청소 등의 가사 서비스, 교육 및 상담 등 가족관계 증진 서비스, 모자보호시설 및 모자자립 시설, 여성 복지관, 일시 보호시설 등의 시설을 이용할 수 있도록 하였다.

---

21 개정 이유 및 주요내용: 외국인 배우자와 그 아동의 복지를 증진하기 위하여 국내에 체류하고 있는 외국인 중 대한민국 국민과 혼인하여 대한민국 국적의 아동을 양육하고 있는 자도 이 법에 따른 보호대상자가 되도록 하고, 미혼모시설을 미혼모자시설로 변경하여 미혼모뿐만 아니라 그 아동에 대한 보호 및 양육이 이루어질 수 있도록 하며, 공동생활가정을 설치하여 아동양육 등 독립적인 생활이 어려운 미혼모자가정, 모·부자가정 및 미혼모가정을 지원하려는 것임.

5) 가정폭력방지 및 피해자보호 등에 관한 법

가정폭력을 예방하고 가정폭력의 피해자를 보호함으로써 건전한 가정을 육성하고자 하는 '가정폭력 방지 및 피해자보호 등에 관한 법'에서도 가정폭력피해 여성의 보호시설로 외국인 보호시설 규정을 두고 있다(제7조 1항의2호). 이 시설은 배우자가 대한민국 국민인 외국인 등을 2년의 범위 안에서 보호하는데, 현재 천안과 인천에 2개소를 운영하고 있다.

6) 건강가정기본법

건강가정기본법은 건강한 가정생활의 영위와 가족의 유지 및 발전을 위한 국민의 권리 및 의무와 국가 및 지방자치단체 등의 책임을 명백히 하고, 가정문제의 적절한 해결방안을 강구하며 가족구성원의 복지증진에 이바지할 수 있는 지원정책을 강화하기 위한 것을 목적으로 설립된 법률이다. 이를 위하여 중앙, 시·도 및 시·군·구에 건강가정지원센터를 두고 가정문제의 예방·상담 및 치료, 건강가정의 유지를 위한 프로그램의 개발, 가족문화운동의 전개, 가정 관련 정보 및 자료제공 등의 사업을 수행하도록 하고 있다(제35조2호). 건강가정기본법이나 시행령, 시행규칙 어디에도 이국인 가정이나 결혼이민자 가족에 대한 특례규정은 없지만 정부는 결혼이민자 가정을 한국 가족의 한 단위 구성체로 보고 건강가정지원센터로 하여금 이들의 건강한 가정을 위하여 한국어교육을 비롯한 문화이해 교육 및 정보화교육, 가족생활상담 및 정보제공, 자녀보호, 결혼이민자자조집단 육성지원 등의 사업들을 수행하도록 하고 있다.

3. 다문화가족지원법

<표 5-8> 법률안 세부 내용

	다문화가족지원법
제정이유	국내에 체류하는 외국인도 보편적 인권과 건강한 가족생활을 영위할 수 있는 권리를 국가가 보호하기 위해
적용범위	이주노동자의 고용과 근로조건의 문제는 다른 법률에서 다루고 국제결혼으로 형성된 결혼 이민자 및 이주노동자 가족을 대상으로 한 지원 정책으로 한정
기본방향	동화주의를 기본으로 다문화주의를 가미
기본이념	다문화가족 구성원이 우리 사회의 건전한 구성원으로 기본적 욕구를 충족하고 성장할 수 있는 기회 제공
정책수립 및 시행	여성가족부장관이 관계 중앙행정기관의 장과 협의하고 건강가정기본법 제13조 1항에 규정한 중앙건강가정정책위원회의 심의를 거쳐 다문화가족지원기본계획 5년마다 수립/이를 위한 실태조사 3년마다 수행
지원내용	- 다문화가족에 대한 교육 및 홍보 등을 통한 이해증진 - 평등한 가족관계의 유지를 위하여 상담. 가족생활교육, 부모교육, 가정폭력 방지 노력 등을 수행 - 아동의 보호 및 교육 - 생활 및 법률상담의 제공
지원/서비스 전달조직	다문화가족지원센터(건강가정지원센터, 사회복지관, 여성회관, 외국인근로자지원센터 등)

최근 다문화가족의 수가 급속히 증가하고 있음에도 다문화가족의 범위가 지나치게 좁아 실질적인 지원이 필요한 다양한 형태의 다문화가족을 포괄하지 못하고 있고, 다문화가족에 대한 지원정책이 각 부처 간에 중복되거나 업무 간 연계체계가 미비한 실정이다.

이에 따라 다문화가족의 범위를 확대하고, 다문화가족 지원을 위한 기본계획 및 연도별 시행계획 등을 수립하며, 다문화가족 구성원인 결혼이민자 등에게 한국어교육 지원을 통하여 사회적응을 잘할 수 있게 하고, 다문화가족 내 가정폭력 예방과 가정폭력 피해자의 보호 및 지원, 의료 및 건강관리를 위한 지원 등을 함으로써 다문화가족 구성원의 삶의 질 향상과 사회통합을 더욱 쉽게 하려는 것이다.

주요내용으로는,

① 다문화가족의 범위 확대(안 제2조제1호): 다문화가족의 범위에 출생에 따른 국적취득자 뿐만 아니라 인지와 귀화에 따른 국적취득자도 포함하도록 함.

② 다문화가족 지원을 위한 기본계획 및 시행계획의 수립(안 제3조의2 및 제3조의2 신설): 여성가족부장관은 5년마다 다문화가족 지원정책의 기본방향, 분야별 발전시책과 평가, 제도개선 등에 관한 기본계획을 수립하고, 여성가족부장관, 중앙행정기관의 장 및 시·도지사는 매년 기본기획에 따라 시행계획을 수립·시행하도록 함.

③ 다문화가족정책위원회의 설치(안 제3조의4 신설): 다문화가족의 삶의 질 향상과 사회통합에 관한 중요 사항을 심의·조정하기 위하여 국무총리 소속으로 다문화가족정책위원회를 설치함.

④ 다문화가족에 대한 이해 증진을 위한 교육 실시(안 제5조제2항 신설): 교육과학기술부장관과 시·도 교육감은 학교에서 다문화가족에 대한 이해를 돕는 교육을 실시하기 위한 시책을 수립·시행하도록 함.

⑤ 결혼이민자 등에 대한 한국어교육 지원(안 제6조 및 제12조제2항제3호의2): 국가와 지방자치단체는 결혼이민자 등이 언어소통능력 향상을 위한 한국어교육을 받을 수 있도록 지원하고, 다문화가족지원센터의 업무에 결혼이민자 등에 대한 한국어교육을 추가함 등을 포함하고 있다. 자세한 사항은 <부록 2> 다문화가족지원법을 참조하기 바란다.

4. 재한외국인처우 기본법[22]

법무부[23]는 국제결혼과 외국인 근로자 유입 증가 등으로 국내 체류 중인

---

22 한국이주여성인권센터 홈페이지(www.wmigrant.org) 참고.

외국인이 2007년 10월 기준 약 90만 9천 명에 달하는 시점에서, 외국인 근로자에 대한 임금체납과 폭행, 외국인 여성에 대한 성매매 등 인권침해를 막고 난민인정자, 결혼이민자 등의 처우를 개선하기 위해 2007년 5월 17일(법률 제8442호, 시행일 2007년 7월 18일) 5장 23조로 구성된 '재한외국인처우 기본법'을 제정하였다. 특히 그간 각 부처가 개별적·단편적으로 외국인 관련 정책을 추진함에 따라 정책의 충돌, 중복, 부재 현상이 발생하여 종합적·거시적 시각에서 외국인정책을 수립하기 위한 추진체계 구축이 시급한 상황이었는데, 이에 따라 정부는 제1회 외국인정책회의에서 '외국인정책 기본방향 및 추진체계'를 마련하였고, 그 후속조치의 일환으로 이 법안을 마련하게 되었다.

법안의 주요내용으로는, 첫째, 법무부는 5년마다 기본계획을 수립하고, 중앙행정기관 및 지방자치단체는 기본계획을 바탕으로 연도별 시행계획을 수립하여 시행하도록 하며, 둘째, 기본계획 및 추진실적 등 외국인정책에 관한 중요사항을 심의·조정하기 위하여 국무총리를 위원장으로 하는 '외국인정책위원회'를 구성하도록 하고, 셋째, 결혼이민자 및 그 자녀, 영주권자, 난민인정을 받은 자 등 정주하는 외국인들의 사회적응교육을 지원하고, 이들에 대한 불합리한 차별방지와 인권옹호를 위해 정부는 교육·홍보 기타 필요한 노력을 하도록 규정하고 있으며, 또한 국민과 재한외국인이 화합하는 환경을 조성하기 위하여 매년 5월 20일을 '세계인의 날'로 정하고 5월 20일이 포함된 한 주간을 '세계인 주간'으로 정하였다.

이러한 '재한외국인처우 기본법' 제정은 체계적인 외국인정책의 수립·집행을 통한 정부정책의 효율성·일관성 제고와 함께 재한외국인에 대한 조기 사회적응을 지원함으로써 개인의 발전은 물론 국가 발전과 사회통합에도 크게 기여할 것이라는 기대효과를 제시하고 있다. 그러나 인간으로서 마땅히 누려야 할 절대적 권리나 인권보호, 개인의 역량강화와 같은 참여의 권리가

---

23 법무부 홈페이지(www.moj.go.kr) 참고.

명시되기보다는 한국사회에 조기 적응시켜 대한민국의 발전과 사회통합을 이루는 데 초점을 두고 있다는 비판과 함께, 불법체류 외국인과 같이 인권의 사각지대에 놓여 있는 사람에 대한 고려가 배제되어 있다는 것이 지적되었다.

5. 정부의 지원정책[24]

결혼이민자를 위한 정부의 정책은 세 단계로 입안되었다. 첫 번째 단계는 2005년 8월 16일 체류 불안으로 인한 남편과 시댁의 부당한 억압을 예방하기 위해 안정적 체류지원, 생활정보제공, 한국어, 한국문화 이해교육, 가족관계 증진 및 가정폭력피해자 지원, 기초생활보장, 취업을 위한 교육, 훈련 및 일자리 연계지원 등을 핵심으로 하는 정책을 입안했다. 9월에는 '출입국 관리법 시행령'을 개정함으로써 영주권 취득기준과 취업자격을 완화했다.

두 번째 단계는 결혼이민자의 생활안정에 초점을 맞춘 정책 개선이었다. 2006년 11월 결혼이민자 가족의 사회적응과 자녀양육을 지원하는 생활안정 대책을 발표했다.

세 번째 단계는 2006년 4월 26일 정부가 '여성결혼이민자 가족의 사회통합 지원대책'과 '혼혈인 및 이주자의 사회통합 기본방향'을 확정한 것이다.

1) 여성결혼이민자 가족의 사회통합지원대책[25]

정부가 마련한 여성결혼이민자 가족의 사회통합지원대책은 '여성결혼이민 자의 사회통합과 열린 다문화사회 실현'이라는 비전으로 '차별과 복지의 사

---

24 한건수(2007). 「이주자가 본 한국의 정책과 태도」, 『다민족, 다문화사회를 향한 한국사회의 도전과 전망 포럼 자료집』, 한국여성정책연구원.
25 대통령자문 빈부격차·차별시정위원회(2006). 「여성결혼이민자 가족의 사회통합지원대책」에서 발췌.

각지대 해소'를 목적으로 기본방향을 설정하였다. 세부방안으로 마련한 7개 정책과제와 26개 단위과제에 대한 구체적인 내용은 다음과 같다.

〈표 5-9〉 여성결혼이민자 가족의 사회통합지원대책 세부내용

주요 과제	단위 과제	세부내용
탈법적 국제결혼 방지 및 국제결혼 당사자 보호	결혼중개업체 탈법행위 단속	- 일선 경찰관서에 '수사요령' 하달, 정기적인 단속 실시 - 국제결혼 중개 피해 사례 파악 후, 이를 기반으로 탈법적인 국제결혼중개 행위를 관리하는 별도의 입법 추진
	국제결혼중개업 관리 입법안 추진	- 결혼비자 발급 서류·절차 표준화
	인신매매 등 중개행위 관리방안 검토	
	재외공관 여성·인권 담당관 배치 검토	
	결혼사증 발급 서류·절차 표준화 및 사전 인터뷰제도 도입	
	외교채널을 통한 국가 간 협력체계 구축	- 주요 송출국(베트남, 중국, 태국, 몽고, 러시아 등) 과의 외교의제에 국제결혼 중개관련 쟁점을 포함하여, 문제의식을 공유하고 해결방안 모색
	결혼 당사자에게 국제결혼에 대한 정보 제공	- 1단계: 결혼중개업체에 모집되기 이전 주요 송출국에 핫라인을 운영하여 국제결혼에 관심이 있는 외국인 여성들에게 전화 상담을 제공하고, 재외공관에 국제결혼에 대한 안내자료 비치 - 2단계: 비자발급과정에서 주요 송출국에 있는 한국문화원, 문화관, 또는 UNESCO, IOM 등 국제기구에 위탁하여 결혼이민 비자발급이 예정된 자를 대상으로 한국정착을 돕기 위한 한국어교육, 역사, 관습, 문화 등에 대한 교육, 상담 및 정보 제공
가정폭력 피해자 등에 대한 안정적인 체류지원 강화	배우자 신원보증 해지신청요건강화	
	혼인파탄 귀책사유에 대한 입증책임 완화	혼인파탄에 대한 입증자료가 불충분한 상태에서 한국인 배우자에게 혼인 파탄의 책임이 있음이 주장되는 경우에는, 실태조사 등을 통해 책임소재가 규명될 때까지 여성결혼이민자의 국내체류 허용
	이혼 이후 간이귀화신청 시 입증요건 완화	- 위자료 지급내용, 공인된 여성결혼이민자 관련 시민단체의 사실 확인서, 신빙성 있는 이웃의 진술서 등 합리적인 방법으로 본인의 구책사유가 없음을 판정하는 방안 검토
	사실혼 부모 출생 자녀 및 외국인 모에게 국적 또는 영주권 부여	
	가정폭력 피해자 지원체계 구축 및 보호	- 6개 언어지원, 여성결혼이민자 핫라인 '1366'센터 설치(2006), 한국어가 가능한 여성결혼이민자를 상담원으로 양성하여 배치 - 가정폭력 관련시설 종사자의 외국어 사용능력 강화

한국사회 조기적응 및 정착 지원	한국생활적응에 필요한 정보제공 시스템 구축	− 결혼이민자 가족지원센터에서 방문하여 정착초기 단계에서 필요한 서비스를 제공받을 수 있는 내용과 시스템에 대한 설명 및 자료집 제공 − 동일국가 출신 여성결혼이민자 간 네트워크를 관련부처(여가부 · 법무부 · 지방자치단체)와 연계 · 구축하여 사회적응과 관련한 조언과 정보교환 지원 (2006. 7)
	한국생활 적응 및 정착지원	− 한국인 가정과 자매결연사업(Host Program)을 통한 신규입국자조기정착 지원으로 최근 1년 내 신규입국자와 자원봉사자 간 상담(mentoring)제도 도입
아동의 학교생활 적응지원	다문화교육추진체계 구축, 학교의 결혼이민자 자녀지원 기능강화, 교사역량 강화, 집단 따돌림 예방	− 현행 교과서에 포함되어 있는 민족적 · 문화적 배타성을 완화하는 차원에서 현행 교과서를 검토 · 분석하여 인종차별적 교육요소를 지속적으로 발굴하여 수정 − 여성결혼이민자 자녀를 위한 '방과 후 교육' 프로그램 개설 지원 − 여성결혼이민자 자녀 교육을 위한 교사 역량 강화
	복지 및 상담서비스 제공	
결혼이민자 가족의 안정적인 생활환경 조성	기초생활 보장 및 건강증진 지원	
	자녀 출산 및 양육지원	
	직업상담 및 공공서비스 부문으로 진출 지원	− 고용안정센터의 취업희망자에 대한 상담 및 취업알선 서비스 강화 − 공공서비스 부문으로 여성결혼이민자 진출 지원
결혼이민자에 대한 사회적 인식 개선 및 업무책임자 교육	정부정책 안내 및 일반국민 의식제고를 위한 홍보	
	지역사회의 다문화 친화적인 분위기 조성	
	공무원 교육 실시	
	사회복지, 보건의료서비스 종사자 등에 대한 교육	
추진체계 구축	결혼이민자 가족 실태조사	
	결혼이민자 가족 지원센터 운영	현재 ○○○개소 운영 중
	자원봉사활동 인프라 구축 및 통역, 상담, 교육인력 양성	− 여성결혼이민자, 전직교사 등을 상담 · 통역 · 강사 전문 인력으로 양성하여, 여성결혼이민자정책 관련 인력으로 활용
	범정부 추진체계 구축 및 중앙, 지방정부 간 정책네트워크 구축	

　　결혼이민자정책[26]은 여성가족부를 주관 부처로 삼아 범정부적인 사회통합 정책을 수립, 집행하고 있는 단계이다. '여성결혼이민자의 사회통합과 열린 다문화사회 실현'을 정책 비전으로 제시하고 있으며 여성인권보호를 비롯하

---

26 한건수(2007), 「이주자가 본 한국의 정책과 태도」, 『다민족 · 다문화사회를 향한 한국사회의 도전과 전망 포럼 자료집』, 한국여성정책연구원.

여 사회통합 전반에 걸친 정책과제를 제시하고 있다. 이 정책은 처음 빈부격차 차별시정위원회에서 만들 당시에는 여성결혼이민자들을 위한 종합지원대책으로 마련된 것이었으나 '여성결혼이민자 가족, 혼혈인 사회통합을 위한 지원대책'으로 성격이 바뀌어 발표되었다.

2) 혼혈인 및 이주자의 사회통합 기본방향

한국염(2007)에 따르면, 이 지원대책[27]은 대통령 자문회의인 '저출산과 고령화 시대를 위한 미래위원회의 시각'이 담겨 있다. 저출산과 고령화 시대의 대책의 일환으로 국제결혼을 보고, 그 국제결혼에서 나타나는 혼혈인과 이주자들의 차별의 대물림과 인권침해 현상을 보면서 이를 그대로 방치했다가는 국제사회에서 인권후진국이라는 오명을 자초하게 될 것으로 내다보았기 때문에 이 대책을 마련하게 된 것이라고 설명하고 있다. 정부는 한국남성과 국제 결혼한 이주여성들이 결혼과정에서의 인권침해와 한국생활 정착과정에서의 언어소통문제, 문화적 차이, 가정폭력, 자녀교육문제, 빈곤문제 등으로 인해 어려움을 겪고 있다고 파악하고 있다. 이에 이주여성의 삶의 질 향상을 위해서 '여성결혼이민자 지원 대책'을 세운 것이 아니라 "가족 지원" 대책이라고 명명하고 있는데, 이것은 실질적으로 여성결혼이민자보다는 '가족'이 부각되어 있다는 것을 보여준다. 결국 이 지원 대책은 여성결혼이민자 본인의 '존엄성'이나 '인권'보다는 '가족의 유지'가 핵심 골자라고 볼 수 있겠다.

---

27 한국염(2007). 「이주여성, 그들은 우리와 함께 살고 있는 주민이다」, 『참여정부 4년 여성정책 평가토론회 자료』 발췌.

〈표 5-10〉 혼혈인 및 이주자의 사회통합 기본방향 세부내용

주요 항목	세부방안
법·제도적 기반 구축	– 차별금지법을 조속히 제정하고, 모성보호법과 병역법령의 개정 추진 – 결혼이민자 가족지원센터 확대 및 중앙–지방 간·정부–민간 협력네트워크 구축 추진
사회적 인식개선	– 순혈주의 정서 극복 및 다문화 감수성 함양 – '혼혈인'이라는 용어를 국민공모 등을 통해 차별의식이 배제된 보다 적절한 용어로 대체 – 학교교육을 통해 청소년들의 다문화교육(세계시민교육) 강화 → 초중등 교육과정 '다문화 인권' 관련 내용 반영/현행 교과서 분석 후 지나친 단일민족 주의 및 인종차별적 요소 제거/다문화교육을 위한 교사들의 역량 강화를 위한 연수 및 인센티브 강화
맞춤형 지원대책 마련	– '국적취득가능여부'와 '거주자'를 기준으로 분류 후 ① 국내혼혈인(결혼이민자 자녀 등): 의료·취업·생계·교육 등 분야별 생활안정대책 마련 ② 국외혼혈인(베트남전쟁 혼혈인, 외국주재 현지2세 혼혈인 등): 국적취득 지원 및 국가 이미지 제고 ③ 국내 외국인(이주노동자와 자녀 등): 아동권의 최우선 보장과 모성보호를 위한 적극적 지원방안 강구

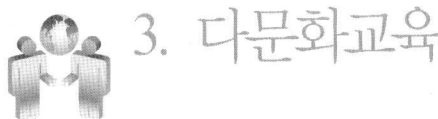

3. 다문화교육

다문화교육 프로그램을 소개하는 이 장에서는 최종렬 외(2008)의『다민족·다문화사회로의 이행을 위한 정책 패러다임 구축(Ⅱ): 다문화 역량증진을 위한 정책·사회적 실천 현황과 발전방향』을 참조하였다.

1. 다문화교육의 개념 및 도입배경

다문화교육(multicultural education)은 문화적 다양성의 존중과 이해를 위한 일련의 교육적 과정을 통해 문화적 차이에서 오는 사회적 차별을 해결하여 민주주의 가치를 실현하기 위한 교육전략의 하나로 볼 수 있다(오은순 외, 2007). 다문화교육의 기본목표는 민주주의적 가치와 믿음에 기초해서 교수·학습방법에 대해 접근하고 다양한 문화세계와 상호 독립된 세계에서 문화적 다원주의를 조성하는 데 둔다(Bennett, 1995; Nieto, 2005). 보다 실천적인 입장에서 다문화교육은 학생들의 학문·사회·언어적 욕구와 연결할 수 있는 다양한 학습 환경을 조성하는 다학문적 교육 프로그램을 지칭한다(Suleiman,

2004). 우리는 다문화교육을 통해서 다문화교육을 다양한 문화집단에 속한 서로 다른 사람들이 속하지 않은 다른 문화에 대한 편견을 줄이고 상호이해와 평등의 관계를 중시할 수 있는 지식, 태도, 가치교육을 제공할 수 있다(장인실, 2006).

우리나라 다문화교육의 교과 교수·학습이 추구해야 할 방향은 다음의 <그림 5-2>와 같이 정리될 수 있다.

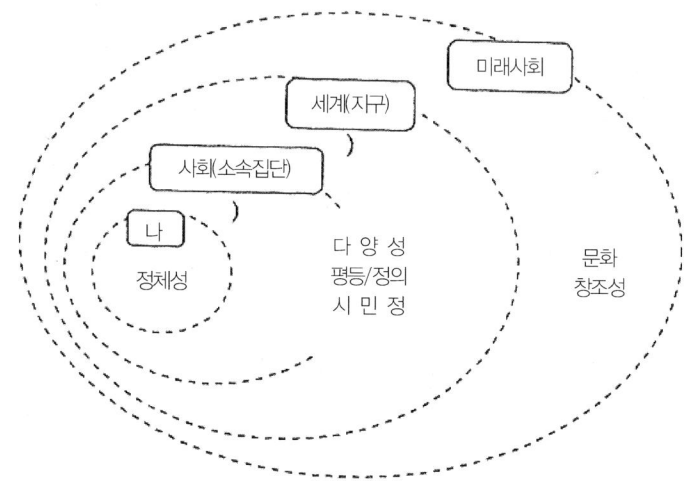

출처: 최종렬 외(2008). 「다민족·다문화사회로의 이행을 위한 정책 패러다임 구축(II): 다문화 역량증진을 위한 정책·사회적 실천 현황과 발전방향」, 한국여성정책연구원

〈그림 5-2〉 다문화교육을 위한 교과교육의 방향

2. 다문화교육을 위한 교과 교수·학습 프로그램 개발

1) 범교과 프로그램

세부적인 프로그램의 개발 내용을 간략히 정리하면 다음의 표와 같다.

<표 5-11> 범교과 프로그램

모듈	목적	모듈명	하위 모듈명	목표	내용	관련 학년/교과
1	다양성, 정체성, 문화창조성	문화의 다양성과 자아 정체성	다양한 문화, 알면 알수록 낯설지 않아요!	우리 사회에 공존하고 있는 문화의 다양성에 대해서 인식하고 낯선 문화에 대해 합리적으로 존중하려는 태도를 기른다. 1) 우리 사회에 공존하는 다양한 문화를 긍정적으로 인식하기 2) 다양한 문화의 차이를 합리적인 시각으로 바라보고 이해하기, 존중하기 3) 다양한 문화 속에 존재하는 보편성 알기	-우리 사회에 존재하지만 낯설게 느껴지는 다양한 문화의 사례 -세계적으로 비슷하게 나타나는 문화의 사례	3, 4학년 사회/도덕
			'나', '나만의 문화'를 소개합니다.	삶의 주체로서의 '나'와 특정 국가에 속해 있는 문화가 아닌 '나의 문화'를 소중히 여기며 긍정적인 자아 정체성을 형성하려는 태도를 기른다. 1) "나는 누구인가?"라는 생각 갖기 2) '나'와 '나의 문화'찾아가기 3) 긍정적인 자아 정체성 형성하기	-한국인 아버지와 외국인 어머니 사이에서 태어난 다문화가정 자녀의 자아정체성 찾기	3, 4학년 사회/도덕/미술
2	시민성	다문화 사회에 적합한 문제해결 능력	방법을 알면 해결이 어렵지 않아요	문화적 차이에서 오는 문제 상황을 해결하는 방법을 알고, 적용할 수 있다. 1) 상황을 통해 문제 상황 인식하기 2) 문화의 차이에 대해 이해하고, 해결방법 생각하기 3) 대화를 통해 문제 상황 해결하기	-국제결혼 사례1: 외국인 엄마 사례 -국제결혼 사례2: 외국인 아빠 사례	5학년 도덕/국어
			직접 경험해 보면 훨씬 더 잘 해결 할 수 있어요!	문제 상황 해결 경험을 통한 문제해결 능력을 향상시킬 수 있다. 1) 상황을 통해 문제 해결 방법 인식하기 2) 이해와 대화를 통한 해결 경험하기 3) 다양한 문제 상황 해결하기	-'베트남 큰엄마' 사례 -태국인 직원과 한국인 사장 사례	5학년 도덕/국어
3	평등·정의	반편견과 인권존중	우리도 존중받고 싶어요!	우리와 다른 생김새와 문화를 가진 타인에 대해 알고 이해함으로써 그들을 존중하려는 마음과 태도를 갖는다. 1) 낯선 문화와 인종에 대해 알고 그들이 겪는 문제점 인식하기	-문화적 생물학적 차이로 인해 차별받는 외국인 근로자	6학년 도덕/국어

3	평등・정의	반인륜주의	무지개는 왜 아름다울까요?	피부색, 국적, 종교, 생활방식 등의 차이로 인한 차별의 부당함을 알고 반차별적인 태도를 갖는다. 1) 인종차별의 부당함 인식하기 2) 차별받는 집단의 심정을 이해하고 반차별적인 태도 갖기	–외국에서 차별받는 한국인 –인종차별의 사례	6학년 도덕

2) 사회과 프로그램

첫째, 도입・엿보기 단계에서는 다문화 주제 학습을 위한 상황을 제시하고 이에 대한 동기 유발과 선수 학습 확인 등이 진행된다. 두 번째, 전개・들여다보기 단계에서는 다문화 개념과 내용 등을 제시하고 읽기 자료나 관찰 학습의 모델이 제시된다. 마지막으로 생각해보기・경험하기 단계에서는 학생들에게 과제 등을 제시하고 이를 수행하도록 하였다. 각 학년별로 선정된 사회과 단원과 연관된 프로그램 내용을 간략히 정리하여 아래의 표에 제시하였다.

〈표 5-12〉 사회과 단원과 연관된 프로그램 내용

학년	모듈	제목	다문화교육 주제	개정 교육과정(성취기준)	학습 활동	내용
3	1	의식의 문화	다양성	(6) 다양한 삶의 모습들 ② 고장, 지역, 국가의 서로 다른 학생들의 문화를 알아보고 유사성과 차이점을 조사한다.	학습지&막대 인형놀이	고장, 지역, 국가의 문화를 의식주 놀이 문화로 나누어 유사성과 차이점을 살펴봄.
	2	놀이 문화	다양성		다른 나라의 놀이 체험	
	3	우리 문화와 세계 문화의 만남	다양성 정체성		학습지	우리 문화와 세계 문화가 상호 영향을 주고받으며 변화 발전함.
4	1	사회변화의 우리 생활(1)	다양성 평등/정의	(6) 사회변화와 우리 생활 ① 현대사회 가족구성의 다양성을 이해하고, 바람직한 가족의 의미를 찾아본다.	마인드맵& 모둠활동	다양한 가족유형과 가족형성 방법을 살펴 봄.
	2	사회 변화의 우리 생활(2)	다양성 평등/정의		학습지&역할극	바람직한 가족의 의미와 행복한 가족이 되기 위한 가족의 역할을 알아봄.

5	1	흥선대원군 역사에 등장하다	정체성 세계시민성	(5) 새로운 문물의 수용과 민족운동 ① 개항 전후 시기부터 일제 강점까지 외세의 침략과정과 그에 대한 조상의 대응을 파악한다.	사료 수업&역할극	흥선대원군의 개혁정치를 바라보는 조선 내부의 인식의 차이
	2	조선의 문을 두드리는 세계열강들	정체성 세계시민성		사료 수업& 신문기사 작성	서구 열강의 접근에 대한 흥선대원군의 외교정책을 통해 서구와 우리의 시선의 차이를 알아봄.
6	1	다르지만 같은 우리, 함께하는 행복한 세상(1)	세계시민성	(4) 우리나라의 민주정치 ⑥ 관용, 태도, 타협, 절차 준수 등 일상생활에서 민주주의를 실천하는 태도를 기른다.	문제해결 수업&학습지	다문화사회에서 생기는 문제를 파악하고 민주적 절차를 통해 해결하도록 함.
	2	다르지만 같은 우리, 함께하는 행복한 세상(2)	세계시민성			문제해결을 위한 실천 사항 발표

3) 다문화사회의 이행을 위한 정책: 생활세계 속 다문화교육

다문화교육을 통해서 삶의 터전인 지역 공동체 내에서 여성들이 다양하고 적극적인 형태로 자신의 존재성을 드러내는 것을 장려하고 고무함으로써 지역사회의 편견과 차별을 깨트릴 수 있는 방안을 찾아보고자 한다. 생활세계 속에서의 다문화교육 프로그램을 통해서 결혼이주여성들이 지역시민으로서의 책무를 인지하고, 구체적인 자신의 현실-일터, 삶터 등에서 문화 소통자로서의 역량을 강화시킬 수 있을 것이다. 이를 위해서 여성결혼이민자가 지역사회의 직업, 교육, 복지 등과 관련된 영역에 참여하면서 겪게 되는 차별에 대해 평가하고 분석하는 문화능력을 갖게 될 방안은 무엇인지 탐색해볼 것이다. 생활세계 속에서의 다문화교육은 결혼이주여성이 공적으로 자기표현을 하는 동시에 지역시민사회에서 다양한 활동에 참여하여 스스로를 세력화함으로써 지역사회 내에서 사회적 승인과 인정을 얻고, 지역공동체의 중심적인 행위자로 서게 되는 데 기여할 것이다.

(1) 민간단체의 다문화교육 프로그램 현황

① 외국인이주노동자인권을위한모임

'외국인이주노동자인권을위한모임(이하, 인권모임)'은 2004년부터 시범적
으로 총 8회에 걸쳐 서울지역 초등학생 고학년을 대상으로 한 다문화교육을
실시하고 있다.

인권모임이 밝히고 있는 다문화교육의 목적과 취지는 '문화와 인권'을 같
이 알려 나가는 것이다. 2005년 '초등학생을 위한 아시아 문화이해 수업' 자
료집에서 밝히고 있는 인권모임의 다문화교육 목적 및 목표는 다음과 같다.

〈표 5-13〉 초등학생을 위한 아시아 문화 이해수업의 목적 및 목표

목적
한국의 미래세대가 제3세계에 대하여 합리적이고 열린 시각을 갖도록 한다.
외국인과 한국인이 더불어 사는 사회를 위해 문화적 의식의 토대를 마련한다.

목표
다른 나라 문화이해를 통해 세계에 대한 호기심과 탐구심을 향상시킨다.
외국문화에 대한 이해를 통해 외국인 노동자에 대한 편견을 해소한다.
교육현장에서 제3세계 국가의 문화이해교육이 활성화되는 계기를 제공한다.

세부목표
1. 지구촌 시대에 문화를 통한 국제이해수준을 높인다.
외국 직접 방문 혹은 거주가 쉽지 않은 초등학생들에게 다른 나라 문화를 체험할 수 있는 기회를 제공한다.

2. 제3세계 국가의 문화이해교육이 활성화될 수 있는 계기를 제공한다.
자주 소개되지 않는 제3세계 국가들의 아름다운 문화를 소개하여 아시아에 대한 이해의 폭을 넓힌다.
외국의 물품/의상들을 직접 접촉함으로써 외국문화에 대한 관심을 높인다.
영상자료, 체험 프로그램 등을 제공함으로써 재미있는 문화교육의 모델을 제시한다.

3. 문화이해를 통하여 한국에 거주하는 외국인 노동자들에 대해 긍정적인 사고를 갖도록 한다.
외국인 노동자와 직접 접촉하고 대화를 나눔으로써 편견을 해소한다.
외국인 노동자를 통해 타국의 문화를 이해함으로써 외국인 노동자를 '문화적 존재'로 인식하는 계기를 삼는다.

출처: 인권모임(2005). 『초등학생을 위한 아시아 문화이해수업 자료집』.

② 외국인인권을위한모임 부설 아시아평화인권연대

부산에 위치한 '아시아평화인권연대'는 1996년 시작한 '외국인인권을위한 모임'의 부설단체이다. 2003년 4월에 만들어진 아시아평화인권연대는 청소년에 대한 인권·평화교육을 주로 담당하는데, 주요한 관심은 이주노동자들의 인권이다. 아시아의 문화를 소개하는 '아시아와 친구하기' 프로그램은 아시아평화인권연대의 주요교육 내용 가운데 하나이며, 2006년 8월에는 그동안의 활동 경험을 엮은 아시아 문화교육 사례집을 만들어 다른 교육현장과의 소통을 시도하기도 하였다. 다음은 주로 초등학생을 비롯한 청소년을 대상으로 이루어지고 있는 '아시아와 친구하기'의 내용이다.

〈표 5-14〉 아시아와 친구하기 프로그램 내용

학습목표
- 한국의 이주노동자 실태를 알아봅니다.
- 이주노동의 원인과 한국사회의 이주노동자 유입배경을 이해합니다.
- 이주노동자들의 인권침해 현실을 살펴보고, 사회적 소수자에 대한 인권보장을 위해서 어떤 노력이 필요한지를 모색해봅니다.

주요내용
- 이주노동자에 대한 선입관 나누기
- 이주노동자와 관련한 문제풀이
- 인권침해 현실을 사진과 뉴스자료를 보며 이해하기
- 일상적인 차별에 대해 생각해보기
- 이주노동자의 이야기: 나는 왜 이주노동을 하게 되었는가?

유의할 점
- 일상적인 정보 전달을 피하고 학생들이 자유롭게 의견을 얘기할 수 있도록 합니다.
- 한국보다 가난한 나라에서 온 이주노동자라고 해서 차별하거나 멸시하는 것은 잘못이라는 점을 스스로 깨우칠 수 있도록 도와줍니다.

[수업 안 예시]
도입
- 이주노동자는 어떤 사람인가요?: 이주노동자에 대한 생각과 느낌을 미리 나눠봅시다.

전개
- 문답으로 알아보는 이주노동자: 이주노동의 배경과 이유 등을 알아보는 시간입니다.
- 이주노동자의 현실: 일상생활의 어려움, 음식, 언어, 종교 등 문화의 차이
- 작업장에서의 어려움: 체불임금, 산업재해, 저임금, 장시간 근로 등
- 미등록이주노동자

```
- 일상적인 차별과 무시
- 이주노동자의 이야기

정리
- 질의응답
- 마무리: 생각나누기
```

출처: 아시아평화인권연대(2006). 『아시아 문화교육 사례집』.

③ 국경없는마을의 '이주민 문화 멘토 프로그램'

'국경없는마을'은 다문화적 감수성을 배양하는 다양한 프로그램을 개발, 실행하고 있다. 대표적인 프로그램으로는 '다문화체험교실', '날자, 아시아'와 '이주자 멘토 프로그램' 등이 있다. '다문화체험교실'은 소수자(이주노동자, 결혼이주여성 및 그 자녀)의 한국사회에 대한 문화적 적응을 유도하고, 다문화사회에 대한 다수자(한국인 어린이, 청소년)의 인식을 제고하여 보다 다양한 문화를 체험할 수 있는 계기를 마련하는 데 목적을 둔다. '날자, 아시아'는 다문화교육 프로그램을 활용한 축제 프로그램으로서 교육 프로그램의 진행을 통해 축제를 준비하고 이 결과를 함께 나누고 현장에서 즐기는 방식으로 이루어진다(국경없는마을, 2007a).

특히 주목할 만한 것은 '이주민 문화 멘토 프로그램'이다. 이 프로그램은 이주민과 지역민 모두의 다문화리더십을 배양하는 데 목적을 둔다. 즉, 각자가 지닌 고유의 문화를 소개하고, 이를 기반으로 문화적 차이를 상호 이해하도록 돕는 이주민 문화 멘토를 양성하는 동시에, 이주민 문화 멘토와 함께 다문화에 대해 배우고 고민하면서 다문화교육을 이끌어갈 한국인 활동가를 다문화코디네이터로 양성하는 것이다. 이 프로그램은 다문화에 대한 한국인 다수자의 이해도를 높이고, 소수자인 이주민들이 자신의 문화에 대한 자긍심을 갖는 동시에 한국사회의 문화적 편견을 극복할 수 있는 기회를 제공하는 쌍방향 다문화교육 프로그램으로 의의가 있다. 또한 '이주민 멘토 프로그램'은 이주민을 특정 '국가' 범주로 묶지 않고 한국에 거주하는 동시대인으로 상정하면서 개별적인 주체로서의 이주민과 한국인 참여자들이 각자의 문화를 예술이라는 매개를 경유해 나누고, 이것을 다양한 방식의 예술적 표현으로 이어지도록 유도하였다는 데 의의가 있다.

그러나 강좌의 내용과 구성을 너무 전적으로 강사의 역량에 의존한 경향이 있었고 참여한 강사들 중 몇몇은 정확한 사업 목적이나 의의, 다문화의 정의에 대한 합의가 제대로 이루어지지 않은 상태에서 수업에 들어가는 경우도 있었다. 또한 이주민 참여자들의 문화·예술적 역량이나 출신국 문화에 대한 이해가 부족한 상태에서 수업이 진행되는 경우도 있었다는 지적이 나왔다. 체계적인 교육 프로그램이 개발되어야 한다는 요구와 다문화교육자를 인증하는 제도가 필요하다는 의견들도 제기되었다. 다음은 '이주민 멘토 프로그램'의 내용이다.

〈표 5-15〉 국경없는마을 '이주민 멘토 프로그램'

1) 공통프로그램: 초빙강의 2강+공동강의 3강
가. 초빙강의
① 다문화의 이해 - 박천응(사단법인 국경없는마을 이사장)
- 한국사회의 다문화 논의 시발점, 다문화 형성 과정, 다문화를 바라보는 시각과 문제점, 앞으로의 방향과 다문화교육의 필요성에 대한 강의
② 왜 아시아인가(아시아의 눈으로 아시아를 바라보기 - 한국의 대(對) 아시아 문화교류)
- 김남일(아시아문화네트워크 공동대표)
- '아시아'를 재규정하는 데에 있어 문화의 중요성, 기억과 아시아를 다시 보기
나. 공통강의
① 웜업(Warm up!) - 이철성
- 한국인 코디네이터가 이주민 멘토들에게 각 나라의 인사를 배워 각기 다른 팀이 서로 다른 인사를 하며 생기는 해프닝을 경험(한국, 필리핀, 미얀마, 인도네시아, 나이지리아, 중국, 일본)
- 인사를 배우는 놀이를 통해 참가자들 간의 어색함을 줄이고 각 나라의 문화에 대해 초보적인 이해를 가능하게 함
② 다문화쿡쿡 - 심은정(AEC 비빗펌연구회)
- 여러 가지 재료를 각국 문화에서 볼 수 있는 쌈의 형태(김밥, 주먹밥, 월남쌈, 샌드위치 등)로 만들어보고 그것을 가지고 이야기를 나눔
- 협동 작업을 통해 참가자들 간의 어색함을 줄이고 음식을 나누어 먹음으로써 자연스럽게 각국의 음식 문화와 참여자들에 대해 알게 됨
③ 촉각드로잉 및 다문화 톡톡 - 김월식
- 눈을 안대로 가리고 상대방의 얼굴을 촉각으로 관찰한 후 인주를 손에 묻혀 그대로 종이에 옮겨보는 놀이

- 직접 접촉하는 형태의 놀이를 통해 참여자들 간의 거리감을 줄이고 촉각에 관한 각 나라의 문화에 대해 이야기를 나눌 수 있는 기회를 마련

2) 분반프로그램: 7강
- 외국인의 경우 의사소통의 정도에 따라 한국인 코디네이터를 분배하여 수업내용을 제2언어(영어)로 소통을 도움. 5개 분반에 각각 10명씩 참가하였음.

① CARE IN ASIA - 김월식(작가, 계원조형예술대학 매체예술과 겸임교수)
- 목적: 본 프로그램은 참여자들이 흔히 타문화라고 할 때 일반적으로 회자되는 경직된 개념의 전통이나 국가가 아닌 개인이 느끼는 현재성에 대해서 스스로 소개·이야기하게 하고자 함. 또한 현재 한국에서 일어나고 있는 문화예술 활동들에 대한 경험과 이를 인식하는 통로를 배움으로써 참여자들이 다문화적 역량을 보다 유연하게 키우고자 함.
- 특징: 다문화에 대한 이해와 함께 퍼포먼스나 몸짓 표현과 같은 구체적인 예술 표현을 시도하게 함으로써 기본적인 문화 예술적 역량을 육성하고자 시도

② 키워드&이미지읽기 - 유승덕(작가, 관동대학교 미술과 겸임교수)
- 목적: 다문화체험교육을 이끌어갈 리더에게 요구되는 단편적인 지식이나 테크닉에 초점을 두었다기보다는 참여자 개개인이 가지고 있는 독특한 감수성과 창조적 능력을 스스로 발견하고 개발하는데 도움이 되고자 함.
- 수업진행방식: 강사가 제안한 예술 작품이나 영화 등에서 추출한 하나의 키워드 혹은 키 이미지를 통해 최종적으로는 자신의 생각과 상상력을 이미지와 언어로 구체화
- 특징: 기본적인 문화예술 역량 강화를 목적으로 함. 강의 주제를 제시하는데 동영상(비디오 아트 등)이나 사진 등을 사용함으로써 시각 이미지와 언어 학습을 효과적으로 병행

③ 아시아를 읽는다 - 윤석정(시인, 안양예술고등학교 전임강사)
- 목적: 글, 노래, 랩, 마임 등과 같이 다양한 방법을 사용하여 본인의 경험과 본국의 이야기들을 구성하게 함으로써 다양한 자기표현의 방식을 배움과 동시에 서로의 배경에 대해 보다 잘 이해하게 하고자 함.
- 특징: 소리와 언어를 매개로 한 예술 표현 방식을 시도. 그러나 여전히 '언어'를 매개로 하고 있기 때문에 몸이나 소리 등을 다루는 다른 예술 표현 방식에 비해 더 섬세한 접근이 필요하였음.

④ 사회적 예술이 실현되는 공방 - 박찬국(밀머리 미술학교 교장)
- 목적: 이주와 정주에서 드러나는 여러 가지 사회적 문제들에 대한 의식을 깨우고 무엇보다 동일한 공간에 거주하는 이들이 생활에서 부딪힐 수 있는 문제를 퍼포먼스를 통해 표현해보고자 함.
- 특징: 다양한 접근을 통해 최종적으로는 퍼포먼스라는 낯설지만 쉽게 다가갈 수 있는 예술에 다다를 수 있게 하였다. 동시에 퍼포먼스의 내용과 배경을 원곡동이라는 공간에 둠으로써 원곡동 주민들과 퍼포먼스를 매개로 소통을 시도해보도록 하였음.

⑤ 커뮤니케이션 프로그래머 되기 - 이철성(연극인, 비주얼 씨어터 '꽃' 대표)
- 목적: 몸과 마음을 열게 하는 놀이와 게임에서부터 서로를 깊게 알게 해주는 체험 프로그램에 이르기까지 여러 가지 종류의 소통 프로그램을 경험해보고 이를 기반으로 자신만의 소통 프로그램을 교안으로 기획하고 그 효과를 실험해봄으로써 각자 커뮤니케이션 프로그래머로서의 기초를 다져보고자 함.
- 특징: 몸과 손짓 등 다양한 표현 방식을 이용한 놀이를 매개로 자연스럽게 참여자 자신과 자신의 문화에 대해 이야기 하게 함. 직접 교안을 만들어 참여자들이 모의 강의를 하고 평가

출처: 국경없는마을(2007b). 「이주민 멘토 프로그램 지원사업결과보고서」.

4) 해외사례연구: 남양대만자매회(Trans Asia Sister Association, TASAT) 다문화교육 강사 양성과정

(1) 이주여성 역량 강화 프로그램

TASAT은 2007년 이후 이주여성들을 대상으로 정기적으로 다문화교육을 진행하고 있고, 교육을 이수한 이주 여성들 중 일부는 지역사회에서 다문화강사로 활동하고 있다. TASAT이 진행하고 있는 다문화강사 양성 교육의 목적은 궁극적으로 이주여성의 역량강화이나, 그 내용은 현재 한국에서 진행하고 있는 내용과 비교해 보았으나 좀 더 구체적이고 다양한 내용임을 알 수 있다. 이들은 국적이 다르거나, 혹은 지역 간의 갈등을 겪고 있는 이주여성들이 가지는 각자의 문화적인 배경을 서로 이해하도록 하는 내용에도 관심을 가진다. 또한 이주여성들의 사회구성원으로서의 자질을 의심하는 대만사회의 편견을 극복하기 위해 그들의 가족과 사회 내에서의 위상을 스스로 확인하고 강화시키고자 노력하고 있다. 예를 들면 부모교육이라는 내용의 교육은 이주여성 스스로가 유년기간에 배운 놀이 문화 등에 대한 기억을 되살림으로써 자신의 유년기에 대한 가치를 회복하고, 이를 통해 각 문화가 가진 창의적인 교육방식을 재현하는 훈련이다. 또한 인권, 정책교육, 노동권, 이민 역사 등을 다루는 교육과 토론을 통해 스스로의 인권을 찾아가는 방법을 배워가고 가족 내에서 여성들이 가지는 다중의 역할을 역할극으로 만들어내어 이에 대해 성찰하도록 고무되기도 한다.

이에 더해 TASAT은 2007년부터 대만 문화관광부에 제안서를 작성하여 2년차 다문화교육 강사 양성과정을 진행하고 있다. 1차년도에 진행된 교육은 대만인을 대상으로 자국언어 교육을 위한 교재, 방법론 개발, 교사 매뉴얼을 개발하는 사업이었고, 2008년 2차년도에 진행된 교육은 자국의 부모문화, 모국 동화와 놀이문화 연구 및 매뉴얼화 작업, 각 국가별 젠더관계 학습 및 연구 활동을 하였다. 같은 해에 이민인권 워크숍 활동을 통해 이민의 역사, 이민자의 경험 공유, 이민법·귀화법·차별 등에 대한 정책 교육을 경험하며 이민 인권 교안을 직접 설계하는 작업을 수행하였다.

　　TASAT 구성원들이 이와 같은 지역 활동을 할 수 있는 것은 이들이 중국어를 비롯해 사회극, 미술, 비디오 등 다양한 매체를 활용하면서 표현력을 키우고 스스로 자존감을 회복하였으며, 자신의 문화와 대만의 문화를 서로 대화 가능한 것으로 만들었기 때문이다.

(2) 다문화강사 프로그램

　　TASAT의 다문화교육 강사 양성과정은 이주여성과 대만 가족 또는 이주여성과 대만사회와의 간극과 편견을 없애기 위한 과정이다.

〈표 5-16〉 TASAT의 다문화교사 자격훈련프로그램

프로그램 명칭	동남아다문화교사자격 훈련프로그램
활동 대상	기초 중문능력이 있는 동남아계인 15명
활동 장소	신이민회관 만화관 중앙민국남양대만자매회 북부사무실
활동회수	어린이 유희 및 동요 프로그램: 2007년 5월 6일~6월 24일(8강좌) 이민인권프로그램: 2007년 8월 12일~9월 16일(8강좌) 성별문화프로그램: 2007년 10월 14일~11월 16일(8강좌) 교수강의안작성프로그램: 2007년 11월 25일~12월 16일(8강좌) 시범강의(두 번, 매번 8시간)
참여인수	동남아국적 학생 17명
지도	행정원문화건설위원회
주최	사단법인 중화민국남양대만자매회

① 어린이 유희 및 동요 프로그램
　・강사: 장밍훼이(대만아동발전협회이사장)
　・조교강사: 팡지쵸오(아동문화 연구사 학생)
　・자원봉사자들: 아동문화연구사 학생
　・수업내용

<표 5-17> 어린이 유희 및 동요 프로그램 수업내용

주 1회	수업주제	내용목표	방법건의	기타
제1강좌	모국에서의 동년경험 나의 성장	1. 모국에서의 성장방식과 경험을 공유 2. 자신의 성장과정에서 가장 인상 깊었던 유희, 가요, 놀잇감	• 자신의 성장과정을 공유 • 모국에서 학령 전 아이들은 어떻게 양육하는가? • 당신은 학령 전의 아이를 어떻게 양육해야 한다고 생각합니까? 어떻게 놀아야 한다고 생각합니까?	광범위한 토론, 자료를 모으고 분류하기
제2강좌	동요소개	1. 자신의 동년시절에 가장 인상 깊었던 노래 한 곡 소개 2. 이 노래의 뜻을 해석하기	• 왜 이 노래에 인상이 가장 깊은가? • 여러분이 동요를 부르는 태도는 어떠한가요? 실제로 각 가정과 학교에서는 동요를 응용하는지요? • 모국에서 동요는 어린이 교육에서 어떠한 역할을 하는지요? • 학교에서 학부모께 아이한테 노래를 가르치라고 요구하지 않는지요?	동요를 중심으로
제3강좌	어린이 놀이 소개	1. 어릴 때 놀았던 놀이를 소개 2. 놀이규칙과 이 놀이가 아이들에게 좋은 점을 소개하기		놀이를 중심으로 놀이 규칙을 소개
제4강좌	놀잇감 소개	어릴 때 놀았던 놀잇감 소개. 손쉽게 얻을 수 있고 구매할 수 있는. 가족식구들 스스로 만들어 노는 놀잇감을 포함한다.		
제5강좌	실제 놀잇감 만들기	1. 실제로 현재 완성할 수 있는 놀잇감을 만든다. 2. 도형을 그리고 사진을 찍는다.	• 만들 수 있는 놀이감을 선택하여 실제로 만든다.	
제6강좌	동요수공책	자신이 좋아하는 동요에다 스티커를 붙이거나 삽화를 넣어 수시로 노래를 가르칠 수 있는 책을 만든다.	• 수공책만들기	
제7강좌	교수안설계	앞서 했던 토론을 팀을 나누어 교수안을 짠다.	• 이러한 소재를 설계하여 학령 전 아이들 프로그램에 제공한다.	
제8강좌	시범가의 실시	팀을 나누어 시범강의를 하고 코멘트 받고 수정한다.	• 팀을 나누어 시범강의를 하고 다른 학생들과 선생님은 각자 의견을 말해준다. • 시범강의 후 교수안을 수정한다.	

· 성과물: 50분 분량의 교수안 2부, 120분 분량의 교수안 2부, 16개 수공책, 동남아동요 14곡, 동남아놀이기록 24부, 동남아이야기 수십 개

② 이민인권프로그램

· 강사: 꾸위리잉(대만국제근로자협회비서장)

· 조교강사: 꿍여치엔(천주교쟈아루국제이민센터대만분회집행장)

· 자원봉사자들: 대만국제노동자협회, 국제가정상호방조협회, 루디구역대
  학교, 남양대만자매회의 의제팀 등의 자원봉사자

· 수업내용

〈표 5-18〉 이민인권 프로그램 내용

주 1회	수업주제	내용	외부배정조교
제1강좌	자기소개	나의 소망과 요구	
제2강좌	사회차별 및 관련정책	매체, 경찰, 면접, 사찰, 체류제한, 건강검진, 질병, 에이즈, 오명… 대만사회 및 정책의 편견 나는 당신이 나를 어떻게 알기를 원합니까?	양치엔(팀장) 김훼이(팀장)
제3강좌	사회보험 및 노동정책 비교	건강보험, 노동보험, 본국근로자, 외국근로자와 외국인 배우자 관련 노동정책비교	우위쩐(보험업) 린사판사(외노) 수판사(외노, 현 전자공장) 우리 홍(전자공장)
제4강좌	팀을 나누어 연습/교수안 만들기		
제5강좌	결혼이민 관련 정책	면접기제, 체류제한, 국적취득(귀화), 이혼, 유산, 가정폭력, 신분안정 위장결혼, 인신매매, 참정권… 누가 대만인으로 될 수 있는가: 혈통/혹은 출생지?	리팡초오(통역). 여러분 몸의 경험이 모두 나타날 수 있다.
제6강좌	인권현지 참여	재정능력 증명 반대 시위에 참여, 관찰	
제7강좌	인권현지 참여	재정능력 증명 반대 시위에 참여, 관찰	
제8강좌	팀을 나누어 연습/ 총 검토	재정능력 증명 반대 시위에 참여한 느낌 교류 공통으로 만든 교재	

· 성과물: 파워포인트 교수안 2부

③ 성별 문화 프로그램

· 강사: 천리루우(창경대학교통식센터 조교수), 라이문충(대만사범대학교
  조교수, 대만사범대학교부설유치원원장님)

· 조교강사: 왕여훼이(영락초등학교 교사, 세신대학교성별연구소학생, 남

양대만자매회다원문화 자원교사)

· 자원봉사자들: 대만전문대학여성행동연맹학생, 창경대학교통식센터학생

· 수업내용

<표 5-19> 성별 문화 프로그램 내용

주 1회	수업주제	내용
제1강좌	가정교육: 성별양성(1)	1. 외국적 자매들이 모국에서 딸로서 성장한 과정 중에 성별로 인한 불평등한 대우를 받은 적이 있는지를 이해한다. 2. 대만 가정교육 내 성별양성의 함의와 어떠한 차이와 같음이 있는지를 비교한다.
제2강좌	가정교육: 성별양성(2)	대만과 모국에서 명명 친족구도 및 계승 관계에서의 성별적 함의를 이해한다.
제3강좌	혼인과 가정: 성별분업(2)	1. "시집간 딸은 이미 내다버린 물과 같다?" 외국적 자매들의 원래 가족에서 시집간 딸에 대한 기대를 이해한다. 2. 무보수가사노동에 대한 경제적 가치에 대해 토론한다: 외국적 자매가 전업주부일 때 친정집에 돈을 부칠 수 있는가? 3. '시집동일사'의 전이에 대해 토론한다: 만약 외국적 자매가 직장이 있다면 친정집에 돈을 부칠 수 있는가?
제4강좌	성별교육과 매체	1. 성별적 관점에서 대만학교의 교재내용을 검토한다. 2. 스위스의 경험과 대조를 해본다.
제5강좌	학교교육과 가정(1)	1. 외국적 어머니가 학교 내에서(예를 들어 학교선생님과의 만남), 가족 내에서 어린이를 양육할 때 부딪히는 차별과 어려움에 대해 이해한다. 2. 외국적 어머니의 스트레스 원인을 밝혀낸다.
제6강좌	성별교육과 매체	1. '여자가 집안일'이라는 성별규범이 어떻게 외국적 자매들의 시어머니들의 생시에 영향을 미치는지 이해한다. 2. '여자가 집안일'이라는 성별규범이 어떻게 외국적 자매들에게 영향을 미치는지 이해한다. 3. 다른 세대의 여성경험을 연대한다.
제7강좌	남북수업 교류	수과대학교에 가서 강의시범을 한다.
제8강좌	교수안 설계와 강의시범(1)	앞서 토론한 내용을 팀을 나누어 교수안을 작성한다.
제9강좌	교수안 설계와 강의시범(2)	팀을 나누어 시범강의를 하고 수정을 한다.

④ 교수안 작성프로그램

· 강사: 꾸위리잉(대만국제근로자협회 비서장)

· 조교강사: 꿍여치엔(천주교쟈아루국제이민센터대만분회집행장), 양밍훼이(남양대만자매회의 의제팀 성원)

· 자원봉사자들: 남양대만자매회 자원봉사자들

· 수업내용

〈표 5-20〉 교수안 작성 프로그램

주 1회	수업주제	내용
제1강좌	팀 신임의 중요성	학생들에게 팀 내 신임을 키우는 것이야말로 팀원합작의 가장 중요한 부분이고 관건이며, 그래야 교수안을 만들어낼 수 있음을 이해하게 한다.
제2강좌	어떻게 팀원 간의 일치감을 증진시킬 것인가?	학생들로 하여금 일치감의 중요성과 팀원들 간의 일치감을 증진해야만 같이 토론하고 공통의식을 갖게 되어 교수안을 만들어 낼 수 있음을 이해하게 한다.
제3강좌	어떻게 교수안을 만들 것인가?	어떻게 생각하고 교수안을 작성할 것인가?
제4강좌	교단에 올라가서 교수안 시범훈련	학생들로 하여금 강단에 올라서서 교수안 시범을 함께 함으로써 강단에서 강연 기술요령을 훈련받게 한다.
제5강좌	교수안 작성 및 시범강의	학생들로 하여금 교수안 내용을 작성하게 하고 시범강의를 하도록 한다.
제6강좌	성과물 발표	모의시범강의 및 성과물발표

타샷(TASAT)의 창립멤버이며 활동가인 Hsia(2006)는 억압받는 자들이 종종 억압자들의 의식을 내면화한다는 파올로 프레이의 '억압받는 자들이 교육'을 언급하며, 실제로 대만 사회에서 대만 남성과 결혼한 이주여성이 이주노동을 하는 여성에게 편견을 지니고 있거나, 한 국적의 이주여성이 다른 국적의 여성, 또는 같은 국적 출신이라도 다른 종족 출신에 대해 비우호적인 태도를 나타내고 있는 경우를 종종 경험하게 된다고 말한다. 또한 이주여성의 조직화에 함께하고 있는 활동가와 자원활동가들이 이주여성들에 대한 다양한 감정들, 편견과 차별 등으로 인해 어려움을 겪기도 하였다고 한다.

5) 생활세계 다문화교육 프로그램의 개발 및 적용 방안

(1) 결혼이주자여성을 위한 다문화 역량 강화 프로그램 개발

문화예술 교육을 통해 결혼이주여성의 역량을 강화할 수 있는 문화교육

프로그램을 제안할 수 있다.

- 비언어매체의 적극적 활용에 기반을 둔 결혼이민여성 문화 예술교육 프로그램/워크숍
- Playback Theater를 통해 자신의 삶에 제목 붙여주기, 타자들과 소통하기
- 다양한 비언어적 매체의 장르들을 경험하기(인형극, 언어가 적은 단편영화, 마임, 춤극, 그림 등)
- 스토리텔링을 통해 상호 간 소통과 이해의 폭을 넓히기(스토리텔링 때는 사진 읽기, 다양한 이미지들의 콜라주 및 그림 그리기 등을 포함해 음성언어의 한계를 벗어남)
- 여성주의 교육: 이주여성, 장애여성, 전업주부, 여성의 보살핌노동, 가부장제에서의 여성과 가족, 여성의 성과 사랑, 결혼 등에 대해 토론 시도
- 인형극 혹은 연극 워크숍
- 비디오 워크숍
- 학교, 도서관, 박물관, 문화회관, 이주단체 등 다양한 장에서의 발표를 통해 자신감 확보 및 다음 학습단계를 위한 준비기간을 가짐(내가 진정으로 원하는 것이 무엇인가, 나는 무엇을 잘할 수 있는가, 지역민들과의 교류 및 소통에서 내가 이루고자 하는 것은 무엇인가 등에 대한 자기성찰의 시간)
- 심화학습
- 전문가로 활동하기: 학교, 도서관, 박물관, 문화회관, 이주단체 등 다양한 장에서의 발표 및 지역방송 등 매체 확보하기
- 후배 이주여성들의 멘토 및 교사로 활동, 다문화이해 감수성이 절실하게 요청되는 지역사회 내에서 다문화 리더로 발돋움
- 아시아적 연대를 통한 역량강화

이러한 프로그램을 적용한 교육의 실시 이후에는 프로그램 결과물을 적극적으로 활용하여 다문화가정 2세들과 지역 원주민 아동들과의 원만한 관계형

성을 위한 기초자료로 활용할 수 있다. 특히 교통이 불편한 외딴 곳에 거주하는 이주 여성들을 방문하여 결과물을 공유함으로써 이들의 통합 의지를 북돋을 수 있다.

① 다문화교육 강사 양성과정 프로그램 개발 모형

〈표 5-21〉 다문화교육 강사양성과정 기본 내용 예시

주제	내용	
이주민으로 살아가기	다문화교육 강사의 의미와 역할	강의
	아시아의 이주민, 한국의 이주민, 이주민 정책	강의
	한국사회 소수자로서의 이주민의 경험나누기	강의
	한국사회의 다른 소수자들의 상황과 경험 나누기	강의
	각종 국제인권규약이 밝히고 있는 인간으로서 보장되어야 할 권리들	강의
다양성이 존중되는 사회	다문화, 다양성 그리고 성역할	강의
	문화 간 차이 이해하기	강의 및 토론
정체성 찾기	개인적·사회적 정체성 - 가족, 정책, 매체 등에서 억압요인 찾기	워크숍
	출신국 정치, 경제, 사회 문화 재교육	강의 및 토론

② 다문화교육 강사 기타 기능교육

심층면접에 참여한 이주자와 상근활동가들은 교안작성을 위한 컴퓨터 능력, 강의대상자별 강의방법, 체험학습에 필요한 교구 제작, 다양한 각 나라별 문화와 관련된 자료 등에 대한 부족함 등을 강조하였다. 이러한 기술적인 부분들은 시간과 노력이 필요한 일인 만큼 이와 관련된 내용을 강사 양성과정의 교육내용에 적절히 배치해도 무방할 것으로 판단된다.

③ 상근활동가 또는 자원활동가 역량 강화교육 또는 재교육

다문화교육 등을 지원하는 활동은 사회소수자로서의 이주자의 현실과 욕구 그리고 이들의 역량 강화의 필요성, 다문화사회의 전망 등에 대해 광범위하고 균형 잡힌 시각을 가지고 있는 활동가들의 확보가 그 다문화교육의 질을 좌우할 수 있다. 실제로 활동가들에게는 다문화교육 강사 양성과정이나

다문화강사 활동을 기획, 준비, 보조하는 등의 다양한 역할이 기대된다. 따라서 이들을 대상으로 한 교육 또는 재교육은 중요한 범주로 다루어져야 한다. 활동가들의 교육과 재교육의 내용은 다문화교육 강사 양성과정의 주요내용들과 같이 다루어져도 무방한 것으로 보인다. 특히 최근 다문화가족지원센터 등이 전국적으로 130여 개 이상이 늘어나면서 신규인력과 관련된 종사자들이 많이 늘어난 상태이나 이들은 결혼이주자의 사회계층적 지위, 이주자로서의 지위 등 그들의 인권과 관련된 교육을 받을 수 있는 기회가 적었고, 특히 이주노동자와 같이 일의 공간 속에서 만날 수 없는 주체들에 대한 이해도는 많이 부족할 수밖에 없는 것이 현실이다. 이들 활동가 및 자원활동가의 교육은 가장 중요한 순위에서 함께 지원되어야 할 것이다.

④ '다문화교육 강사 양성과정' 적용방안

외국인정책위원회가 마련한 제1차 외국인정책기본계획(안)을 보면 '질 높은 사회통합'을 위해 '다문화 이해 교육과 홍보'를 강화하겠다고 밝히고 있다. 기본계획에 밝히고 있는 다문화 이해교육의 내용과 관련된 몇 가지 계획(안)을 정리해 보면 다음과 같다.

〈표 5-22〉 다문화 이해교육의 내용계획안

추진계획	내용	담당부처
학교교육을 통한 다문화 이해증진	교육과정에서 다문화 이해교육 강화	교육과학기술부 보건복지가족부
	다문화이해관련 교재, 지도자료 개발	교육과학기술부
	초·중등 교사 등의 다문화교육역량강화	문화체육관광부
사회교육을 통한 다문화 이해증진	다문화현장제정	행정안전부
	다문화교육 프로그램 개발, 다문화체험 학습장 운영	문화체육관광부 보건복지가족부
	지자체 주민과 공무원 대상 다문화 이해 교육	행정안전부
	다문화교육 강사 확충	문화체육관광부 법무부
결혼이민자에게 적합한 취업지원	다문화강사, 원어민강사, 통·번역사 취업을 위한 교육실시	보건복지가족부 행정안전부

이러한 정부계획을 볼 때 앞으로 한국사회의 다양성과 다문화에 대한 교육은 지속적으로 확대될 것으로 보인다. 이렇게 확대되는 교육의 기회에 이주여성이 전문강사로 활동할 수 있는 기회가 확대될 수 있도록 필요한 제도적 장치가 만들어져야 하며, 이주여성의 전문성 확보를 위한 교육과 보상체계 역시 공적 영역에서 확보되어야 할 것으로 보인다.

(2) 한국인 배우자 남성을 대상으로 한 다문화교육의 방향

① 방향: 다중적 역할에 대한 인지

다문화교육의 관점으로 이루어지는 예비남편이나 남편교육은 자신들이 국제결혼을 통해 '다중적인 역할을 수행해야 하는' 사람이라는 사실을 인식하는 것이 중요하다. 즉, 한국사회의 결혼이 한국의 문화나 법 등에 영향을 받듯이, 내가 맞아들일 배우자 나라의 문화나 법에 맞는 '적절한' 방식에 따라 결혼을 해야 한다는 것을 이해하는 것이다.

국제결혼은 결혼 당사자뿐만 아니라, 양가의 가족, 지역사회, 국가가 관련된 일이다. 국제결혼은 두 국가에 속한 개인 간 만남이라는 성격을 띠기 때문에 보다 많은 정보와 준비가 필요하다는 인식과 현실감각을 갖추게 하는 교육 내용이 필요하다.

② 다문화 평등부부가 되기 위한 실천

다문화 평등부부가 되기 위해 가장 중요한 것은 결혼을 결정하기 전과 후에 각자가 놓여 있는 사회적 조건에 대해 이해하는 것이다. 서로에 대한 기대수준을 현실화시킴으로써 상대방의 부족한 부분을 보완해나가려고 노력하는 것이 가족공동체를 만들어나가는 지름길이다. 현대의 다문화가족은 전통적인 성역할 고정관념이나 서로에 대한 과도한 기대에 의해 유지되는 것이 아니라, 가족을 구성한 각각의 남성과 여성이 팀워크를 발휘하여 유지해나가는 사회적 단위이다.

○ 교육내용에 넣을 수 있는 사례 찾기와 개선

– 일상이나 미디어에서 결혼이주여성을 부르는 호칭 알아보기

– 표현 중 이주여성 비하적인 것은 무엇이고 왜 그런지 생각 교환하기

– 사랑의 표현(한국식, 다문화식): 자신의 사랑 표현법과 부인의 사랑 표현법 비교하기

– 자신과 부인의 공통점 찾아내기

– 한국의 명절이나 집안 제사 달력 만들기 / 부인의 가족 및 명절 달력 만들기

– 하나의 달력으로 모든 일정 표시하기

– 부인이 가장 속상했던 때에 대해 말해보기 / 자신이 국제결혼을 해서 가장 힘들었던 사례 이야기해 보기

– 문화체험 활동하기

– 역할극 참여하기

3. 다문화교육을 위한 각국의 교수·학습 프로그램 사례분석

오은순 외(2008)의 다문화교육을 위한 범교과 교수·학습 프로그램 개발 연구를 참조하였다.

1) 일본

〈표 5-23〉 '외국인 근로자 - 상품의 국제적 이동을 넘어 사람의 국제적 이동으로' 수업방안

수업장면	수업내용	수업활동
도입	1. 주제의 목표, 참고문헌, 사전조사	• 외국인근로자 문제를 주제로 선정한 목적 이해 • 사전조사
문제의 발견	2. 아시아에 의존하는 우리들의 생활 3. 일본 내 외국인근로자 문제 발생 4. 입국관리법과 체류자격 및 기간 5. 외국인근로자의 일본에서의 일과 생활 모습	• 식품, 자원, 제품 등 아시아지역에서 생산된 상품의 유입 • 아시아로부터 입국하는 노동자의 실태와 문제점을 신문자료 등을 통해서 이해 • 입국관리법 관계의 사실, 외국인 근로자의 노동실태와 생활 등 제반 사실에 대해 인식
원인의 탐구	6. 외국인근로자가 일본에 오는 이유	• 외국인근로자 문제의 발생 배경이 되는 일본과 아시아 지역의 경제격차, 일본의 노동력 부족 등 이동의 제요인 탐구
심정에 대한 공감	7. 일본계 이민과 카라유키상 8. 조선인 노동자의 만주 개척이민	• "카라유키상", "일본계이민", "조선인 강제징용" 등 일본의 근현대사에 있어 외국인 노동과 관련한 사실 이해 • 현재의 외국인근로자 문제와 관련하여, 노동력의 이동이라는 경제사상에 한정하지 않고 정주문제, 인권문제라는 측면에서 이해 및 공감대 형성
가치의 규명	9. 유럽과 아메리카의 외국인근로자 문제 10. 이민국가인 미국의 사정	• 외국인근로자 문제를 겪고 있는 독일, 프랑스, 미국의 사례를 통해 문제해결의 다양한 입장 고려
태도의 육성·사회참여	11. 역할극을 통한 사고확장 12. 역할극 보기	• 타문화를 배경으로 하는 외국인을 지역주민이라는 관점에서 바라보고, 이들과의 관계에서 발생한 문제나 외국인근로자를 받아들이는 문제에 대한 역할극을 통해 다양한 입장이나 시각을 이해하고 공생하려는 태도 습득
정리평가	13. 외국인근로자 문제에 대한 입장: 받아들이는 방법의 문제를 중심으로 14. 외국인근로자 문제에 대한 입장: 지구적 과제라는 관점을 중심으로 15. 과제: "서기 2001년의 자신과 외국인근로자 문제"라는 제목으로 작문 제출	• 외국인근로자 문제에 대한 이 수업의 관점을 이해하고, 작문 과제를 통해 자신의 의견 표현

2) 호주

<표 5-24> 뉴 사우스 웨일즈 초등학교 다문화 수업 프로그램의 범위와 계열

영역	단계	1단계	2단계	3단계
	주제	나	나+너=우리	우리+그룹=모두
	학년	유치원	1, 2학년	3학년
요소	정체성 발달과 자존심	긍정적인 자아 정체성 발달	다양한 정체성의 발견	다른 사람들과의 공감대 형성
	차이에 대해 익숙해지기	공통점과 차이점 발견	차이 인정하기	다양성 중시하기
	편견 이해하기	공정과 불공정한 상황 깨닫기	편견적 태도와 행동 이해하기	편견의 영향 이해하기
	편견에 대항하는 행동 취하기	공정한 상황과 불공정한 상황 다루기	편견을 다루는 절차 발달시키기	시민의 권리와 책임 이해하기

3) 독일

자(自)문화와 타(他)문화의 본질적인 특징, 자문화와 타문화의 공통점과 차이점, 자문화와 타문화 간의 상호영향, 보편적 의미에서의 인권과 문화 차이에 따른 인권, 타문화를 배경으로 한 사람에 대한 선입견 내지 편견의 발생 원인, 인종차별의 원인, 외국인 혐오의 원인, 경제적 불균형의 배경과 결과, 과거 이주와 현재 이주의 원인과 결과, 종교적·인종적·정치적 갈등을 조정하려는 국제적 노력, 다문화사회에서 소수자와 다수자의 공존 가능성 등이 그것들이다. 목표는 '상호문화교육' 프로그램이 추구하는 것이다.

독일의 초등학교와 중등 1단계 학교에서 실시되는 다문화교육의 교과 내용은 다음의 학습지침을 갖는다.

첫째, 개인으로서의 인간 - 다문화교육은 모든 인간을 복잡하고 독특한 개성을 지닌 개인으로 받아들인다. 따라서 우리는 한 집단의 대표자일 뿐만 아니라 자신의 가치를 표명하고자 의식을 발전시키는 존재물이다.

둘째, 관점의 변화와 다관점적 시각 - 관점의 변화와 다관점적 시각은 학습과 연습을 통해 습득될 수 있다. 이를 위해 여러 교과과정이 협력관계에 있어야 한다. 학생들은 친숙한 것과 낯선 것을 특정한 상황에서 상대화할 수 있는 능력을 키워야 한다. 또한 교사는 학생들이 특정 사건을 다양한 관점에서 바라볼 수 있는 능력 배양에 힘써야 한다.

셋째, 상이한 전통과 규범의 인정 – 제한된 경험세계를 갖는 아동과 청소년들은 자신의 관점과 전통, 규범만이 올바른 것이고 낯선 관점과 전통, 규범은 비정상적이고 올바르지 않다고 생각할 수 있다. 다문화교육의 교과 내용은 학생들이 이런 고정관념에서 벗어날 수 있도록 해주어야 한다. 또한 타문화 출신의 학생들에게는 그들 문화에 대한 자긍심을 심어주도록 해야 한다.

넷째, 선입견과 편견을 극복 – 낯선 것에 대한 편견, 선입견, 고정관념을 수업에서 테마화할 수 있도록 교과 내용을 구성한다. 수업의 가장 효율적인 형태로 열린 수업형태가 있을 수 있다. 독자적이고 자기 책임의 학습을 장려하는 열린 수업은 자의식을 고양시키고 다른 경험과 관점의 수용을 자연스럽게 해주기 때문이다

다섯째, 사유와 행동의 세계화 – 지역의 발전과 세계의 발전 간의 연관성을 분명히 해주는 세계화된 학습내용을 제공함으로써 학생들로 하여금 개방적이고 관용적인 사회발전에 능동적으로 참여할 수 있는 능력을 배양시켜야 한다. 이는 2000년 6월 29일 독일연방의회 결정에서 "지속적인 발전을 위한 교육(Bildung fur nachhaltige Entwicklung)"의 핵심적인 내용이다.

〈표 5-25〉 소단원에서 다루는 주요 학습 내용

소단원명	주요 학습 내용
함부르크	(1) 함부르크 또는 다른 도시에서 이민자들과의 공생 (2) 이민의 원인
유럽	(1) 독일연방공화국: 16개주의 명칭과 지리적 위치 (2) 유럽: 유럽 지도에 대한 오리엔테이션, 다른 유럽 국가 아이들의 일상생활
먼나라들	(1) 6대륙: 세계 지도에 대한 오리엔테이션, 대륙의 명칭과 위치, 여러 가지 세계지도를 비교 (2) 아시아, 아프리카, 라틴 아메리카 출신의 아이들과 성인들의 생활조건을 독일 아이들과 성인들의 생활조건과 비교하기, 예를 들어 음식, 주거, 학교, 직장, 어린이 노동, 여가시간 등

<표 5-26> 소단원에서 다루는 학습 방법과 구체적인 학습 내용

소단원명	학습 방법과, 구체적인 학습 내용
함부르크	(1) 교사는 학생들이 주변에 사는 이민자들을 인터뷰하여 이민의 배경을 듣고 교실에서 발표하도록 시킨다. (2) 교사는 학생들이 다른 문화적 배경을 지닌 사람들과 공존・공생하기 위해 어떤 자세와 태도를 가져야 하는지 스스로 생각하도록 유도한다.
유럽	(1) 교사는 학생들에게 유럽의 다른 나라 아이들의 일상생활을 조사하도록 시킨다. (2) 교사는 학생들에게 유럽 여러 나라들에 대한 기본 지식을 제공한다. 예를 들어 언어, 문자, 통화, 주거환경, 화폐, 축제, 관습 등
먼나라들	(1) 교사는 학생들로 하여금 아시아, 아프리카, 라틴 아메리카 대륙에 있는 여러 나라의 생활조건을 조사하도록 시킨다. 예를 들어 제3세계 아동 근로 보호 전문가를 방문 조사 등 (2) 교사는 학생들에게 세계 여러 지역의 지구를 어떻게 기술하고 있는지 알아보도록 한다. (3) 교사는 학생들에게 다른 나라에서 지구를 어떻게 기술하고 있는지 알아보도록 한다. 예를 들어 지구의 중심은 어디인가, 지구의 위쪽과 아래쪽은 어디인가? 교사는 학생들에게 다음에 대해 자신들의 의견을 발표하도록 유도한다. (1) 다른 나라에서 성장했다면 어떠했을까? (2) 다른 문화권에서 성장했다면 지금과 같이 생활하고 생각했을까?

4) 프랑스

프랑스는 세계에서 가장 중앙집권화된 나라이긴 하지만 일찍이 다양성이 공존한 나라이다.

<표 5-27> 프랑스의 사회-법률-시민교육 과목(ECJS) 3학년 프로그램

	3학년 "현대사회의 변화에 맞춘 시민정신"
목표	• 시대 변화에 맞춰, 다양한 평등의 개념, 미디어의 역할, 법의 독립성, 유럽통합과 세계화, 가족과 사회, 과학의 발달에 따른 문제 등을 생각해본다. • [방위(防衛)와 평화]라는 주제를 다룸으로써 징병제도의 폐지에 대해 학생들이 생각해보게 한다. • 국가와 민주사회를 특징짓는 법, 정의, 자유, 평등의 의무가 시대 변화에 적응하는 과정을 살펴본다. 새로운 변화는 인간의 자유와 권리에 대해 다시 생각해 보게 한다. • 개인의 이익과 공익 사이의 긴장, 폭력적인 새로운 표현과 자유 등은 끊임없이 적응해가는 법률적 해답을 요구한다. • 민주적 토론은 권리의 가치와 개념에 대해 질문하고 도덕에 대한 다양한 개념과 인권사상을 대립시킨다.
주제와 개념	• 8가지의 개념: 자유, 평등, 주권, 정의, 일반이익, 안전, 책임감, 윤리 – 이들은 개별화되기보다는 선택된 구체적이고 분명한 문제에 따라 다양하게 상호작용하도록 해야 한다.

주제와 개념	– 이 개념들은 다의적이므로, 하나하나의 개념을 파헤치기보다는 현대사회의 공공영역에서 진행되 는 토론의 의미를 이해하도록 한다. • 4가지의 주제: 시민정신과 과학과 기술의 발전, 시민정신과 평등과 정의의 새로운 요구, 시민정 신과 유럽공동체 구성, 시민정신과 세계화
방법	• 교사의 질문 중시 – 학교 안팎의 조건을 고려하고 자신의 교육 신념에 맞춤 – 지방, 국가, 유럽 또는 국제 뉴스 등 현대사회의 변화에 맞춰 시민정신의 의미를 파악할 수 있는 질문 제공 • 정의와 법의 기초, 안전과 자유의 보장, 주권의 조건, 권력과 국민의 책임의 본질에 관한 고찰과 시사뉴스, 사건들을 연결 • 논리토론 – 여러 가지 교육법 중 학생들이 자유로운 표현을 하고 현대사회 문제에 대한 중요한 이념논쟁을 벌일 수 있는 주제 – 정치, 역사, 법률, 사회 등등의 다양한 자료 수집(전문논문, 정기간행물, CD-Rom, 인터넷 사이 트, 앙케트 등 다양한 정보수집 채널 활용)
평가	• 평가대상: 학생들이 행한 필기나 구두로 된 모든 활동(예: 자료구성, 토론참여내용, 보고서 등 다양한 형태의 학생들의 제작물) • 평가기준: 자료수집과 분석, 제작물의 질, 토론에서 추론하는 능력, 지식의 제어

# 4. 다문화가족에 대한 서비스 평가

　우리 사회에서 여성결혼이민자들이 경험할 수 있는 어려움은 비단 어떤 특정 부분의 문제로 발생되는 것이 아니다. 복잡하게 얽혀 있는 현실 속에 각 문제들이 서로 유기적으로 연결되어 있으며, 그러므로 문제해결에 있어서도 어떤 특정부분만을 개선시킬 것이 아닌, 문제를 둘러싼 전반적인 환경과 체계를 고려해야 함이 옳을 것이다. 그러나 현재 사회복지실천서비스는 여성결혼이민자들이 겪는 어려움을 '본질적으로' 해결하지 못하고 '표면적인' 것에 초점이 맞춰져 있는 상황이다. 여성결혼이민자들의 다양한 문제가 복잡하게 얽혀 있는 현실 속에서 언어와 생활적응 부분만을 부각시키는 것은, 여성결혼이민자들이 우리 사회의 구성원으로서 활약하기 위해 넘어야 할 장애물 중에서 '빙산'은 보지 못한 채 수면 위로 드러난 일부에만 접근하는 것과 같다는 생각이다. 뿐만 아니라 이러한 서비스를 통해 가족, 나아가 한국사회 전반의 문화적 차이와 다양성에 대한 민감성과 수용성을 개선하고 다양한 민족출신이 어울려 사는 사회적 분위기를 만들어가기 보다는 여성결혼이민자 개인의 한국문화 습득능력을 강조하고 상당수의 이주여성들이 문제를 제기하는 '요리하고 아이 잘 기르는 예절 바른 한국 전통여성상'의 역할만을 재생산하고 있는 것은 아닌지 비판해봐야 할 것이다. 더불어 여성결혼이민자

대상의 서비스를 접근함에 있어서 많은 경우가 '어머니 역할 수행을 위한, 아내 역할 수행을 위한' 것에 초점이 맞추어져 있다. 실제로 여성결혼이민자들의 가장 큰 욕구 중 하나도 어머니 역할 수행을 위한 자녀 교육, 아내 역할 수행을 위한 한국요리배우기 등이라고 한다. 그러나 그들의 한국에서의 진정한 삶을 위해서, 혹은 한국정부 면에서의 사회통합을 목적으로 한다면, '여성결혼이민자, 외국인 주부' 등의 '집단적 시각'으로서 접근할 것이 아닌, '한 삶의 주체로서, 자아실현의 욕구를 가진 개인'의 '개별적 시각'으로서 그들을 바라봐야 할 것이며, 여성결혼이민자의 교육에 대한 욕구나 취업에 대한 욕구, 자기 계발에 대한 욕구를 충족시킬 수 있는 서비스 등이 개발되어야 할 것이다.

또한 결혼이민자와 관련된 법과 제도는 대상자가 한국사회에서 기본적인 생활을 영위할 수 있도록 하고, 사회 적응성을 강화시켜야 하는 토대가 되어야 함에도 현행 관련법과 제도는 많은 한계를 가진다. 국적을 취득하기 이전까지는 외국인의 자격으로서 보호와 지원이 이루어지고 있으며, 국적을 취득한다 하더라도 그 지위가 한국 국민의 '배우자'와 한국인 자녀의 '어머니'에 한정됨을 알 수 있었다. 지원정책의 내용에 있어서도 전달체계에 있어서의 중복의 문제, 서비스 내용이 단편적이고 제한적이라는 점이 지적된다. 특히 가족의 구성원으로서가 아니라 여성결혼이민자 개인의 인권을 위한 정책은 미흡하다고 하겠다. 또한 정부의 정책은 여성결혼이민자의 존엄성을 존중하기보다는 가족과 한국사회에 통합해야 할 대상으로 한정시키고 있다고 볼 수 있으며, 따라서 여성결혼이민자를 임파워먼트하는 정책을 이루어내지 못하고 있다.

현행 관련법 및 제도의 문제점을 극복하고, 정책의 일관성과 지속성을 보장해줄 법적 근거를 마련하려는 취지에서 '다문화가족지원법(안)'과 '이주민가족의보호및지원들에관한법(안)'의 제정이 논의되고 있으나 이것 역시 동화주의를 극복하고 있지 못한다는 점 또한 다문화를 구성하는 개개인의 권리나

가치에 대한 보호가 이루어지지 못한다는 한계점을 가진다.

우리나라에 살고 있는 여성결혼이민자는 앞으로도 꾸준히 증가할 것이라 예측된다. 여성결혼이민자가 한국사회에 잘 적응할 수 있도록 이들의 인권보장과 함께 사회복지서비스를 제공하여 지역사회구성원으로서 생활을 꾸려나갈수 있기 위한 사회통합과 조화로운 생활로의 정부·민간의 노력이 요구된다.

06

결혼이민자 가족의 과제

# 1. 실천적 대책

1. 가족생활

첫째, 부부간의 연령과 교육수준에서 현저한 차이가 나는 다문화가족이 많아 가족안정에 위협요인이 될 우려가 있기 때문에 국제결혼을 희망하는 한국인에게 연령과 교육수준의 많은 차이가 가족생활과 부부생활에 어떠한 영향을 주는지에 대한 교육을 실시할 필요가 있다. 이는 향후 국제결혼 시 결혼당사자에게 이를 상기시키고, 미리 대처하는 데 도움이 될 것이다.

둘째, 삶의 만족을 증진하기 위하여 다문화가족의 특성별 욕구를 정기적으로 파악하여, 맞춤형 서비스를 제공할 필요가 있다. 특히 한국생활에서의 기대수준이 높아짐에 따라 삶의 질 만족도가 저하될 가능성이 있기 때문이다. 이를 위해서 지역사회 중심으로 다문화가족에 대한 사례관리를 실시하고, 개별가구의 욕구에 맞는 서비스를 채워나가는 방안이 강구되어야 한다.

셋째, 가족구성원 간의 원만한 관계 형성을 위한 올바른 부부관계상 정립 및 전문적인 상담을 확대 실시한다. 다문화가족은 언어소통의 어려움과 문화적 갈등 등으로 인해 부부관계, 가족관계에서 어려움을 경험하고 있으며, 갈등이나 문제가 심화될 경우 가족해체로 이어질 가능성도 지니고 있다. 따라서 가족구성원 간의 원만한 관계형성을 위해 올바른 부부관계상 정립을 위한 프로그램을 개발·보급하도록 하고, 가족갈등의 해소 및 가족문제의 해결을 위해 전문적인 가족 상담을 확대 실시하도록 한다.

넷째, 국제결혼 준비과정에 대한 결혼이민자의 출신국가별 철저한 분석과 이에 근거한 각종 정보제공 및 사전교육 시스템이 갖추어져야 할 것이다. 현재 보건복지부는 필리핀, 몽골, 베트남 등 몇몇 국가에서 예비결혼이민자를 대상으로 교육과 상담 및 정보제공프로그램을 실시하고 있지만 아직 충분히 체계화되고 있지 못한 실정이다. 또한 결혼이민자가 배우자를 만난 경로로서 가장 높은 비율을 차지하는 결혼중개업체에 대한 관리와 교육이 철저히 이루어져야 한다. 불법결혼중개를 차단하고, 결혼중개 시 당사자에 대한 신뢰할 수 있는 정보의 사전제공 등 결혼중개과정과 비용지출에 대한 투명성이 확보되어야 할 것이다.

2. 취업생활 지원

첫째, 직업훈련 프로그램의 접근성이 제고되어야 하며 제공되는 직업훈련에 관한 홍보를 지속적·다양화하여야 한다. 현재 정부에서 제공하고 있는 결혼이민자를 위한 직업훈련은 대부분 여성결혼이민자를 중심으로 다문화가족지원센터에서 제공하는 것이 대부분이다. 많은 결혼이민자는 직업훈련에 대한 경험이 미미한 것으로 나타났다. 결혼이민자는 가정을 이루며 정착하는 것이 목적으로 개인에게 직업은 삶의 질과 직결되는 문제로서, 새로운 환경에 적응하고 생활인으로 살아가기 위해서는 원하는 자에게 직업을 가질 기회가 주어져야 하고, 이를 위해 다양한 경로의 지원이 필요하다. 무엇보다 정부와 지자체를 중심으로 제공되는 직업훈련에 관한 홍보를 지속적으로 하여야 한다. 다문화가족지원센터뿐 아니라 출입국관리소, 시청(구청), 주민자치센터 등 결혼이민자들이 자주 방문하는 공공기관에 여러 언어로 번역된 직업훈련 프로그램 안내서를 비치하여 정보를 제공하는 것이 중요하다. 또한 통반장회의 등을 통해 이웃에 결혼이민자가 있는 경우 직업훈련에 관한 정보를 제공할 수 있는 방안도 함께 모색되어야 할 것이다.

셋째, 취업지원 교육체계 개선방안으로는 여성결혼이민자들에 적합한 직종 및 교육프로그램이 보다 적극적이고 현실적으로 개발될 필요가 있다. 따라서 이러한 격차를 극복하고 보다 효과적인 취업지원서비스를 제공하기 위해서 관련 부처가 보다 적극적으로 시장의 수요에 맞는 직업훈련프로그램을 개발하고, 여성결혼이민자의 전문성을 강화할 수 있는 방안을 마련할 필요가 있다.

넷째, 직업교육훈련프로그램이 보다 다양화되는 것과 동시에 전문성을 강화하는 방향으로 개선될 필요가 있다. 현재 제공되고 있는 직업관련 프로그램은 대부분이 기초단계에 머물러 있는 실정이나, 여성결혼이민자들이 노동시장에서 경쟁력을 제고하기 위해서는 보다 세분화되고 전문화된 직업훈련 프로그램이 절실한 실정이다. 향후 심화된 교육과정을 개설하고, 공공 자격증 및 인증제도를 적극적으로 도입하여 이들 여성인력의 전문성을 제고할 필요가 있다.

다섯째, 여성결혼이민자를 위해 특화시킨 구인처 개발 및 구직등록처의 네트워크화를 상시화할 필요가 있다. 현재 일하고 있거나 취업한 경험이 있는 여성결혼이민자들 중에서 다문화가족지원센터나 여성인력개발센터 등 공공서비스기관을 통해서 취업한 경우는 예상보다 적게 나타나고 있다. 반면 주변의 지인이나 가족 등 비공식적 경로를 통해서 취업하는 경우가 오히려 더 빈번한 것으로 나타나고 있다. 따라서 향후 중앙과 지역 간, 지역과 지역 간의 구인 및 구직네트워크를 상시화하여 보다 체계적인 구인-구직과정이 이뤄지도록 지원할 필요가 있다. 아울러 이러한 네트워킹화를 통하여 일자리의 특성 및 근로조건에 대한 자세한 정보수집 및 취업 후 사후관리까지 포함하여 여성결혼이민자들의 취업과정뿐 아니라 취업 후 사후 관리감독까지를 포함할 필요가 있다.

여섯째, 여성가족부를 중심으로 한 현행 다문화가족지원센터와 여성인력개발센터의 유기적 전달체계 구성과 아울러, 여성결혼이민자의 사회통합 및 취업능력 제고에 여성결혼이민자 스스로가 참여할 수 있도록 사회적 기업화를 통한 활성화 방안을 고려할 수 있다. 현재 여성결혼이민자들은 서비스의 수혜자로서의 프로그램에 참여하는 방식인 반면, 사회적 기업화는 여성결혼이민자들 스스로에게 필요한 사회통합 및 취업능력 제고 및 여성결혼이민자 프로그램을 개발하고, 또한 서비스의 수혜자로서 현장에서 느끼는 문제점을 개선하며, 심화된 교육훈련 개발에 보다 적극적으로 참여할 수 있는 계기가 될 수 있을 것으로 생각된다. 따라서 현재 생성단계에 있는 여성결혼이민자들의 사회적 기업화 방안을 보다 적극적으로 추진해볼 필요가 있다.

3. 자녀양육

첫째, 자녀양육·학습지원에 대한 다문화가족의 요구는 매우 강하므로 미래세대 육성 차원에서 충분히 제공되어야 한다. 저출산 사회에서 다문화가족 아동에 대한 투자를 더욱 강화하며, 다양한 프로그램 개발을 하고 지원대상을 확대할 필요가 있다. 초등학생의 경우, 학원비 미련과 학습지도(예습 및 복습), 숙제 지도하기 등이 가장 큰 어려움으로 지적되었으므로 방과 후 보육·교육, 지역아동센터(공부방) 활성화 등 다양한 지원대책을 강구하여야 한다.

둘째, 취학연령임에도 불구하고, 학력수준의 미달로 인하여 연령에 맞는 학교에 취학하기 어려운 학생에게 지역사회 중심의 보충학습 기회를 다양하게 제공함으로써 배움의 기회에서 배제되지 않도록 한다. 필요시에는 다양한 형태의 대안학교도 적극 고려할 필요가 있다.

셋째, 심리사회적 지지를 위한 프로그램 및 멘토링 프로그램 제공을 통한 적응력을 제고한다. 자신감 결여와 친구관계의 어려움 등 적응상의 문제를 겪고 있는 아동들을 위해서는 개별상담이나 또래와의 집단상담을 통해 심리사회적 지지를 제공하는 프로그램을 지원하도록 한다. 특히 긍정적인 역할모델이나 정서적 지지를 제공할 수 있는 멘토링 프로그램을 제공함으로써 가정이나 학교에서의 적응력을 제고시키도록 한다.

넷째, 여성결혼이민자들 중에서 어린 자녀뿐만 아니라 취학연령의 자녀를 둔 여성들은 내국인 여성들이 경험하는 문제들과 다름없이 일과 가족이라는 양립의 문제를 경험하고 있다. 여성결혼이민자들의 취업 장애요인들을 지원하기 위해서 여성결혼이민자들의 자녀들을 위한 보육서비스 확대 및 비용지원이 필요하다. 특히 어린 자녀를 위해서는 일반보육시설뿐만 아니라 가정방문 보육서비스를 제공하여 여성결혼이민자들이 자녀의 안전에 대한 걱정 없이 경제활동을 할 수 있도록 지원하는 것이 필요하다. 아울러 취학연령의 자녀들을 위해서는 방과 후 교육을 확대하고, 그 비용에 대한 지원이 마련되어야 한다. 여성결혼이민자들의 학령기 아동을 위한 방과 후 교육서비스는 이들 여성들의 취업을 지원하는 목적뿐 아니라 이들의 자녀들의 사회적응을 지원하고 학업성취도를 향상시키는 목적까지를 포괄할 수 있다. 따라서 다문화가족의 자녀들을 위한 방과 후 교육을 확대하고 포괄할 수 있는 학습의 내용도 다양화할 필요가 있다.

4. 다문화가족 정책

첫째, 결혼이민자 복지혜택 차별을 철폐해야 한다. 그들이 한국인으로 귀하를 했든 안했든 '한국인의 배우자·부모·자녀'라는 점에서 주목하여야 한다. 결혼 이민자는 한국인의 가족 성원인 이상 자녀가 없고 외국 국적을 유지하더라도 복지제도 적용에서 차별이 있어서는 안 된다. 장기적으로 결혼이민자에 대해서는 사회복지제도를 국민과 동일하게 적용하도록 하여야 한다. 여러 유형의 외국인 중에서 '영주자'(F-5)와 '한국인의 배우자'(F-2-1) 및 '영주자의 배우자'(F-2-2)에 대해서는 '내국민 대우'를 해주는 방향으로 중장기 예산계획을 세워야 한다.

둘째, 결혼이민자 비자 발급 요건을 강화하여야 한다. 결혼이민자 가족 중 일부가 기초생활보장제도의 적용을 받고 있고, 기초생활보장제도의 적용을 받아야 할 정도로 빈곤함에도 그 혜택을 받지 못하는 사람이 적지 않다. 미국, 영국, 독일 등 선진복지국가에서는 자신의 배우자에게 안정된 주거와 생활여건을 제공할 능력이 없는 자에 대해서는 '배우자 비자'를 발급하지 않는다. 한국에서는 국제결혼중개업체가 알선하는 국제결혼이 성행하고 있음을 고려할 때, 그러한 제도를 도입할 경우 결혼이민자의 기초생활보장을 한국인 배우자(또는 그의 재정보증인)에게 요구함으로써 최소한의 경제적 지원 보장을 도모할 수 있는 효과를 거둘 수 있을 것으로 기대한다. 결혼이민자 주거와 재정능력입증제도가 시행되어 정착될 경우, 결혼이민자에게 차등 없는 복지혜택을 부여하기는 매우 용이한 일이 될 것이다.

셋째, 다문화가족의 빈곤 예방정책을 강화한다. 즉, 다문화가족의 사회통합과 사회비용 절감 차원에서 다문화가족을 대상으로 소득보장이 강화되어야 할 것이다. 이를 위해서 빈곤직면가족을 대상으로 기본생활보장을 위한 사회보장제도의 접근성을 확대하고 자산형성프로그램을 지원하며 결혼이민자의 역량강화를 위하여 인적자원 특성을 고려한 일자리를 개발하여 제공한다. 다문화가족의 생활실태를 재파악하여 기초수급대상자 및 차상위계층의 여부를 정확히 판단하여 사각지대의 발생을 차단한다.

2. 정책적 대책

첫째, 정책의 다문화지향성을 점검해야 한다. 여성결혼이민자와 그 자녀에 대한 지원사업이 증가하고 있지만, 대부분은 이들의 특수성을 결핍론적 관점에서 평가하고 지원의 대상으로 위치 지우는 경향이 강하다. 이러한 관점은 다양한 배경을 지닌 이들이 함께 살아가면서 공존의 질서를 발전시키고 이를 토대로 새로운 기회를 열어가야 하는 다문화사회의 전개에 있어 긍정적으로 작용하기 어렵다. 따라서 정책의 사회적 파급효과를 고려할 때 다문화사회의 전개에 있어 보다 긍정적인 영향력을 확대하기 위해서는 결핍론적 관점에서 이주민을 바라보는 시각 자체가 전면적으로 재검토되어야 한다. 우선적으로 다문화가족과 직접 관련된 법률, 정책계획의 다문화지향성을 검토하는 체계가 마련되어야 한다. 또한 관련 법률과 정책계획에서 결혼이민자와 자녀를 어떠한 대상으로 규정하고 있는지, 이들의 특수성을 어떠한 관점에서 바라보고 있는지, 그것이 다문화사회의 전개에 어떠한 영향을 미칠 것인지 등을 종합적으로 검토하고 한계에 대해서는 개선을 권고하는 체계를 마련해야 한다.

둘째, 다문화사회의 긍정적 측면을 중심으로 한 주류사회 인식전환과 전략이 강화되어야 한다. 다문화사회의 부정적 측면을 예방하고 긍정적 가능성을 확대하기 위해서는 이주민의 문화적 특수성을 인정하고 다양성을 긍정적으로 받아들이는 사회 환경이 전제되어야 하나, 오랜 기간 민족적·문화적 단일성에 기초한 사회, 문화질서를 유지해온 한국사회로서는 결혼이민자와 그 자녀의 존재를 계기로 가시화된 문화적 다양성을 인정하는 것 자체가 쉽지 않으며, 문화적 다양성을 부정적으로 바라보는 시각이 팽배해 있는 것이 현실이다. 이러한 점은 다문화가족의 언어, 문화적 역량의 발전을 저해하는 주요 요인으로 작용하고 있다. 생산적 다문화사회 구현을 위해서는 장기적인 관점에서 이주민의 문화적 특수성과 사회 전반적인 다양성에 대한 주류사회의 인식을 전환시키기 위한 체계적인 접근이 필요하다. 이주민과 다문화사회에 대한 주류사회의 태도에 관해서는 소위 '다문화이해교육' 차원에서 접근되어 왔는데, 대부분의 교육이 현실적으로 이주민이나 주요 출신국가 지역에 대한 단순한 정보만을 다루는 데 그치고 있어 이주민의 증가가 가져올 수 있는 부정적 측면에 대한 주류사회의 우려를 전환하는 데에는 별 효과를 미치지 못하였다. 따라서 다양성이 소수자 개개인뿐 아니라, 사회 전반적으로 미칠 수 있는 긍정적 효과에 대한 객관적이고 풍부한 정보가 제공되어야 하며 학교교육, 사회교육 차원에서 이루어지는 다문화교육에서도 단순 이해교육 차원을 넘어서 태도의 변화를 가져올 수 있는 접근을 강화해야 한다.

셋째, 국민들의 다문화사회 의식을 고취해야 한다. 다문화사회를 건설하기 위해서는 외국인·이민자와 한국인 양자가 함께 노력하여야 한다. 어느 한쪽이 일방적으로 적응하는 것이 아니라 쌍방이 각각 상대방에게 적응하여야 한다. 한국인은 인종적·문화적 다양성을 인정하고 존중하는 자세를 학습하여야 한다. 이를 위해서는 학교교육은 물론이고, 대중매체를 활용한 국민의식 개혁운동을 벌여야 한다.

참고문헌

곽원섭(2007). 「이주민통합전략의 국가 간 다양성 비교 – 프랑스와 스웨덴을 중심으로」, 한양대학교 대학원 석사학위논문.

강유진(1999). 「한국남성과 결혼한 중국조선족 여성의 결혼생활실태에 관한 연구」, 『한국가족관계학회지』, 4(2), 61~80.

김두섭(1998). 「중국인과 한국인 이민자들의 소수민족사회 형성과 사회문화적 적용: 캐나다 밴쿠버의 사례연구」, 『한국인구학』, 21권(2호), 144~181.

김오남(2006a). 『전남지역 국제결혼 이주여성 복지실태조사 보고회 자료집』, 87~103.

김오남(2006b). 「이주여성의 부부갈등 결정요인 연구」, 가톨릭대학교 대학원 박사학위논문.

김은정(2009). 「다문화사회에서의 한국어교육 정책 연구 – 일본, 프랑스, 독일의 자국어 교육정책과의 비교를 중심으로」, 상명대학교교육대학원 석사학위논문.

김현미(2006). 「국제결혼의 전 지구적 젠더 정치학 – 한국남성과 베트남 여성의 사례를 중심으로」, 『경제와 사회』, 2006년 여름호(통권 제70호), 10~37.

김희선(2009). 「다문화사회 국제이주민의 시민권 비교 연구」, 고려대학교 정치외교학과 석사학위 논문.

고현웅・김현미・소라미・김정선(2005). 「국제결혼 필리핀 베트남 현지 실태 조사」, 대통령자문 빈부격차・차별시정위원회.

공감(아름다운재단 공익변호사 모임)(2007). 이주노동자 지원활동가를 위한 법률매뉴얼.

교육인적자원부(2006). 「다문화가정의 자녀교육실태조사」.

교육인적자원부 외 편(2006). htttp://www.president.go.kr.

광주여성의 전화(2004). 「광주・전남지역 결혼한 이주여성 실태보고 및 토론회」, (사)광주여성의 전화 부설 광주가정폭력상담소.

나병균・김혜란(2006). 「프랑스 거주 외국인 노동자 가족을 위한 정책: 가족급여를 중심으로」, 『한국가족복지학회 추계학술대회 자료집』, 51~80.

노동부(2007). 「대통령지시사항 추진계획」.

독일연방통계청(2009). htttp://www.destatis.de

대만내정부(2009). Ministry of Interior, ROC) An outline of Interior Affairs. http://www.moi.gov.tw/outline/en_11.html

대만내정부 통계청(2009). Ministry of the Interior. Statistical Yearbook of Interior. http://www.moi.gov.tw/stat.english/index.asp

대통령자문 빈부격차·차별시정위원회(2006). 「여성결혼이민자가족의 사회통합 지원대책」.

문순영(2007). 「현행법(안)을 통해 본 국제결혼여성 이주민을 위한 사회적 지원체계에 대한 탐색적 연구」, 『여성연구』, 72, 109~142.

문화관광부(2005). 「여성결혼이민자 문화예술교육 프로그램 기초연구」.

박채복(2007). 「독일의 이주자정책: 사회적 통합과 배제의 딜레마」, 『한·독사회과학논총』, 17.

보건복지부(2005). 「국제결혼 이주여성 실태조사 및 보건·복지 지원정책방안」.

법무부(2005). 「영주(F-5)자격부여 대상 및 체류관리업무 지침」.

설동훈(2000). 『노동력의 국제이동』, 서울대학교출판부.

설동훈(2006). 「한국인결혼이민자 가족: 현황과 정책」, 『한국가정관리학회추계학술대회자료집 – 결혼이민자 가족, 다양성과 공존을 향하여 자료집』. 1~20.

성지혜(1996). 「중국교포여성과 한국남성 간의 결혼 연구」, 대구효성가톨릭대학교 대학원 석사학위논문.

신현국(1998). 「세계교육목표 및 내용선정연구」, 한국교원대학교 대학원 박사학위논문.

윤동화(2009). 「다문화가정 지원제도의 개선방안에 관한 연구」, 전남대학교 행정대학원 석사학위 논문.

양철호·김영자·손순용·양선화·신봉관·조지현(2003). 「외국인 주부의 인권과 복지에 관한 연구 – 광주·전남을 중심으로」, 『사회복지정책』, 16(6), 127~149.

여성가족부(2006). 「결혼이민자 가족실태조사 및 중장기 지원정책방안 연구」.

여성가족부(2007). 「다문화가족지원법 마련을 위한 연구」.

여성가족부·중앙건강가정지원센터(2006). 「결혼이민자 가족통합프로그램」.

유명기(1997). 「외국인 노동자와 한국문화, 외국인 노동자의 현실과 이해」, 미래인력연구센타.

윤인진(2005). 「재외한인의 이주, 적응, 정체성」, 『코리안디아스포라』, 고려대학교출판부.

윤형숙(2004). 「외국인 출신 농촌주부들의 갈등과 적응: 필리핀 여성을 중심으로」, 2004년도 한국여성학회 심포지엄 발표 논문.

이윤애(2004). 「전북지역 외국인 여성 정착지원방안」, 전라북도 여성발전연구원.

이혜경(2005). 「혼인이주와 혼인이주가정의 문제와 대응」, 『한국인구학』, 28(1), 73~106.

임경혜(2004). 「국제결혼 사례별로 나타난 가족문제에 따른 사회복지적 대책에 관한 연구」, 대구대학교 사회복지대학원 석사학위 논문.

전라남도 여성정책과(2005). 「국제결혼 이주여성 사회안전망 구축을 위한 워크숍」.

정재훈(2006). 「독일의 외국인 가족관련 정책 및 서비스 현황 – 기능성과 한계」, 『한국가족복지학회 추계학술대회 자료집』, 19-48.

조현미(2006). 「국제화시대의 지자체의 역할 – 일본가나가와현과 대구광역시의 국제이해교육을 중심으로」, 『일본어문학』, 제33집, 479-508.

주경란(2008). 「다문화가정의 자녀교육 정책방향에 대한 연구」, 조선대학교 정책대학원 석

　　　사학위논문.

통계청(2005). 2005년 통계자료.

통계청(2007). 2007년 통계자료.

한국개발원(2006). 「여성결혼이민자의 문화적 갈등 경험과 소통 증진을 위한 정책과제」.

한국염(2004). 「이주의 여성화와 국제결혼에 대한 여성 사회학적 분석」, 『이주여성인권센터 3주년 기념 심포지엄 자료집』.

한국염(2007). 「이주여성, 그들은 우리와 함께 살고 있는 주민이다」, 『참여정부 4년 여성정책 평가토론회 자료집』.

한건수(2007). 「이주자가 본 한국의 정책과 태도」, 『다민족, 다문화사회를 향한 한국사회의 도전과 전망 포럼자료집』, 한국여성정책연구원.

한승준(2007). 「프랑스 다문화·다인종정책의 도전과 대응에 관한 연구」, 『한국행정학회 동계학술대회 발표논문집』.

한승준(2008). 「프랑스 동화주의 다문화정책의 위기와 재편에 관한 연구」 42(3), 463-486.

홍기혜(2000). 「중국 조선족 여성과 한국남성 간의 결혼을 통해 본 이주의 성별 정치학」, 이화여자대학교 대학원 석사학위논문.

홍진주(2004). 「몽골출신 이주노동자 자녀의 심리사회적 적응연구」, 이화여자대학교 대학원 석사학위논문.

행정안전부(2007. 11. 27). 「대한민국정부 관보 제16637호」

≪국민일보≫(2005). 1월 25일

≪새전북신문≫(2005). 1월 25일.

≪조선일보≫(1990). 12월 16일.

≪조선일보≫(2004). 10월 6일.

≪조선일보≫(2005). 1월 25일.

≪조선닷컴≫(2005). 3월 21일.

≪중앙일보≫(2005). 1월 19일.

Abramson, H.(1980). "Assimilation and Pluralism", pp.150~160 in Stephen Thernstrom (ed.). *Harvard Encyclopedia of American Ethnic Groups*. Cambridge: Harvard University Press.

Berry, J.(1987). "Finding Identity: Segregation, Integration, Assimilation, or marginality?" pp.223~239 in Leo Driedger (ed.). *Ethnic Canada: Identities and Inequalities*. Toronto: Copp Clark Pitman.

Berry, J.(1992). "Acculturation and Adaptation in a New Society", *Inter-national Migration* 30:69~85.

Berry, J.(1997). "Immigration, Acculturation, and Adaptation", *Applied Psychology: An International Review* 46:5~34.

Berry, J.(2002). "Acculturation Strategies: Implications of Research Findings for Policies to Manage Diversity", Paper presented at the IACCP Symposium. Singapore, July 7~12.

BMFSFJ(2003). "Die Familie im Spiegel der amtlichen Statistik".

BMFSFJ(2005). "Leben in Vielfalt Migrations Familien-Zwischen Integration und Ausgrenzung."

Castles, S.(2000). "Migration as a factor in social transformation in East Asia."

Castles, S., Miller, J. M.(2003). *The Age of Migration: International Population Movements in the Modern World,* 3rd Edition. New York: Guilford Press.

Gordon, M.(1964). *Assimilation in American Life: The role of Race, Religion, and National Origins.* Oxford: Oxford University Press.

Gordon, M.(1981). "Models of Pluralism: The New American Dilemma", *Annals of the American Academy of Political and Social Science* 454:178~188.

Hintereder, P.(2007). Facts about Germany.

http://www.rarsachen-ueber-deutschland.de/fileadmin/festplatte/sprachen/download/english/T AT_ENG_08_Buch.pdf)

INED(2007). Institut Natural d'Etudes Démographiques.

IOM(2003). "World in Motion", Oxford, Clarendon press.

Massey, D. S.(1989). "International migration and economic development in comparative perspective", *population and Develop ment Review* 14:393-414.

Kirszbaum(2009). T, Brinbaum, Y, & Simon, P. The children of immigrant in France: The emergence of a second generation. UNICEF.

Lloyd, W. W., & Srole, L.(1945). *The Social Systems of American Ethnic Groups.* New Haven, Conn.: Yale University Press.

OECD(2008). International Migration Outlook. Paris.

Portes, A.(1998). *The New Second Generation.* New York: Russel Sage Foundation.

Park, R.(1950). *Race and Culture.* Glencoe, Il:Fress press.

Renu, R.(2005). "Trafficking in Process of Migration: reality & challenges",

Rajabandaru, R.(2005). "Trafficking in process of migration: Reality & Challenges",

Rumbaut, R.(1994). "The Crucible Within: Ethnic Identity, Self-esteem, and Segmented Assimilation Among Children of Immigrants", *International Migration Review* 18:748~94.

Schuerkens(2005). U., "Active civiv participation of immigrants in France", European research project POLITLS.

Vaisse, J(2006). "Unrest in France, November 2005: Immigration, Islam and the challenge of integration", Paper presented to Congressional Staff on January 10, 12, 2006, Washington D. C.

Weng, B, t.(2007). "International marriages: Impact on children and families in Taiwan", Paper presented at the The Fourth annual East Asian Social Policy research network (EASP) International Conference. 10.21~22. Japan

Zhou, M.(1997). "Segmented Assimilation: Issues, Controversies, and Recent Research on the New Second Generation", *International Migration Review* 31:975~1008.

莫黎黎・賴佩玲(2004). 臺灣社會'少子化'與外籍配偶子女的問題初探, 社區發展, 105: 55-64.

http://ecjs.ac-rouen.fr/droit_de_la_nationalite.htm

http://kosis.nso.go.kr

http://law.moj.gov.tw(2001)

http://www.anfenhaltstitel.de/stichwort/integrationskurs.html

http://www.bmbf.de

http://www.bmfsfj.de

http://www.bmi.bund.de

http://www.city.kawasak.jp/index3.html.

http://www.dge.go.kr/index.jsp

http://www.jbe.go.kr/JBEWAO/Index.aspx

http://www.moj.go.kr

http://www.ris.gov.tw/ch9/094061b.doc.

http://www.ris.gov.tw/ch9/094061b.doc..

http://www.ris.gov.tw/labor/disign/home6.htm.

http://www.ris.gov.tw/10/main9101.htm.

http://www.society.hccg.gov.tw/ps/b5-2.htm

http://www.unesco.or.kr

http://www.mwkw.org

http://www.immigration.go.kr

http://www.wmigrant.org

부록

 **〈부록 1〉**

국제결혼과 체류관리

　(출처: 출입국관리국 홈페이지 http://www.immigration.go.kr 업무 안내)

01. 거주(F-2)자격 소지자의 외국인등록과 체류기간연장

　입국일로부터 90일 이내에 체류지 관할 출입국관리사무소에서 외국인등록 신청과 체류기간연장 신청을 하여야 합니다.

　▶ 신청 서류

① 신청서(통합서식)

법무부 출입국관리국 홈페이지 www.immigration.go.kr 민원서식 참조

② 여권 및 반명함판(3×4㎝) 컬러사진 2매

③ 배우자 호적등본(혼인사실등재) 및 주민등록등본

④ 신원보증서(공증 불요)

⑤ 수수료 3만 원(외국인등록: 1만 원, 체류기간 연장: 2만 원)

02. 체류기간 연장허가(외국인등록증 소지자)

거주(F-2) 자격으로 계속 체류하려면 체류기간이 끝나기 전 체류지 관할 출입국관리사무소에 신청해야 하고, 원칙적으로 한국인 배우자와 동반하여야 합니다.

※ 체류기간 만료일 2개월 전부터 신청 가능

▶ 신청 서류

① 신청서(통합서식) ② 여권 및 외국인등록증 ③ 배우자 호적등본(혼인사실등재) ④ 배우자 주민등록등본 또는 주민등록증 사본 ⑤ 신원보증서(공증 필요) ⑥ 수수료 2만 원

03. 신원보증

한국인 배우자가 신원보증을 해야 합니다. 다만 한국인 배우자가 사망하거나 이혼 또는 별거하는 경우에는 한국인 배우자의 친척·친지 또는 보증능력이 있는 제3자(만 20세 이상의 일정한 직장이나 직업이 있는 자)도 신원보증이 가능합니다.

※ 보증능력 소명자료: 재직증명서, 납세사실증명, 재산세과세증명

04. 거주(F-2)자격 소지자의 국내취업

한국인의 외국인 배우자는 '취업활동을 할 수 있는 체류자격'의 구분에 따른 취업활동의 제한을 받지 아니하고 한국인에 준하여 취업이 가능합니다.

05. 체류지 변경신고

이사 등으로 체류지가 변경되면, 전입한 날부터 14일 이내에 여권과 외국인등록증을 가지고 새로운 체류지 시·군·구청 또는 관할 출입국관리사무소에 체류지 변경신고를 해야 합니다.

06. 영주(F-5)자격 신청

거주(F-2)자격을 소지하고 국내의 혼인동거기간이 2년 이상이면 원래 국적을 유지하면서 체류기간도 제한받지 않는 영주(F-5)자격으로 체류자격 변경허가를 신청할 수 있습니다.
- ▶ 신청 서류
- ① 신청서(통합서식)
- ② 여권 및 외국인등록증
- ③ 배우자의 호적등본 및 주민등록등본
- ④ 재산관계 입증서류

본인 또는 동거가족 명의의 3,000만 원 이상의 예금잔고증명, 부동산등기부등본, 전세계약서 사본, 본인이나 배우자의 재직증명서 등 일정한 수입을 입증할 수 있는 서류 중 택일
- ⑤ 신원보증서
- ⑥ 수수료 5만 원

07. 한국인 배우자가 사망·실종되거나 한국인 배우자와 이혼·별거한 경우, 체류허가 대상

- 국내혼인신고를 마치고 입국 후 결혼동거기간 중 한국인 배우자가 질병,

사고 기타 사유로 사망·실종한 외국인 배우자

- 한국인 배우자의 귀책사유(가출, 폭력 등)로 이혼 또는 별거한 외국인
  배우자

- 이혼·별거의 귀책사유 여부와 관계없이 한국인 배우자 사이에 출생한
  자녀가 있는 외국인 배우자

국제결혼과 국적

08. 외국인 배우자의 국적 취득

별도로 법무부장관의 귀화허가를 받아야 하며

① 한국인 배우자와 혼인한 상태로 2년 이상 계속하여 대한민국에 거주하
  거나,

② 혼인기간이 3년 이상이고 한국에 1년 이상 계속 거주하여야 합니다.

외국인 배우자는 원칙적으로 필기·면접시험이 면제됩니다. 법무부 국적
난민과에 귀화신청서를 접수하면 체류 동향 조사를 거쳐 적격심사를 한 후
허가·불허가 통지를 합니다.

▶ 혼인에 기한 간이귀화(혼인귀화) 신청 서류

① 귀화허가신청서(법무부 국적난민과 및 지방출입국관리사무소 비치) –
  대전, 부산, 대구, 광주, 마산, 춘천, 제주출입국관리사무소만 해당됨

② 여권 사본 3통, 외국인등록증 사본 1통

③ 출입국 사실증명 1통

④ 결혼증서(제출하지 않아도 무방), 한국인 배우자의 호적등본 및 주민등
  록 등본 각 1통

⑤ 재산관계 입증서류(본인 또는 동거 가족의 재직증명서, 취업예정사실증명서, 3,000만 원 이상 예금잔고증명, 부동산등기부등본, 부동산전세계약서 사본, 자영업자인 경우 사업자등록증 사본과 사업장 임대차계약서 사본 중 택일)
   - 위와 같은 증명서류가 있을 경우 내국인 재정보증도 가능
⑥ 신원진술서 4통(문방구 서식, 각 사진 첨부)
⑦ 수수료 10만 원 및 반명함판 사진 1매
   - 가급적 배우자와 함께 출석하여 신청

09. 혼인신고를 하지 않고 동거할 때, 국적취득

한국인 배우자의 호적관서에 혼인신고를 하고 호적등본에 혼인사실이 등재된 외국인 배우자만이 혼인에 기한 간이귀화(혼인귀화) 신청을 할 수 있고, 동거하는 경우는 국내에 계속하여 5년 이상 거주해야 일반귀화 신청이 가능합니다.

10. 귀화신청 접수기관

국적관련 신청 및 신고는 법무부 국적난민과를 방문하여 접수하여야 하며, 혼인에 기한 간이귀화 신청은 지방출입국관리사무소에서도 신청이 가능합니다.

11. 국내 체류 도중 출국하는 경우 거주 기간의 중단 여부

원칙적으로 국내 체류 도중 출국하면 국내 거주기간(입국일로부터 기산)이 중단되고, 재입국한 시점부터 다시 2년을 계산합니다. 다만 일시출국 후 재입국 허가를 받아 재입국한 경우와 같이 출국 전후의 국내거주 및 생계유지

형태에 연속성이 인정되는 경우는 계속 체류한 것으로 보고 출국 전후의 국내 체류기간 전부를 합산합니다.

12. 자녀 출산과 국적취득

자녀를 출산해도 법률상 혼인한 상태로 국내 거주기간(2년) 동안 거주하여야 국적신청을 할 수 있습니다. 다만 자녀를 출산하면 체류 동향 조사가 생략되며 귀화허가심사에 걸리는 기간은 단축됩니다.

13. 귀화허가 후 주민등록증 발급 절차

① 호적신고

귀화허가 통지서를 받은 날로부터 1개월 내에 호적관서(시·구청이나 읍·면사무소)를 직접 방문하여 귀화신고를 하고 호적등본 3통을 발급받습니다(귀화허가통지서 지참).

② 외화 국적 포기

귀화허가통지서를 받은 즉시 외국 대사관이나 본국에서 원 국적 포기신고를 하고 '외국국적포기증명서'를 발급받아야 합니다. 귀화허가통지서를 받은 날로부터 6개월 내에 국적 포기신고를 하지 않으면 한국 국적이 자동 상실됩니다.

③ 외국국적포기확인

법무부 국적난민과(지방출입국관리사무소, 서울출입국관리사무소 세종로분소)를 방문하여 '외국국적포기(상실)증명서', 호적등본, 귀화허가통지서를 제출하고 외국국적포기확인서를 발급받습니다. 단 6개월 이내 원 국적을 포기하지 못할 부득이한 사유가 있는 경우 '외국국적포기유보확인'을 지방출입국관리사무소에서 발급받아야 합니다.

④ 주민등록증 발급 신청

'호적등본'과 '외국국적포기확인서'를 가지고 주거지 읍·면·동 사무소에 가서 주민등록신고 및 주민등록증 발급신청을 합니다.

⑤ 외국인등록증 반납

외국인등록을 했던 출입국관리사무소에 외국인 등록증을 반납합니다(귀화허가통지서, 호적등본, 주민등록증, 외국인등록증 지참).

14. 귀화허가를 받았으나 6개월 내 원 국적을 포기하지 않아 한국 국적을 상실한 경우, 한국 국적 재취득 여부

국적이 상실된 때로부터 1년 내에 전 국적의 포기 절차를 진행하고 법무부장관에서 국적취득신고서를 제출하면 상실했던 한국 국적을 재취득할 수 있습니다.

▶ 국적 재취득을 위한 신청 서류

① 국적취득신고서

② 호적등본

③ 외국국적을 포기한 사실 및 연월일을 증명하는 서류

④ 수수료: 1만 원

15. 한국 국적을 취득하고 배우자의 호적에 입적한 이후 한국인 배우자가 사망하거나 이혼했을 때 한국 국적 상실 여부

한국인 남자와 혼인 후 한국국적을 취득한 사람은 그 배우자가 사망하거나 이혼하더라도 한국 국적이 상실되지 않습니다.

16. 외국인 배우자가 한국 국적을 취득하기 전에 출생한 본국 자녀의 국적 취득

① 한국인 배우자가 입양

한국인 배우자의 본적지 호적관서(시·구청이나 읍·면사무소)에 '입양신고서'를 제출하여 호적부에 입양사실을 등재한 후, 입양한 자녀(만 20세 미만)를 국내에 입국시키고 법무부 국적난민과나 지방출입국관리사무소에 특별귀화허가신청서를 제출합니다. 성년 자녀를 입양하는 경우는 한국에서 3년을 거주하여야 귀화신청을 할 수 있습니다.

② 외국인 배우자가 국적취득 신청할 때 함께 신청(수반취득)

외국인 배우자가 귀화허가신청서를 제출할 때 신청서의 '수반취득 관계'란에 수반취득할 뜻을 표시하면 만 20세 미만 미성년 자녀에 한하여 한국국적을 함께 취득할 수 있습니다. 이때 친자관계 입증서류를 첨부하여야 합니다.

▶ 입양에 의한 특별귀화허가 신청 서류

① 귀화허가신청서(법무부 소정 양식, 법무부 국적난민과에 비치)

② 여권사본, 외국인등록증사본 각 1통

③ 출입국 사실증명 1통

④ 재산관계 입증서류

(본인 또는 동거 가족의 재직증명서, 취업예정사실증명서, 3,000만 원 이상

예금잔고증명, 부동산등기부등본, 부동산전세계약서 사본, 자영업자인 경우 사업자등록증 사본과 사업장 임대차계약서 사본 중 택일)

　⑤ 양부 또는 양모의 호적등본(신청인 입양사실 기재) 및 주민등록등본 각 1통

　⑥ 신원진술서 4통(문방구 서식, 각 사진 첨부)

　⑦ 수수료 10만 원 – 양친이 가급적 양자와 함께 방문하여 신청

이혼과 체류 · 국적 문제

17. 가출신고 시 외국인 배우자의 불법체류 여부

가정폭력으로 피해 받는 외국인 배우자를 보호하기 위하여, 한국인 배우자의 가출신고만으로 외국인 배우자가 불법체류자가 되지 않습니다.

18. 이혼청구소송 중 체류기간 만료와 체류 연장

이혼소송 중 체류기간이 만료되면 소송 중인 사실을 입증하는 서류를 제출하고 체류기간연장 신청을 할 수 있습니다. 거주(F-2)자격을 허가하되 소송이 끝날 때까지 3개월씩 연장합니다.

　▶ 신청 서류

　① 여권, 외국인등록증 ② 체류기간연장허가신청서(서식) ③ 소송제기증명원(소 제기 법원 발급) 및 소장 사본 ④ 신원보증서 ⑤ 수수료 2만 원

19. 협의이혼과 귀화 신청

협의이혼을 하면 '혼인귀화' 신청은 불가능하며, '일반귀화' 요건에 따라 대한민국에 5년 이상 적법하게 거주하면 귀화 허가신청을 할 수 있습니다.

20. 혼인이 종료된 경우 국적취득

한국인 배우자의 사망, 실종, 기타 외국인 배우자의 귀책사유 없이 혼인이 종료된 경우 또는 그 혼인에 기하여 출생한 미성년의 자녀를 양육하고 있는 경우(양육하여야 할 경우 포함) 한국 국적을 취득할 수 있습니다.

21. 조정으로 이혼한 경우 국적취득

조정 결정문에 '한국인 배우자가 외국인 배우자에게 위자료로 금전을 지급하라'는 내용이 포함되어 있으면, 한국인 배우자의 잘못을 인정한 증거자료로 국적취득(귀화허가) 신청을 할 수 있습니다.

22. 가정폭력으로 가출한 외국인 배우자에 대한 한국인 배우자의 이혼청구소송

한국인 배우자가 외국인 배우자의 가출과 그 외 잘못을 들어 이혼청구소송을 할 수 있습니다. 원칙적으로 외국인 배우자에게 소송을 통지하여야 하나 가출 등의 사유로 주소지를 알 수 없다면 '공시송달'을 하고 한국인 배우자가 청구한 내용이 모두 인용되어 이혼판결을 받을 수 있습니다. 외국인 배우자는 귀책사유를 뒤집거나 위자료를 인정받을 수 있는 증거자료를 확보하고 공시

송달에 의한 이혼판결이 있음을 안 날로부터 2주일 이내에 소송(추완항소)을 제기할 수 있습니다.

23. 소송으로 이혼당한 경우, 체류자격

한국인과 혼인한 외국인이 자신의 잘못 없이 이혼하거나, 귀책 여부와 관계 없이 한국인 배우자 사이에 출생한 자녀를 양육하는 경우에는 거주(F-2)자격 으로 체류 및 취업을 허용하고 있습니다.

 **〈부록 2〉**

다문화가족지원법

법률 제8937호 신규제정 2008. 03. 21.

제1조 (목적)

이 법은 다문화가족 구성원이 안정적인 가족생활을 영위할 수 있도록 함으로써 이들의 삶의 질 향상과 사회통합에 이바지함을 목적으로 한다.

제2조 (정의)

이 법에서 사용하는 용어의 뜻은 다음과 같다.
1. "다문화가족"이란 다음 각 목의 어느 하나에 해당하는 가족을 말한다.
　가. 「재한외국인 처우 기본법」 제2조제3호의 결혼이민자와 「국적법」 제2조에 따라 출생 시부터 대한민국 국적을 취득한 자로 이루어진 가족
　나. 「국적법」 제4조에 따라 귀화허가를 받은 자와 같은 법 제2조에 따라 출생 시부터 대한민국 국적을 취득한 자로 이루어진 가족

2. "결혼이민자 등"이란 다문화가족의 구성원으로서 다음 각 목의 어느 하
   나에 해당하는 자를 말한다.

가. 「재한외국인 처우 기본법」 제2조제3호의 결혼이민자

나. 「국적법」 제4조에 따라 귀화허가를 받은 자

제3조 (국가와 지방자치단체의 책무)

① 국가와 지방자치단체는 다문화가족 구성원이 안정적인 가족생활을 영
   위할 수 있도록 필요한 제도와 여건을 조성하고 이를 위한 시책을 수
   립·시행하여야 한다.

② 국가와 지방자치단체는 이 법에 따른 시책 중 외국인정책 관련 사항에 대하
   여는 「재한외국인 처우 기본법」 제5조부터 제9조까지의 규정에 따른다.

제4조 (실태조사 등)

① 보건복지가족부장관은 다문화가족의 현황 및 실태를 파악하고 다문화
   가족 지원을 위한 정책수립에 활용하기 위하여 3년마다 다문화가족에
   대한 실태조사를 실시하고 그 결과를 공표하여야 한다.

② 보건복지가족부장관은 제1항에 따른 실태조사를 위하여 관계 공공기관
   또는 관련 법인·단체에 대하여 필요한 자료의 제출 등 협조를 요청할
   수 있다. 이 경우 자료의 제출 등 협조를 요청받은 관계 공공기관 또는
   관련 법인·단체 등은 특별한 사유가 없는 한 이에 협조하여야 한다.

③ 보건복지가족부장관은 제1항에 따른 실태조사를 실시함에 있어서 외국
   인정책 관련 사항에 대하여는 법무부장관과의 협의를 거쳐 실시한다.

④ 제1항에 따른 실태조사의 대상 및 방법 등에 필요한 사항은 보건복지가
   족부령으로 정한다.

제5조 (다문화가족에 대한 이해증진)

국가와 지방자치단체는 다문화가족에 대한 사회적 차별 및 편견을 예방하고 사회구성원이 문화적 다양성을 인정하고 존중할 수 있도록 다문화 이해교육과 홍보 등 필요한 조치를 하여야 한다.

제6조 (생활정보 제공 및 교육 지원)

① 국가와 지방자치단체는 결혼이민자 등이 대한민국에서 생활하는 데 필요한 기본적 정보를 제공하고, 사회적응교육과 직업교육·훈련 등을 받을 수 있도록 필요한 지원을 할 수 있다.
② 제1항에 따른 정보제공 및 교육에 필요한 사항은 대통령령으로 정한다.

제7조 (평등한 가족관계의 유지를 위한 조치)

국가와 지방자치단체는 다문화가족이 민주적이고 양성평등한 가족관계를 누릴 수 있도록 가족상담, 부부교육, 부모교육, 가족생활교육 등을 추진하여야 한다. 이 경우 문화의 차이 등을 고려한 전문적인 서비스가 제공될 수 있도록 노력하여야 한다.

제8조 (가정폭력 피해자에 대한 보호·지원)

① 국가와 지방자치단체는 다문화가족 내 가정폭력을 방지하기 위하여 노력하여야 한다.
② 국가와 지방자치단체는 가정폭력의 피해를 입은 결혼이민자등에 대한 보호 및 지원을 위하여 외국어 통역 서비스를 갖춘 가정폭력 상담소

및 보호시설의 설치를 확대하도록 노력하여야 한다.

③ 국가와 지방자치단체는 결혼이민자등이 가정폭력으로 혼인관계를 종료
하는 경우 의사소통의 어려움과 법률체계 등에 관한 정보의 부족 등으
로 불리한 입장에 놓이지 아니하도록 의견진술 및 사실확인 등에 있어
서 언어통역, 법률상담 및 행정지원 등 필요한 서비스를 제공할 수 있다.

제9조 (산전·산후 건강관리 지원)

국가와 지방자치단체는 결혼이민자등이 건강하고 안전하게 임신·출산할
수 있도록 영양·건강에 대한 교육, 산전·산후 도우미 파견, 건강 검진과
그 검진 시 통역 등 필요한 서비스를 지원할 수 있다.

제10조 (아동 보육·교육)

① 국가와 지방자치단체는 아동 보육·교육을 실시함에 있어서 다문화가
족 구성원인 아동을 차별하여서는 아니 된다.

② 국가와 지방자치단체는 다문화가족 구성원인 아동이 학교생활에 신속
히 적응할 수 있도록 교육지원대책을 마련하여야 하고, 특별시·광역
시·도·특별자치도의 교육감은 다문화가족 구성원인 아동에 대하여
학과 외 또는 방과 후 교육 프로그램 등을 지원할 수 있다.

③ 국가와 지방자치단체는 다문화가족 구성원인 아동의 초등학교 취학 전
보육 및 교육 지원을 위하여 노력하고, 그 아동의 언어발달을 위하여
한국어교육을 위한 교재지원 및 학습지원 등 언어능력 제고를 위하여
필요한 지원을 할 수 있다.

제11조 (다국어에 의한 서비스 제공)

국가와 지방자치단체는 제5조부터 제10조까지의 규정에 따른 지원정책을 추진함에 있어서 결혼이민자등의 의사소통의 어려움을 해소하고 서비스 접근성을 제고하기 위하여 다국어에 의한 서비스 제공이 이루어지도록 노력하여야 한다.

제12조 (다문화가족지원센터의 지정 등)

① 보건복지가족부장관은 다문화가족 지원 정책의 시행을 위하여 필요한 경우에는 다문화가족 지원에 필요한 전문인력과 시설을 갖춘 법인이나 단체를 다문화가족지원센터(이하 "지원센터"라 한다)로 지정할 수 있다.

② 지원센터는 다음 각 호의 업무를 수행한다.

1. 다문화가족을 위한 교육·상담 등 지원사업의 실시
2. 다문화가족 지원서비스 정보제공 및 홍보
3. 다문화가족 지원 관련 기관·단체와의 서비스 연계
4. 그밖에 다문화가족 지원을 위하여 필요한 사업

③ 지원센터에는 다문화가족에 대한 교육·상담 등의 업무를 수행하기 위하여 관련 분야에 대한 학식과 경험을 가진 전문인력을 두어야 한다.

④ 국가와 지방자치단체는 제1항에 따라 지정한 지원센터에 대하여 예산의 범위에서 제2항 각 호의 업무를 수행하는 데에 필요한 비용의 전부 또는 일부를 보조할 수 있다.

⑤ 지원센터의 지정기준, 지정기간, 지정절차 등에 필요한 사항은 대통령령으로, 제3항에 따른 전문인력의 기준 등에 필요한 사항은 보건복지가족부령으로 각각 정한다.

제13조 (다문화가족 지원업무 관련 공무원의 교육)

국가와 지방자치단체는 다문화가족 지원 관련 업무에 종사하는 공무원의 다문화가족에 대한 이해증진과 전문성 향상을 위하여 교육을 실시할 수 있다.

제14조 (사실혼 배우자 및 자녀의 처우)

제5조부터 제12조까지의 규정은 대한민국 국민과 사실혼 관계에서 출생한 자녀를 양육하고 있는 다문화가족 구성원에 대하여 준용한다.

제15조 (권한의 위임과 위탁)

① 보건복지가족부장관은 이 법에 따른 권한의 일부를 대통령령으로 정하는 바에 따라 특별시장, 광역시장, 도지사, 특별자치도지사(이하 "시·도지사"라 한다) 또는 시장·군수·구청장(자치구의 구청장을 말한다)에게 위임할 수 있다.
② 국가와 지방자치단체는 이 법에 따른 업무의 일부를 대통령령으로 정하는 바에 따라 비영리법인이나 단체에 위탁할 수 있다.

제16조 (민간단체 등의 지원)

① 국가와 지방자치단체는 다문화가족 지원 사업을 수행하는 단체나 개인에 대하여 필요한 비용의 전부 또는 일부를 보조하거나 그 업무수행에 필요한 행정적 지원을 할 수 있다.
② 국가와 지방자치단체는 결혼이민자등이 상부상조하기 위한 단체의 구성·운영 등을 지원할 수 있다.

부칙[2008.3.21 제8937호]

① (시행일) 이 법은 공포 후 6개월이 경과한 날부터 시행한다.

② (결혼이민자 가족지원센터에 관한 경과조치) 이 법 시행 당시 보건복지
가족부장관, 시·도지사 또는 시장·군수·구청장이 지정·운영 중인 결혼
이민자 가족지원센터는 이 법에 따라 지정된 다문화가족지원센터로 본다.

 <부록 3>

재한외국인 처우 기본법

법률 제8442호 신규제정 2007. 05. 17.

제1장 총칙

제1조 (목적)

이 법은 재한외국인에 대한 처우 등에 관한 기본적인 사항을 정함으로써 재한외국인이 대한민국 사회에 적응하여 개인의 능력을 충분히 발휘할 수 있도록 하고, 대한민국 국민과 재한외국인이 서로를 이해하고 존중하는 사회 환경을 만들어 대한민국의 발전과 사회통합에 이바지함을 목적으로 한다.

제2조 (정의)

이 법에서 사용하는 용어의 정의는 다음과 같다.

1. "재한외국인"이란 대한민국의 국적을 가지지 아니한 자로서 대한민국에 거주할 목적을 가지고 합법적으로 체류하고 있는 자를 말한다.

2. "재한외국인에 대한 처우"란 국가 및 지방자치단체가 재한외국인을 그

법적 지위에 따라 적정하게 대우하는 것을 말한다.

3. "결혼이민자"란 대한민국 국민과 혼인한 적이 있거나 혼인관계에 있는 재한외국인을 말한다.

제3조 (국가 및 지방자치단체의 책무)

국가 및 지방자치단체는 제1조의 목적을 달성하기 위하여 재한외국인에 대한 처우 등에 관한 정책의 수립·시행에 노력하여야 한다.

제4조 (다른 법률과의 관계)

국가는 재한외국인에 대한 처우 등과 관련되는 다른 법률을 제정 또는 개정하는 경우에는 이 법의 목적에 맞도록 하여야 한다.

제2장 외국인정책의 수립 및 추진 체계

제5조 (외국인정책의 기본계획)

① 법무부장관은 관계 중앙행정기관의 장과 협의하여 5년마다 외국인정책에 관한 기본계획(이하 "기본계획"이라 한다)을 수립하여야 한다.

② 기본계획에는 다음 각 호의 사항이 포함되어야 한다.

1. 외국인정책의 기본목표와 추진방향

2. 외국인정책의 추진과제, 그 추진방법 및 추진시기

3. 필요한 재원의 규모와 조달방안

4. 그밖에 외국인정책 수립 등을 위하여 필요하다고 인정되는 사항

③ 법무부장관은 제1항에 따라 수립된 기본계획을 제8조에 따른 외국인정책위원회의 심의를 거쳐 확정하여야 한다.

④ 기본계획의 수립절차 등에 관하여 필요한 사항은 대통령령으로 정한다.

⑤ 법무부장관은 기본계획을 수립함에 있어서 상호주의 원칙을 고려한다.

제6조 (연도별 시행계획)

① 관계 중앙행정기관의 장은 기본계획에 따라 소관별로 연도별 시행계획을 수립·시행하여야 한다.

② 지방자치단체의 장은 중앙행정기관의 장이 법령에 따라 위임한 사무에 관하여 당해 중앙행정기관의 장이 수립한 시행계획에 따라 당해 지방자치단체의 연도별 시행계획을 수립·시행하여야 한다.

③ 관계 중앙행정기관의 장은 제2항에 따라 수립된 지방자치단체의 시행계획이 기본계획 및 당해 중앙행정기관의 시행계획에 부합되지 아니하는 경우에는 당해 지방자치단체의 장에게 그 변경을 요청할 수 있고, 당해 지방자치단체가 수립한 시행계획의 이행사항을 기본계획 및 당해 중앙행정기관의 시행계획에 따라 점검할 수 있다.

④ 관계 중앙행정기관의 장은 소관별로 다음 해 시행계획과 지난 해 추진실적 및 평가결과를 법무부장관에게 제출하여야 하며, 법무부장관은 이를 종합하여 제8조에 따른 외국인정책위원회에 상정하여야 한다.

⑤ 그밖에 시행계획의 수립·시행 및 평가 등에 관하여 필요한 사항은 대통령령으로 정한다.

제7조 (업무의 협조)

① 법무부장관은 기본계획과 시행계획을 수립·시행하고 이를 평가하기 위하여 필요한 때에는 국가기관·지방자치단체 및 대통령령으로 정하는 공공단체의 장(이하 "공공기관장"이라 한다)에게 관련 자료의 제출 등 필요한 협조를 요청할 수 있다.

② 중앙행정기관 및 지방자치단체의 장은 소관 업무에 관한 시행계획을 수립·시행하고 이를 평가하기 위하여 필요한 때에는 공공기관장에게 관련 자료의 제출 등 필요한 협조를 요청할 수 있다.

제8조 (외국인정책위원회)

① 외국인정책에 관한 주요 사항을 심의·조정하기 위하여 국무총리 소속으로 외국인정책위원회(이하 "위원회"라 한다)를 둔다.

② 위원회는 다음 각 호의 사항을 심의·조정한다.

1. 제5조에 따른 외국인정책의 기본계획의 수립에 관한 사항

2. 제6조에 따른 외국인정책의 시행계획 수립, 추진실적 및 평가결과에 관한 사항

3. 제15조에 따른 사회적응에 관한 주요 사항

4. 그밖에 외국인정책에 관한 주요 사항

③ 위원회는 위원장 1인을 포함한 30인 이내의 위원으로 구성하며, 위원장은 국무총리가 되고, 위원은 다음 각 호의 자가 된다.

1. 대통령령으로 정하는 중앙행정기관의 장

2. 외국인정책에 관하여 학식과 경험이 풍부한 자 중에서 위원장이 위촉하는 자

④ 위원회에 상정할 안건과 위원회에서 위임한 안건을 처리하기 위하여 위원회에 외국인정책실무위원회(이하 "실무위원회"라 한다)를 둔다.

⑤ 제1항부터 제4항까지 외에 위원회 및 실무위원회의 구성과 운영에 관하여 필요한 사항은 대통령령으로 정한다.

제9조 (정책의 연구·추진 등)

① 법무부장관은 기본계획의 수립, 시행계획의 수립 및 추진실적에 대한 평가, 위원회 및 실무위원회의 구성·운영 등이 효율적으로 이루어질 수 있도록 다음 각 호의 업무를 수행하여야 한다.

1. 재한외국인, 불법체류외국인 및 제15조에 따른 귀화자에 관한 실태 조사

2. 기본계획의 수립에 필요한 사항에 관한 연구

3. 위원회 및 실무위원회에 부의할 안건에 관한 사전 연구

4. 외국인정책에 관한 자료 및 통계의 관리, 위원회 및 실무위원회의 사무
   처리
5. 제15조에 따른 사회적응시책 및 그 이용에 관한 연구와 정책의 추진
6. 그밖에 외국인정책 수립 등에 관하여 필요하다고 인정되는 사항에 관한
   연구와 정책의 추진
② 제1항 각 호의 업무를 효율적으로 수행하기 위하여 필요한 사항은 대통
   령령으로 정한다.

제3장 재한외국인 등의 처우

제10조 (재한외국인 등의 인권옹호)

국가 및 지방자치단체는 재한외국인 또는 그 자녀에 대한 불합리한 차별
방지 및 인권옹호를 위한 교육·홍보, 그밖에 필요한 조치를 하기 위하여 노
력하여야 한다.

제11조 (재한외국인의 사회적응 지원)

국가 및 지방자치단체는 재한외국인이 대한민국에서 생활하는 데 필요한
기본적 소양과 지식에 관한 교육·정보제공 및 상담 등의 지원을 할 수 있다.

제12조 (결혼이민자 및 그 자녀의 처우)

① 국가 및 지방자치단체는 결혼이민자에 대한 국어교육, 대한민국의 제
   도·문화에 대한 교육, 결혼이민자의 자녀에 대한 보육 및 교육 지원
   등을 통하여 결혼이민자 및 그 자녀가 대한민국 사회에 빨리 적응하도
   록 지원할 수 있다.
② 제1항은 대한민국 국민과 사실혼 관계에서 출생한 자녀를 양육하고 있
   는 재한외국인 및 그 자녀에 대하여 준용한다.

제13조 (영주권자의 처우)

① 국가 및 지방자치단체는 대한민국에 영구적으로 거주할 수 있는 법적 지위를 가진 외국인(이하 "영주권자"라 한다)에 대하여 대한민국의 안전보장·질서유지·공공복리, 그밖에 대한민국의 이익을 해치지 아니하는 범위 안에서 대한민국으로의 입국·체류 또는 대한민국 안에서의 경제활동 등을 보장할 수 있다.

② 제12조제1항은 영주권자에 대하여 준용한다.

제14조 (난민의 처우)

① 「출입국관리법」 제76조의2에 따라 난민의 인정을 받은 자가 대한민국에서 거주하기를 원하는 경우에는 제12조제1항을 준용하여 지원할 수 있다.

② 국가는 난민의 인정을 받은 재한외국인이 외국에서 거주할 목적으로 출국하려는 경우에는 출국에 필요한 정보제공 및 상담과 그밖에 필요한 지원을 할 수 있다.

제15조 (국적취득 후 사회적응)

재한외국인이 대한민국의 국적을 취득한 경우에는 국적을 취득한 날부터 3년이 경과하는 날까지 제12조제1항에 따른 시책의 혜택을 받을 수 있다.

제16조 (전문외국인력의 처우 개선)

국가 및 지방자치단체는 전문적인 지식·기술 또는 기능을 가진 외국인력의 유치를 촉진할 수 있도록 그 법적 지위 및 처우의 개선에 필요한 제도와 시책을 마련하기 위하여 노력하여야 한다.

제17조 (과거 대한민국국적을 보유하였던 자 등의 처우)

국가 및 지방자치단체는 과거 대한민국의 국적을 보유하였던 자 또는 그의 직계 비속(대한민국의 국적을 보유한 자를 제외한다)으로서 대통령령으로 정하는 자에 대하여 대한민국의 안전보장·질서유지·공공복리, 그밖에 대한민국의 이익을 해치지 아니하는 범위 안에서 대한민국으로의 입국·체류 또는 대한민국 안에서의 경제활동 등을 보장할 수 있다.

제4장 국민과 재한외국인이 더불어 살아가는 환경 조성

제18조 (다문화에 대한 이해 증진)

국가 및 지방자치단체는 국민과 재한외국인이 서로의 역사·문화 및 제도를 이해하고 존중할 수 있도록 교육, 홍보, 불합리한 제도의 시정이나 그밖에 필요한 조치를 하기 위하여 노력하여야 한다.

제19조 (세계인의 날)

① 국민과 재한외국인이 서로의 문화와 전통을 존중하면서 더불어 살아갈 수 있는 사회 환경을 조성하기 위하여 매년 5월 20일을 세계인의 날로 하고, 세계인의 날부터 1주간의 기간을 세계인주간으로 한다.

② 세계인의 날 행사에 관하여 필요한 사항은 법무부장관 또는 특별시장·광역시장·도지사 또는 특별자치도지사가 따로 정할 수 있다.

제5장 보칙

제20조 (외국인에 대한 민원 안내 및 상담)

① 공공기관장은 재한외국인에게 민원처리절차를 안내하는 업무를 전담하는 직원을 지정할 수 있고, 그 직원으로 하여금 소정의 교육을 이수하도

록 할 수 있다.

② 국가는 전화 또는 전자통신망을 이용하여 재한외국인과 그밖에 대통령령으로 정하는 자에게 외국어로 민원을 안내·상담하기 위하여 외국인종합안내센터를 설치·운영할 수 있다.

제21조 (민간과의 협력)

국가 및 지방자치단체는 외국인정책에 관한 사업 중의 일부를 비영리법인 또는 비영리단체에 위탁할 수 있고, 그 위탁한 사업수행에 드는 비용의 일부를 지원하거나 그밖에 필요한 지원을 할 수 있다.

제22조 (국제교류의 활성화)

국가 및 지방자치단체는 외국인정책과 관련한 국제기구에 참여하거나 국제회의에 참석하고, 정보교환 및 공동 조사·연구 등의 국제협력사업을 추진함으로써 국제교류를 활성화하기 위하여 노력하여야 한다.

제23조 (정책의 공표 및 전달)

① 국가 및 지방자치단체는 확정된 외국인정책의 기본계획 및 시행계획 등을 공표할 수 있다. 다만 위원회 또는 실무위원회에서 국가안전보장·질서유지·공공복리·외교관계 등의 국익을 고려하여 공표하지 아니하기로 하거나 개인의 사생활의 비밀이 침해될 우려가 있는 사항에 대하여는 그러하지 아니하다.

② 국가 및 지방자치단체는 모든 국민 및 재한외국인이 제1항에 따라 공표된 외국인정책의 기본계획 및 시행계획 등을 쉽게 이해하고 이용할 수 있도록 노력하여야 한다.

부칙[2007.5.17 제8442호]

이 법은 공포 후 2개월이 경과한 날부터 시행한다.

재한외국인 처우 기본법 시행령

대통령령 제21214호(행정안전부와 그 소속기관 직제) 일부개정 2008. 12. 31.

제1조 (목적)

이 영은 「재한외국인 처우 기본법」에서 위임된 사항과 그 시행에 필요한 사항을 규정함을 목적으로 한다.

제2조 (외국인정책 기본계획의 수립)

① 법무부장관은 「재한외국인 처우 기본법」(이하 "법"이라 한다) 제5조제1
    항에 따른 외국인정책에 관한 기본계획(이하 "기본계획"이라 한다)의
    효율적인 수립을 위하여 미리 기본계획 작성지침을 정하여 관계 중앙행
    정기관의 장에게 통보하여야 한다.

② 관계 중앙행정기관의 장은 제1항의 기본계획 작성지침에 따라 소관별로
    기본계획안을 작성하여 법무부장관에게 제출하여야 하고, 법무부장관
    은 이를 종합하여 법 제5조제1항의 기본계획을 수립하여야 한다.

③ 법무부장관은 법 제5조제3항에 따라 기본계획이 확정되면 이를 관계
    중앙행정기관의 장과 지방자치단체의 장에게 통보하여야 한다.

제3조 (기본계획의 변경)

관계 중앙행정기관의 장은 확정된 기본계획 중 소관사항을 변경하려면 기
본계획 변경안을 작성하여 법무부장관에게 제출하여야 한다.

법무부장관은 제1항의 기본계획 변경안을 고려하여 기본계획을 수정하고

법 제5조제3항에 따라 기본계획을 확정하여야 한다.

제4조 (연도별 시행계획의 수립)

① 법무부장관은 법 제6조제1항·제2항에 따른 연도별 시행계획(이하 "시행계획"이라 한다)의 효율적인 수립을 위하여 시행계획 수립지침을 정하여 매년 7월 말까지 관계 중앙행정기관의 장과 지방자치단체의 장에게 통보하여야 한다.

② 관계 중앙행정기관의 장은 제1항의 시행계획 수립지침에 따라 소관별로 다음 해 시행계획을 수립하여 지방자치단체의 장에게 통보하여야 한다.

③ 관계 중앙행정기관의 장은 법 제6조제4항에 따라 다음 해 시행계획에 지방자치단체의 장이 법 제6조제2항에 따라 수립한 시행계획을 종합하여 소관별로 매년 10월 말까지 법무부장관에게 제출하여야 한다.

④ 법무부장관은 제3항에 따라 제출된 시행계획에 관하여 법 제8조에 따른 외국인정책위원회(이하"위원회"라 한다)의 심의·조정을 거친 후, 그 결과를 관계 중앙행정기관의 장과 지방자치단체의 장에게 통보하여야 한다.

제5조 (시행계획의 추진실적 및 평가결과)

① 법무부장관은 법 제6조제4항 및 제5항에 따른 지난 해 추진실적 및 평가결과의 효율적인 작성을 위하여 미리 추진실적 및 평가결과 작성지침을 정하여 관계 중앙행정기관의 장과 지방자치단체의 장에게 통보하여야 한다.

② 지방자치단체의 장은 제1항의 추진실적 및 평가결과 작성지침에 따라 지난 해 추진실적 및 평가결과를 작성하여 매년 1월 말까지 관계 중앙행정기관의 장에게 제출하여야 한다.

③ 관계 중앙행정기관의 장은 법 제6조제4항에 따라 지난 해 추진실적 및

평가결과에 관계 지방자치단체의 장이 제2항에 따라 제출한 지난 해 추진실적 및 평가결과를 종합하여 소관별로 매년 2월 말까지 법무부장관에게 제출하여야 한다.

④ 법무부장관은 제3항에 따라 제출된 지난 해 추진실적 및 평가결과를 종합하여 위원회의 심의·조정을 거친 후, 그 결과를 관계 중앙행정기관의 장과 지방자치단체의 장에게 통보하여야 한다.

⑤ 관계 중앙행정기관의 장과 지방자치단체의 장은 제4항에 따라 통보받은 결과를 다음 연도 소관시행계획을 수립·시행할 때에 반영하여야 한다.

⑥ 법무부장관은 시행계획의 추진 상황을 분기별로 종합·점검할 수 있고, 그 결과를 관계 중앙행정기관의 장과 지방자치단체의 장이 공유할 수 있도록 필요한 조치를 할 수 있다.

제6조 (업무의 협조)

법 제7조제1항에서 "대통령령으로 정하는 공공단체의 장"이란 다음 각 호의 기관·단체의 장을 말한다.

1. 「유아교육법」, 「초·중등교육법」, 「고등교육법」, 그밖에 다른 법률에 따라 설립된 각급 학교

2. 「공공기관의 운영에 관한 법률」에 따라 지정·고시된 공기업·준정부기관 및 기타공공기관

3. 「지방공기업법」에 따라 설립된 지방공사 및 지방공단

4. 특별법에 따라 설립된 특수법인

5. 「사회복지사업법」 제42조제1항에 따라 국가나 지방자치단체로부터 보조금을 받는 사회복지법인과 사회복지사업을 하는 비영리법인

제7조 (위원회의 구성 및 운영)

① 법 제8조제3항제1호에서 "대통령령으로 정하는 중앙행정기관의 장"이

란 기획재정부장관, 교육과학기술부장관, 외교통상부장관, 법무부장관, 행정안전부장관, 문화체육관광부장관, 농림수산식품부장관, 지식경제부장관, 보건복지가족부장관, 노동부장관, 여성부장관, 국토해양부장관, 중소기업청장 및 위원회의 의결을 거쳐 위원회의 위원장(이하 "위원장"이라 한다)이 필요하다고 인정한 중앙행정기관의 장을 말한다[개정 2008.2.29 제20674호(법무부와 그 소속기관 직제)].

② 위원장은 법 제8조제3항제2호에 따라 9명 이내의 위원을 위촉할 수 있다.

③ 제2항에 따라 위촉된 위원의 임기는 3년으로 한다.

④ 위원장은 필요하다고 인정되면 위원회의 심의 안건과 관련된 행정기관의 장(국가정보원장과 국무총리실장을 포함한다), 지방자치단체의 장 및 제6조 각 호의 기관·단체의 장을 회의에 참석하게 할 수 있다[개정 2008.12.31 제21214호(행정안전부와 그 소속기관 직제)].

제8조 (위원장)

① 위원장은 위원회를 대표하고 위원회의 사무를 총괄한다.

② 위원장이 부득이한 사유로 직무를 수행할 수 없을 때에는 법무부장관이 그 직무를 대행한다.

제9조 (위원회의 회의)

① 위원장은 위원회의 회의를 소집하고 그 의장이 된다.

② 위원장은 회의를 소집하려면 회의의 일시·장소 및 심의 안건을 위원과 제7조제4항에 따라 회의에 참석하는 자에게 회의개최 5일 전까지 서면으로 알려야 한다. 다만 긴급히 개최하여야 하는 경우와 그밖에 부득이한 사정이 있는 경우에는 그러하지 아니하다.

③ 위원회의 회의는 재적위원 과반수의 출석으로 개의하고, 출석위원 과반수의 찬성으로 의결한다.

제10조 (간사)

위원회의 사무를 처리하기 위하여 위원회에 간사 1명을 두며, 간사는 법무부 출입국·외국인정책본부장이 된다.

제11조 (실무위원회의 구성 및 운영)

① 법 제8조제4항에 따른 외국인정책실무위원회(이하 "실무위원회"라 한다)는 위원장 1명을 포함한 30명 이내의 위원으로 구성하며, 실무위원회의 위원장은 법무부차관이 되고 위원은 다음 각 호의 자가 된다[개정 2008.2.29 제20674호(법무부와 그 소속기관 직제)].

1. 제7조제1항에 따른 중앙행정기관의 장·국가정보원장 및 국무총리실장이 소속된 행정기관의 고위공무원단에 속하는 공무원 또는 고위공무원단에 속하지 아니한 1급부터 3급까지의 공무원 중에서 지명하는 자

2. 외국인정책에 관하여 학식과 경험이 풍부한 자 중에서 실무위원회의 위원장이 위촉한 자

② 실무위원회의 위원장은 필요하다고 인정되면 실무위원회의 안건과 관련된 행정기관의 장, 지방자치단체의 장 및 제6조 각 호의 기관·단체의 장이 지명하는 자를 회의에 참석하게 할 수 있다.

③ 실무위원회는 다음 각 호의 어느 하나에 관한 연구·검토 및 협의 등을 위하여 분야별로 실무분과위원회를 둔다.

1. 실무위원회의 안건 중 실무위원회 위원 간에 이견이 있어 협의가 필요하다고 실무위원회가 인정한 사항

2. 제5조의 추진실적 및 평가결과 중 실무위원회에서 처리할 안건에 대한 사항

3. 그밖에 실무위원회에서 위임한 사항

제12조 (수당 등)

위원회·실무위원회 및 실무분과위원회에 출석하는 위원에게는 예산의 범위에서 수당과 여비, 그밖에 필요한 경비를 지급할 수 있다. 다만 공무원이 그 소관 업무와 직접 관련하여 출석하는 경우에는 그러하지 아니하다.

제13조 (운영세칙)

이 영에 규정한 것 외에 위원회의 구성과 운영에 필요한 사항은 위원회의 의결을 거쳐서 위원장이 정하고, 실무위원회와 실무분과위원회의 구성과 운영에 필요한 사항은 실무위원회의 의결을 거쳐 실무위원회 위원장이 정한다.

제14조 (정책연구 등의 위탁)

법무부장관은 법 제9조제1항 각 호의 업무를 효율적으로 수행하기 위하여 연구소·대학, 그밖에 필요하다고 인정하는 기관·단체에 실태조사 및 연구 등을 위탁할 수 있다.

제15조 (과거 대한민국 국적을 보유하였던 자 등의 범위 등)

① 법 제17조에서 "대통령령으로 정하는 자"란 자신 또는 부모의 일방이나 조부모의 일방이 과거 대한민국의 국적을 보유하였던 사실을 증명하는 자로서 다음 각 호에 해당하지 아니하는 자를 말한다.

1. 「출입국관리법」 제11조제1항 각 호의 어느 하나에 해당하여 입국이 금지되는 자

2. 「재외동포의 출입국과 법적지위에 관한 법률」 제5조제2항에 따라 체류자격 부여가 제한되는 자

② 중앙행정기관의 장과 지방자치단체의 장은 법 제17조에 따른 처우에 관하여 대한민국의 안전보장·질서유지·공공복리 등에 부합하는지 여부를 검토하거나 제1항 각 호의 사항을 확인하기 위하여 관계 행정기

관의 장, 지방자치단체의 장 및 제6조 각 호의 기관·단체의 장에게 의견을 묻거나 협조를 요청할 수 있다.

제16조 (외국인에 대한 민원 안내 및 상담)

법 제20조제2항에서 "대통령령으로 정하는 자"란 대한민국에 체류하는 외국인을 말한다.

부칙[2007.7.18 제20170호]

이 영은 공포한 날부터 시행한다.

부칙[2008.2.29 제20674호(법무부와 그 소속기관 직제)]

제1조(시행일) 이 영은 공포한 날부터 시행한다.

제2조 생략

제3조(다른 법령의 개정) ①부터 ⑨까지 생략

⑩ 재한외국인 처우 기본법 시행령 일부를 다음과 같이 개정한다.

제7조제1항 중 "재정경제부장관, 교육인적자원부장관, 외교통상부장관, 법무부장관, 행정자치부장관, 문화관광부장관, 농림부장관, 산업자원부장관, 보건복지부장관, 노동부장관, 여성가족부장관, 건설교통부장관, 해양수산부장관, 기획예산처장관, 국정홍보처장"을 "기획재정부장관, 교육과학기술부장관, 외교통상부장관, 법무부장관, 행정안전부장관, 문화체육관광부장관, 농림수산식품부장관, 지식경제부장관, 보건복지가족부장관, 노동부장관, 여성부장관, 국토해양부장관"으로 한다.

제11조제1항제1호 중 "국무조정실장"을 "국무총리실장"으로 한다.

⑪부터 ⑭까지 생략

부칙[2008.12.31 제21214호(행정안전부와 그 소속기관 직제)]

제1조(시행일) 이 영은 공포한 날부터 시행한다. <단서 생략>

제2조부터 제4조까지 생략

제5조(다른 법령의 개정) ①부터 <32>까지 생략

<33> 재한외국인 처우 기본법 시행령 일부를 다음과 같이 개정한다.

제7조제4항 중 "국무조정실장"을 "국무총리실장"으로 한다.

<34>부터 <175>까지 생략

보론

<보론 1>

국제결혼 남성의 "부부되기"에 대한 문화기술지

제1장 서론

최근 전지구화가 이루어지고 여성들의 국제이주 증가로 인한 국제결혼은 한국사회의 결혼과 사회패러다임의 변화를 주도하기 시작하였다. 일명 외국 이주자와 국제결혼으로 인한 외국인 100만 명 시대가 도래한 이래 '다문화' 코드가 등장하였다.

이러한 다문화는 연구와 제도와 복지서비스 등 사회전반에 걸쳐 영향을 미치고 있으며 국민대다수는 다문화라는 사회적 틀에 맞춰 사고와 행동을 해야만 하는 분위기에 젖게 되었다. 그러나 다문화사회에 기여한 대다수는 외국인 근로자였으나 최근 결혼이민여성에 집중되어 온 시선은 한국이 결혼 이라는 제도를 중요시 여기고 한국사회에 편입해 들어온 결혼이민여성에 대한 한국 전통적 문화의 표상인 대접과 수용의 차원이 강하다고 하겠다.

전체 국제결혼 사례 중 외국인 여성과 한국인 남성 간의 결혼은 76.1%를 차지하며, 국제결혼이 2008년에는 11,605건인 데 비해 2000년에는 3배 이상 증가한 36,204건으로 총 결혼 건수의 11.1%에 이르렀다(통계청, 2009). 또한 이혼통계자료에서 외국인 배우자와의 이혼은 11,255건으로 전년보다 29.8% 증가한 것으로 보고되었다. 외국인 남편과의 이혼은 3,293건으로 전년대비 11.1% 증가를 보인 반면 2007년 외국인 처와의 이혼건수는 7,962건으로 전 년보다 39.5%가 증가하여 한국남성과 결혼이민자와의 결혼해체문제가 더 심각함을 보여준다(통계청, 2009).

　이러한 수치는 한국사회에서 결혼이민자의 조기정착 및 적응과 함께 결혼해체에 대한 예방이 시급한 상황에 놓여 있음을 보여주는 것이다. 이러한 흐름에 따라 정부, 학계, 시민단체에서 다문화사회로의 전환에 대한 전망과 대책들을 내놓고 있다. 12개 중앙부처 및 위원회의 세부역할을 담은 '결혼이민여성 가족 및 혼혈인·이주자 사회통합지원방안'(대통령자문 빈부격차·차별시정위원회, 2006)이 발표된 이래 2007년 '재한외국인처우기본법'과 2008년 '다문화가족지원법'이 제정되는 등 다문화정책이 정부의 주된 정책으로 자리 잡고 있다. 각 지자체들도 다문화를 지원하는 프로그램에 관심을 기울이고 있고, 대학들도 다문화연구소 및 지원프로그램에 집중하고 있다. 가장 앞선 행보를 보여준 민간단체들도 결혼이민여성을 대상으로 다양한 프로그램을 실시해오고 있다. 그러나 이러한 노력에도 불구하고 다문화현상을 직접 경험하는 당사자들은 한국의 다문화주의에는 진정한 다문화사회를 위해 필요한 '법과 제도적 장치'가 부족하고 더 근본적으로는 '다문화사회에 대한 인식'이 결여되어 있다고 토로하고 있다. 특히 한국인들의 의식 속에 강하게 자리 잡고 있는 순혈주의와 배타적인 민족주의 때문에 다른 인종 사람들에 대한 편견과 차별이 심각한 수준임을 보고하고 있다. 또한 이들 사업들은 다분히 소외가족으로서의 결혼이민여성의 측면에 역점을 두는 경향이 있다. 그러나 정작 국제결혼한 한국남성들에 대해서는 연구와 정책적 관심의 대상이 되지 않았다. 최근에야 결혼이민여성에게 집중되어왔던 관심이 이들 다문화가족의 주체인 한국남성들에게 이동되고 있다.

　지금까지 많은 연구들에서 결혼이민여성 남편들에 대해 갈등의 원인제공(김오남, 2006; 윤형숙, 2004), 폭력의 주체(양철호 외, 2003; 최금해, 2007), 가부장적 태도(홍기혜, 2000), 남편의 불신으로 인한 결혼이민여성의 정신건강 손상(윤영주, 2001), 무능력자와 역할불이행자(성지혜, 1996; 홍기혜, 2000) 등으로 묘사되었으며, 사회문제의 가해자는 남편이며 피해자는 결혼이민여성이라는 여성주의적 시각이 지배적이었다. 이러한 입장은 우리 사회에 인종적, 문화적 다양성이 유입되는 가운데 이에 대한 수용과 통합을 위한 사회적 노력이 필요하다는 인식을 갖게 하는데 공헌하였지만 국제결혼생활과 이후의 지역사회의 통합주체인 남성들을 철저하게 소외시켰다는 한계는 부인할 수 없다. 가족생활의 주체인 남성을 배제한 채 결혼이민여성의 문제에만 초점을 두다보니 국제결혼가정의 문제해결을 위한 우선적인 개입방법은 한국어교육과 동원중심의 일회성 행사(문화탐방, 경연대회 등)에 치중되었으며 결과적으로 이것들은 일상생활과 밀접하게 연결되지 못하였다(여성가족부, 2006). 결국 편향된 입장에서 바라본 남편의 소외는 결혼이민여성을 수동적 존재로 소외시키는 결과로 나타나게 되고 이들 가족을 사회적으로 소외시키는 결과를 초래하며 가족의 사회적 통합과 안정된 생활유지를 위해 남성들에 대한 적극적인 관심과 연구가 절대적으로 필요하다고 할 수 있다.

국제결혼한 한국남편에 대해 많은 연구가 진행되지 않았으나 남편의 가족스트레스, 사회적 지지가 결혼적응에 미치는 영향(추현화 외, 2008), 피해사례를 통해 본 결혼이민자 남편의 갈등(채옥희·홍달아기, 2008), 국제결혼한 남성들의 결혼동기와 배우자와의 관계형성 내용과 과정 그리고 질적인 변화(이근무·김진숙, 2009), 결혼이민여성 남편을 위한 부부관계향상 프로그램(김오남 외, 2008), 농촌지역 국제결혼 남편의 행복에 미치는 관련변인(양순미, 2007) 등이 이루어졌는데 이상과 같은 연구들은 그동안 국제결혼한 남성에 대한 부정적이고 일방적인 피해자의 관점에서 벗어나도록 하는데 기여하였다.

따라서 국제결혼한 남편들이 자신들의 입장과 처지에서는 국제결혼이 최선의 선택이며 그 과정에서 적극적인 행위의 주체라는 사실을 그들로 하여금 스스로 인식시키기 위한 사회적 노력이 절대적으로 필요하다고 할 수 있다. 이를 위해서 국제결혼한 한국남성의 삶의 자취를 심도 있게 이해하는 것이 필요하다. 즉 남성 개인의 결혼이 시작된 시점에서 결혼생활 과정의 역정과 애환, 보람, 결혼생활의 어려움을 극복해 온 과정, 현재 생활의 의미를 부여하면서 미래의 안정된 생활을 유지하고 발전시킬 수 있는 대안을 모색해보는 일이 필요하다.

한국에서의 안정된 삶을 정착시키기 위해서는 무엇보다도 부부적응이 필수적이며, 특히 부부가 적응하는 데는 결혼이민자의 노력과 변화와 함께 남편의 협조가 무엇보다 필요하기 때문에 남편의 역할이 강조되고 남편의 노력이 요구된다고 하겠다. 남편에 대한 교육과 상담 등의 지원프로그램도 절실히 필요하다는 것이 많은 연구들의 지적사항이다(보건복지부, 2005; 안현주, 2006; 임경혜, 2004).

다문화가족의 문제점과 개입방안에 대해서는 그동안의 여러 매체와 연구 등에서 제시되어 왔으며 결혼이민여성에 대한 개입의 중요성과 함께 남편에 대한 개입의 필요성이 반복적으로 언급되어 왔다. 이는 결혼이민여성이 한국 사회에 적응하는데 부부적응과 가족 안에서의 적응이 우선적으로 이루어져야 하고 이에 대한 핵심적 역할은 다름 아닌 결혼이민여성의 배우자인 남편들임을 보여주는 것이다.

이러한 연구목적을 달성하기 위해 본 연구는 질적 연구방법인 문화기술지 방법을 활용할 것이다. 이러한 전략을 사용하는 것은 무엇보다도 그동안 국제결혼한 남성들의 삶에 대해서 피상적인 모습들 외에 구체적인 모습이 알려진 바가 거의 없다는 이유이다. 이들의 삶의 형태에 대해 탐색적인 방법으로 질적인 연구방법이 유효하다(유태균 역, 2001). 더구나 본 연구의 관심은 국제결혼한 한국남성의 결혼생활에서 아내와 어떠한 관계가 이루어지는가를 이해하는 데 있으므로 양적인 연구방법으로는 이를 충족시키기 힘들다.

문화기술지 연구방법은 연구자가 연구하려는 현장, 즉 어떤 사회나 집단의 문화에 속한 사람들의 내부자적 관점을 이방인의 위치와 관점에서 배워가는 것이 중요하고 이를 외부자적으로 담아냄으로써 한 사회의 문화적 패턴의 다양성과 이를 발생시키는 과정을 이해할 수 있다는 입장에 있다(Hammersley

& Atkinson, 1995). 그런 의미에서 국제결혼한 한국남성이라는 주류사회와는 다른 삶의 경향을 보이는 세계를 이해하기 위해서는 그 문화 내부에 들어가 봄으로써 구체적이고 생생한 정보를 얻을 수 있다고 본다. 따라서 국제결혼한 한국남성의 결혼생활 형성과정과 그 의미를 이해하는 데 적절한 연구방법이라고 볼 수 있다.

따라서 본 연구는 결혼이민여성 남편의 결혼생활과정을 들여다봄으로써 남편의 시각에서 국제결혼이라는 삶의 세계를 어떻게 경험해가고 있는지, 그 내부에서 남편 역할의 의미를 파악하는 것을 목표로 한다.

제2장 선행연구고찰

제1절 국제결혼한 부부 이해하기

국제결혼한 부부의 결혼생활은 결혼에 대한 기대나 이유가 다르고 결혼의 동기나 과정 자체가 비정상적이고 파행적으로 진행된 경우가 있었기 때문에 그들이 겪는 가족체계 불안과 가족발달적 위기의 심각성은 이미 예고된 측면이 있다(최연실 외, 2008)고 하였다. 국제결혼부부의 중심현상은 부부갈등이다. 국제결혼 부부갈등에 대해 남편요인을 중심으로 살펴보면, 갈등의 가장 큰 원인은 남편과의 성격차이, 생활방식의 차이로 나타났다(보건복지부, 2005). 특히 권위적인 남편의 태도는 결혼이민자들이 가장 힘들어 하는 것 중 하나로 남편들이 아내로 대우하기보다는 지시적으로 말하고, 한국여자와는 다르게 취급하는 점에 대해 결혼이민자들은 불만스러워하며 또한 결혼이민자들이 경제적으로 빈곤한 나라에서 왔기 때문에 무시한다고 지각하였다. 윤형숙(2004)은 결혼이민자들이 가부장적 가족질서로 편입되는 과정에서 일상생활에서 의사소통과 음식문화, 부부위계에 대한 생각, 자녀의 소속과 양육방식, 친족과의 관계 등의 문화적 차이, 권위적인 남편의 태도, 남편의 술과 담배, 도박, 자녀양육방식, 시부모의 간섭이나 남편의 시부모에 대한 의존 등에서 갈등을 느낀다고 하였다. 구차순(2007)도 갈등의 원인으로 다양한 부부불화(남편의 폭행과 욕설, 남편의 외도, 남편으로부터 무시당함, 남편에게 종속됨, 쫓겨남), 도구적 존재로 취급받음 등을 언급하였다.

국제결혼한 부부는 배우자와 대화 시 사용하는 언어는 96.3%가 한국어(여성가족부, 2006)를 사용하는 것으로 나타났다. 언어적 능숙함이 따르지 않을 때 남편은 극단적인 갈등표출의 방법으로 신체적·정서적·심리적·경제적 폭력과 사회적 고립을 통한 폭력 등을 행사한다고 밝혔다(김상임, 2004). 언어장애로 인해 일상적인 대화조차 어렵기 때문에 부부간 상호이해와 친밀감의 교류는 더 어렵게 되고 이는 더 심각한 부부문제를 야기하는 요인으로 지적된다. 남편의 배우자 국가 언어실력은 매우 서투른 편으로 결국 부인의 한국어실력에 따라 의사소통수준이 달라진다. 특히 부인의 한국어실력의 부족은 남편이나 시댁가족과의 관계에 영향을 주고 남편의 경우 부인가족과의 관계에 영향을 준다(최연실 외, 2008).

국제결혼한 남성과 부인의 지나치게 큰 연령 차이는 부부관계 안에서 세대 차이를 경험하게 하며(최금해, 2007; 최연실 외, 2008), 부부로서의 관계적응을 어렵게 만드는 요인으로도 작용할 수 있다. 즉 연령대가 다르므로 생활양식이나 사고방식, 관심사의 차이로 인한 부조화의 가능성도 예견될 수 있다(최연실 외, 2008).

한국인 남성과 일본인 여성을 대상으로 한 국제결혼가정의 부부갈등요인에 대한 연구(이규삼, 1999)에서는 부부간의 대화, 문제해결기술, 부정적 대화나 부정적 문제해결의 유형 등이 부부갈등요인으로 포함되었는데 한국남편은 부정적 대화나 부정적 문제해결유형을 빈번히 나타낸 반면, 정서적 의사소통, 공유시간만족, 문제해결에 대한 의사소통만족 등이 낮게 나타나 부부갈등요인이 잠재되어 있는 것으로 보았다. 특히 가계와 관련된 의사소통은 갈등이 많은 것으로 나타났다(김정훈, 2007). 또한 결혼이민자 남편들이 낯선 문화와 언어를 익히는 부인의 어려움을 현실적으로 배려하지 않아 이들은 부부갈등을 느끼며, 따라서 갈등을 감소시키기 위해서는 문화 간 결혼에서 배우자와 가족원들이 비언어적 행동을 이해하는 방법을 알아야 비언어적 메시지의 오해를 일으키지 않는다고 제안하였다(NineCurt, 1984).

한편 최근 이슈가 되고 있는 다문화가족의 가정폭력에 관한 연구를 살펴보면, 최근 광주광역시(2009) 조사의 경우 폭력경험자(19.6%) 중 언어적 폭력(75.0%), 신체적 폭력(28.3%), 성적 폭력(9.4%), 무시와 시댁식구차별 등 기타 7.4% 순으로 나타났다. 다문화가족에 대한 다른 연구에서는, 지난 한 해 언어폭력을 경험한 사람은 31%, 신체적 폭력을 경험했다는 사람은 10~14%이었다. 현재 별거하거나 이혼한 결혼이민자들 중 부부폭력의 경험률이 높은데 언어폭력은 70~80%, 신체적 폭력은 50%, 남편으로부터의 성행위 강요는 40% 이상이 경험한 것으로 나타났다(보건복지부, 2005). 김오남(2006)의 결혼이민자가 남편으로부터 심리적 학대, 신체적 학대, 성적 학대 순으로 경험하는 것으로 나타나 심리적 학대가 더 많이 노출되는 것으로 나타났는데, 특히 한국어에 능숙하지 않을수록 문화적응 스트레스가 높을수록, 문화정체감이 주변화 태도를 보일 경우, 부부갈등이 높을수록 학대수준은 높게 나타났다.

국제결혼한 남성들은 알코올중독, 폭음으로 인하여 아내와 갈등을 일으키고 이는 폭력으로 이어지는 것으로 나타났다(박주희·정진경, 2007; 신경희, 2004; 양선화, 2004; 최금해, 2007). 결혼이민자는 남편의 과음을 다음날 노동을 힘들게 하고 이는 수입 감소와 연결된다고 하였으며 큰 문제행동으로 여기고 있었다(양선화, 2004).

가정의 경제적 수준이나 기타 경제적 요인들도 국제결혼가정의 결혼만족도나 생활만족도에 영향을 미친다고 하였다(신경희, 2004; 채옥희·홍달아기, 2007; 홍달아기·채옥희, 2006). 경제적 불안정과 경제관리의 주도권 주지 않음 등이 결혼적응을 저해하는 것으로 나타났으며(구차순, 2007), 남편들은 가계에 대한 책임의식이 강하고 근면성을 추구하는 것으로 보였지만 지출경향이 비합리적이고 신용을 사용하는데도 상당히 호의적인 태도를 보여 현재의 경제적 상태를 고려할 때 이는 가정경제의 입장에서 매우 우려되는 상황이라고 하였다(김정훈, 2007).

많은 연구들에서 공통적으로 자녀양육에 있어 부부간 자녀양육태도 불일치로 인해 부부가 어려움을 겪는다고 보고되었다(보건복지부, 2005; 신경희, 2004; 전만길, 2005; Durodoye, 1997). 남편의 사회경제적 지위가 낮은 자녀들은 가정교육과 학교교육에서 상대적 열세를 경험하고, 이에 적응을 하기란 쉽지 않다(정윤정, 2007; 莫黎黎·賴佩玲, 2004). 또한 문화적 배경이 달라 자녀에 대한 가정교육 관념도 다를 수 있어 이러한 상황에서 국제결혼부부는 종종 의견 충돌이 생기며, 때로는 자녀에 대해 모순적이거나 불리한 영향이 있음을 보고하기도 한다. 문화에 따른 가치관이나 사고방식의 차이는 자녀양육 및 교육에 대해 남편과의 갈등을 일으키는 주요한 원인으로 작용한다(최연실 외, 2008).

이상의 결과들은 그동안 결혼이민자의 한국사회에의 적응을 강조하던 것에서 탈피하여 다른 가족원, 특히 가족관계의 중심에서 가교의 역할을 할 수 있는 남편에 관한 관심과 정확한 이해가 필요하고 그들의 목소리로 낸 결혼생활에 귀 기울여야 함을 보여주고 있다.

제2절 국제결혼한 남성에 다가가기

국제결혼한 남성들은 가정폭력의 가해자로 언급되고 있는데(광주광역시, 2009; 전라남도, 2006; 최금해, 2005), 국제결혼한 남성의 직접적인 목소리는 이와 일치하지 않고 있으며 국제결혼한 남성이 오히려 피해자이며 결혼생활에서 고충을 안고 살아가고 있다고 한다. 즉 국제결혼한 남성들의 가부장적 사고와 무지가 가정 내 폭력을 행사하기도 하였지만 가족폭력자라기보다는 정신적·경제적·사회적 피해자라는 것을 알 수 있다. 대부분 다른 문화에 대한 지식이나 경험도 없으며 한국사회에서 열악한 환경에 있는 사람들이 짧은 기간에 외국아내를 만나 가족이라는 친밀한 공간에서 갈등을 겪으며 생활한다. 특히 제3세계 여성들이 기대하는 경제적·문화적 수준에 미치지 못하는 한국남성들은 계층적·사회적 불평등의 재생산과 세계화의 짐을 외국인 아내와 함께 지고 있다고 하였다(채옥희·홍달아기, 2008).

국제결혼한 남성은 가부장적이며 권위적인 태도가 강하다는 연구(김오남, 2006; 보건복지부, 2005; 윤형숙, 2004)가 있는 반면 한국남성이 권위적이고 가부장적이기보다는 국가 간, 인종 간의 문화적 차이에서 오는 부부역할이나 가사노동분담의 문제가 더 크다고 한 연구(채옥희·홍달아기, 2008), 결혼이민여성 남편도 아내가 한국에 대한 동화가 이루어지지 않았을 때 어려움을 겪는다는 연구(장온정, 2007) 등이 존재한 가운데 이들을 정확히 이해하기 위해서는 구체적이고 면밀한 접근이 지속적으로 이루어져야 하겠다.

국제결혼한 남성의 결혼적응에 대한 연구들도 진행되었는데 주관적 차별감이 낮을수록, 자아존중감이 높을수록, 가족스트레스가 낮을수록, 사회적 지지가 높을수록 결혼적응이 높은 것으로 나타났다(추현화 외, 2008). 반면 사회적 지지가 남편에게 별로 영향을 주지 않으나 가족지지는 결혼적응에 긍정적 영향을 미치는 것으로 나타났다(장온정, 2007). 우리 사회에서 결혼이민여성이 천대받은 것처럼 자신을 결혼이민여성과 같이 동일시하였으며 디아스포라적 위치로 자기성을 재구조한다고 하였다(이근무·김진숙, 2009). 반면에 결혼이민여성이 결혼적응에 '변화시도형'인 경우 한국남편과의 결혼생활에 대해 긍정적으로 생각하고 남편에 대한 사랑, 믿음과 존중이 더 컸기 때문에 한국인과의 결혼을 선택하였다는 연구(최금해, 2007)도 있었다.

국제결혼과정을 생애사 연구로 접근한 이근무와 김진숙(2009)은 국제결혼한 남성들은 부인과 동업자 관계를 유지하다 교환가치가 비등해지자 긴장과 갈등이 생성되었고, 이 위기에 대응하는 방식에 따라 혼인관계가 유지되거나 종료되는 특징을 보였으며, 혼인관계를 유지하고 있는 연구 참여자들은 자기의 문화를 해체한 후 배우자 문화와의 접점관계에서 이를 재구성하고 그 후 새로운 디아스포라적 위치로 자리이동을 했다고 밝히고 결혼이민여성들을 지구화시대의 새로운 디아스포라로 보는 관점이 필요하다고 보았다.

결혼이민여성 남편을 대상으로 한 부부관계 향상 프로그램을 통해 국제결혼인식, 부부의사소통, 자녀양육태도의 긍정적 변화를 가져온 연구(김오남 외, 2008)도 이루어졌다. 이 연구에서 아내나라 문화에 대한 인식과 부부갈등 해결에서 변화가 나타나지 않은 결과는 결혼이민여성 남편이 아내나라에 대해 알려는 노력보다는 부인이 한국문화를 더 빨리 익숙해지기를 기대하는 심리가 작용되었으며 부부갈등이 쉽게 해결되지 않음을 짐작할 수 있다고 하였다. 장온정(2007)의 연구에서도 한국인 남편과 가족은 문화차이에 대해 기본적으로 인정하지 않고 배울 필요조차 인식하지 못하는 것으로 나타나 국제결혼가족의 어려운 문제를 해결하기 위해서는 이주여성과 밀접한 관계를 맺고 있는 가족의 의식이나 자원은 그대로 둔 채 이주여성만을 지원하는 것은 한계를 가지며 국제결혼 여성과 남편, 가족 전체를 단위로 접근하는 것이 효율적일 수 있다고 제시하고 있다.

국제결혼한 남성들도 개인의 특성이 아닌 가족과의 유대와 결혼생활에서 행복을 느끼고 있어 친밀한 부부 상호작용 형성에 노력해야 함을 알 수 있는데, 이러한 특성은 양순미(2007)의 연구로 확인된다. 즉 농촌지역 국제결혼남편의 행복에는 부부 상호작용과 결혼만족도가 좋을수록 행복한 것으로 나타나 부부관계와 결혼생활이 남편의 삶에 미치는 영향력이 큼을 알 수 있다.

이상과 같은 연구들은 임의적 대상선정을 통한 결과해석과 피해자 관점에서 바라본 연구를 제외하고는 그동안 결혼이민여성 남편에 대한 우리 사회의 잘못된 인식전환의 필요성과 변화를 유도하는 역할을 하였으며 결국 남편들을 편향된 입장에서 바라본다는 것은 결혼이민여성과 이들 가족을 사회적으로 소외시키는 결과를 초래하며 가족의 사회적 통합과 안정된 생활유지를 위해 남성들에 대한 적극적인 관심과 이해가 필요함을 보여주었다. 또한 이제까지 국제결혼 남성의 입장에서 결혼 속으로 들어가 부부가 되어가는 과정을 심층적으로 다루어준 연구가 거의 없어 이를 극명하게 보여주기 위해서는 질적 연구가 불가피함을 알 수 있다. 따라서 국제결혼한 남성이 아내를 맞이하여 부부관계를 형성하고 그 과정에서 중심적 역할을 담당하는 남편의 역할과 행동을 대상으로 진정한 부부되는 과정이 어떠한지를 파악하고자 한다.

제3장 연구방법

제1절 연구현장

본 연구의 목적을 달성하기 위해 질적 연구방법 중 문화기술지 연구방법을 활용하였다. 이 연구에서 문화기술지를 활용한 이유는 이 연구의 대상이 되는 국제결혼한 남성이 하나의 문화공유집단으로 구성되었기 때문이다. 즉 이들은 자의반 타의반 국제결혼이라는 것을 선택하여 낯선 인물과의 상호작용을 하고 그 과정에서 특유의 그들만의 문화를 경험하거나 구성하고 있는 것이다. 이처럼 다른 문화들과는 상이한 특성을 가진 문화와 그 문화를 공유하는 집단을 연구하고자 할 때 문화기술지방법이 유용하다.

〈표 1〉 연구참여자의 일반적 배경

사례	본인 연령	부인 연령	본인 학력	부인 학력	본인 직업	부인 직업	자녀 수	시부모 동거	월평균 가정 소득	부인 출신국	부인이 한국온 시점	결혼경로
1	45	28	고중퇴	고중퇴	용접공	주부	1	×	300만	베트남*	2001.11	결혼상담소
2	35	31	고졸	고졸	농사	주부	1	×	50만	몽골	2005.9	중개업소
3	49	33	중졸	대졸	농사	주부	1	○	80만	몽골	2005.11	중개업소
4	48	38	고졸	고졸	농사	주부	1	○	100만	몽골*	2005.12	중매
5	46	32	중졸	중졸	농사	주부	2	×	70만	중국	1999.5	중매후교제
6	36	34	고중퇴	고졸	도장일	주부	3	○	300만	중국*	2002.3	연애
7	48	23	고졸	중졸	도장일	주부	2	×	300만	베트남	2005.7	중개업소
8	47	37	초졸	대졸	농사	주부	1	×	100만	필리핀*	2000.3	통일교[n]
9	46	37	고졸	대중퇴	농사	원어민 강사	4	×	100만	필리핀*	1999.10	통일교
10	42	31	고졸	고졸	도장일	주부	2	×	400만	필리핀*	2000.1	통일교
11	41	31	고졸	고졸	도장일	주부	.2	○	300만	태국	1999.12	통일교
12	39	39	고졸	중졸	농사	주부	2	×	100만	일본	2000.2	통일교

* 현재 국적: 한국[n] '세계평화가정연합'을 편의상 통일교로 표기함

문화기술지는 하나의 문화 또는 사회집단이나 체계에 대한 기술과 해석이라 할 수 있다. 연구자는 행동, 관습, 생활방식 등 집단의 관찰가능하고 학습된 패턴을 검토한다. 문화기술지는 연구의 과정과 결과, 두 가지로 이해할 수 있다. 과정으로서 문화기술지는 장기간의 관찰을 포함하게 되는데 전형적으로 연구자가 사람들의 매일의 삶에 잠겨서 행하는 참여관찰을 통해 또는 집단구성원들과의 일대일 면접을 통해 이루어진다. 연구자는 문화공유 집단의 행동, 언어, 상호작용의 의미를 연구한다(조흥식 외, 1998).

연구자는 국제결혼한 남성들의 교육, 캠프, 여성들과 상담 등을 통해 접하면서 거기에서 나타나는 문화적인 양상들을 관찰하고 이해하며 그 결과를 묘사하고자 한다. 이를 위해 일정기간(2007년 8월부터 2008년 9월까지) 참여관찰과 심층면접을 진행하면서 내부자적 관점을 가지고자 하였으며 분석을 위해 다시 그 집단의 맥락 밖으로 나와 외부자적 관점에서 그 문화를 해석하였다.

이 연구의 주된 참여자들은 국제결혼한 남성들이다. 국제결혼은 결혼상담소, 지인을 통한 중매, 특정종교를 통한 만남 등 다양하게 이루어졌다. 그러한 다양한 특성을 반영하기 위해 국제결혼한 남성 특성 이외에 다른 기준은 적용하지 않았다. Spradley(1979)는 문화를 서술하는 일은 현지인의 관점에서 다른 삶의 방법을 이해하는 것이라고 설명하며 보고, 듣고, 말하고, 생각하고, 다른 방법으로 행동하는 것을 배우는 사람으로서 현지조사작업의 중요성을 강조하고 있다. 본 연구에서는 다문화가족지원센터와 사회복지관을 중심으로 접할 수 있는 중소도시인 목포시와 농촌지역인 영암군에 거주하는 국제결혼한 남성들이다. 또한 이들과 접촉하는 다양한 이해당사자들(공무원, 현장실무자, 지역주민 등)과도 만나 결혼이민여성 남편의 행동패턴, 사고, 삶의 방식 등 주요한 특징에 대한 자료를 수집하였다.

제2절 자료수집

본 연구를 위해 연구자들은 국제결혼남성들을 교육하고 상담하고 다양한 프로그램에 참여한 가운데 이들에 대한 개괄적인 이해를 높였다. 이러한 가운데 자연스러운 관찰이 이루어졌고 이러한 관찰은 남성들의 사회적 관계에서 중요한 맥락이 될 수 있는 환경을 파악하고 가족과 사회생활을 해나가는 방법에 대한 관찰을 통해 자연스러운 문화 그 자체를 이해하는 데 필요한 것이었다.

자료수집을 위한 주요한 방법은 국제결혼한 남성들에 대한 심층인터뷰였으며 이러한 과정은 Spradley(1979)의 문화기술적 면접방법에 따라 진행되었다. 인터뷰에 참여하여 정보를 제공한 국제결혼한 남성들은 모두 12명이었다. 이들은 모두 연구의 목적과 취지를 알고 있는 다문화가족지원센터 실무자를 통해 소개받았다. 정보제공자의 선정기준은 결혼한 지 4년 이상 되었으며 결혼생활을 안정적으로 하고 있고 자녀를 두고 있으며 한국사회에서 열심히 성실하게 살아가고 있는 남성들로 구성되었다. 이들 중 예비조사에 임한 2명의 남성들을 통해 인터뷰의 내용을 수정하였다. 인터뷰기간은 2007년 8월에서 2008년 9월에 이루어졌다. 대부분 한차례의 심층적 인터뷰를 행하였으나 2명은 두 차례의 질문을 통해 인터뷰 내용을 얻어내었다. 주요한 인터뷰 내용은 '국제결혼을 하게 된 동기와 경위는 어떠한가?', '결혼생활에서 어려운 점과 문제들을 어떻게 해결해 나갔는가?', '아내의 임신과 출산에 어떻게 관여하였는가?', '자녀양육은 어떻게 참여하고 있는가?', '사회적 지원의 방향이 어떻게 나아가야 한다고 생각하는가?', '아내의 직업생활에 대해서는 어떻게 생각하고 있는가?', '가정경제권은 누가 가지고 있으며 어떻게 운영하는가?', '향후 삶의 계획은 어떠한가?' 등으로 구성하였다. 앞서 정보제공자에게 확인한 내용은 다음 정보제공자에게서 구조질문, 대조질문의 형태로 확인되고 심화되었으며 이 내용은 다시 다음 정보제공자에게 확대되는 방식이었다. '그와 관련해서 더 이상 다른 정보는 없는가?, 당신이 말한 것에 더 포함될 만한 이야기는 없는가?' 식의 구조질문은 국제결혼한 남성의 부부관계와 가족생활에 대해 가능한 모든 정보를 섭렵하도록 하였는데 이런 과정을 통해 알고자 하는 국제결혼남성의 부부되기에 충분히 이해되었다고 판단되는 시점에서 인터뷰를 종료하였다.

인터뷰는 다문화가족지원센터의 상담실이나 직접 나올 수 없는 남성의 경우 양해를 구한 후 가정에 방문하여 약 2~3시간씩의 시간을 할애받아 진행되었다. 정보제공자에게 연구의 목적에 대해 설명하여 인터뷰 및 녹음에 대한 동의를 얻었고 인터뷰 녹취록은 연구목적 이외에 사용하지 않겠다고 하였으며 고유한 개인신상정보에 대한 비밀유지를 약속함으로써 연구의 윤리적 측면을 고려하였다. 자료수집 기간 동안의 관찰내용은 그때그때 일지로 정리하여 정보제공자들의 일상생활과 환경을 이해하기 위한 기초자료로 삼았고 인터뷰 내용은 녹음하여 녹취자료를 만들었다.

제3절 자료분석

자료분석은 정보제공자가 일상생활에서 사용하는 언어와 행동을 통하여 이면의 의미까지 찾아내고 해석함으로써 국제결혼한 남성들의 부부가 되어가는 과정을 이해하는 데 목적을 두고 진행되었는데 구체적으로 Spradley(1979)의 안내를 따랐다. 자료분석방법은 자료수집과 분석을 반복하는 순환적 과정을 거쳐 진행되는 연구로 기술적 면접을 통한 영역분석에서 구조적 면접과 분류분석, 대조적 면접과 성분분석, 주제분석의 순으로 진행한다. 본 연구에서는 영역분석과 분류분석기법을 주로 사용하였으며 일부영역에서는 성분분석을 분석하였으며 최종단계에서는 전체를 관통하는 주제 분석을 실시하였다. 전 과정에서 연구자들은 수집된 자료들을 통해 뽑아낸 영역과 의미들을 갖고 토론과 상호 검토를 거쳤으며 연구에 참여치 않은 동료회합과 정보제공자를 소개한 현장실무자들의 의견을 수렴해 분석내용의 타당도를 검증받았다. 질적 연구에서 연구의 타당도와 신뢰도를 확보하기 위한 전략 중 하나는 지속적인 현장참여와 신빙성 구축을 위한 자료원, 방법, 연구자다원화기법이다(Creswell, 1998). 본 연구에서는 현장참여관찰, 정보제공자의 다원화, 연구자다원화가 신뢰성 확보의 주방안이었다. 마지막 분석단계에서는 특별히 몰입과 문화적 상황의 구성도 만들기, 문화적 상황의 개관요약하기 등의 방식으로 주제에 접근하고자 하였다.

영역분석과 분류분석을 통해 확인된 주요영역은 1. 기대 반 도박 반 인연맺기, 2. 소통의 단절경험하기, 3. 혼돈 속의 갈등과 극복, 4. 안정 속의 신뢰와 희망찾기로 나타났다. 이들 영역은 국제결혼한 남성들이 결혼생활의 시작에서 현재까지의 모습을 보여준다. 이들 간의 영역을 분명히 하기 위해 성분분석을 실시하였다. 특히 첫 번째 단계의 기대 반 도박 반 인연맺기 영역에 대한 성분분석결과 그 경계지점이 자신의 인생과업을 성취와 이에 따른 결혼생활의 불확실성인 것을 확인하였다. 기대와 도박은 일맥상통한 개념으로 준비되지 않은 미래의 결혼생활을 보여주는 단면이라고 할 수 있다. 네 번째 안정 속의 신뢰와 희망찾기는 결혼생활의 변화를 통해 안주하는 모습과 애써 노력하고 희망을 갖는 남성들의 모습으로 비추어진다.

이러한 분석을 통해 국제결혼한 남성들의 부부되기에 대한 문화 속에서 어려움 속에서 살아남기 위한 잔잔한 투쟁과 노력이 결부되었다는 것을 알 수 있었으며, 이는 크게 1. 외면하고 떠넘기기, 2. 배려하고 지원하기, 3. 시도하고 포기하기, 4. 걱정하고 희망찾기, 5. 안정되고 만족하기라는 주제로 세분되었다.

제4절 연구의 질 검증과 윤리적 이슈

연구의 질을 확보하기 위해 본 연구에서 활용한 검증방법은 다원화로 다양한 정보제공자들의 관점을 통합하는 한편 심층면접 자료와 참여관찰기록, 공식기록 등을 비교하여 진실성을 확보하고자 하였다. 본 연구에서 고려한 윤리적 이슈들은 다음과 같다. 연구자는 자료수집이 시작되기 이전에 잠재적인 연구 참여자들에게 연구에 대해 소개하고 개략적인 정보를 제공하였으며 연구 참여에 동의하는 경우에만 자발적으로 참여하도록 하였으며 모두 이를 적극 수용하였다. 연구 참여자들에게 면접에 상응한 보상을 하였으며 자료수집과 분석과정에서 연구 참여자의 정보가 외부에 노출되지 않도록 유의하였다.

제4장 연구결과

제1절 부부되기의 과정

결혼이민여성 남편의 부부되기에 대한 질문을 던지고 영역분석과 분류분석을 실시한 결과 '기대 반 도박 반 인연맺기', 소통의 단절경험하기, 혼돈 속의 갈등과 극복, 안정 속의 신뢰와 희망찾기, 4개 영역을 도출할 수 있었다. 이 주요영역들은 결론적으로 말하자면 국제결혼한 남성이 어떠한 결혼생활을 해나가고 있는지 그 과정을 탐색할 수 있게 해준다. 즉 남성들이 기대 반 도박 반으로 외국인 여성과의 인연을 맺고 안정 속의 신뢰와 희망을 찾기까지 일종의 도전과 노력이다. 그렇다면 국제결혼한 남성이 어떻게 부부관계를 형성해 나가는지 그 속에서 역할은 어떠한지에 대한 분석을 통해 밝혀진 주요영역들을 살펴보기로 한다.

1. 기대 반 도박 반 인연맺기

결혼이민여성 남편들이 국제결혼을 선택한 이유나 동기는 일단 일반인들에게 객관적 사실로 드러난 것처럼 결혼적령기가 지난 상태이며 전통적인 한국 가족을 계승해야 하는 막중한 의무감과 부모님의 가족형성에 대한 강요, 자신도 가정을 가져야 한다는 생각 등이 결혼을 결심한 계기가 되었다.

부인의 출신국 결정에 영향을 미친 것은 일단 한국인과 유사해야 하는 항목에 베트남과 몽골이 합격점을 받았다. 몽골과 베트남이 한국과의 이질감이 낮으며 입국 후 원만한 적응을 보일 가능성에 높은 점수를 주어 한국과 가장 근접한 나라로 인정받았다. 한국사회에서 가정을 꾸려나가는 데 모나지 않아야 하는데 이러한 검증은 이웃이나 먼저 경험하였던 사람들의 의견에 귀를 기울였다. '우리 조선족하고 비슷하게 생겨서', '입국해서 문제가 되지 않는 쪽을 택하다 보니' 등 부인의 성격, 가치관 등의 요인보다는 외모를 중심으로 결정하였음을 알 수 있다.

> 글쎄요, 택한 이유라기보다는 우연하게 하다 보니까 그렇게 되었어요. 자기가 마음에 있고 서로 간에 마음에 맞으면 그냥 해요. 나는 다른 사람이 마음에 들었는데 베트남에 계시는 안내하시는 분이 지금의 아내가 괜찮다고 하여서 살다 보니까 마음에 맞더라고요.(1)

> 제가 시골에 혼자 있다 보니까 나이는 먹어가고… 한국여성은 못 찾으니까 외국여성과 한번 결혼을 해 보려고 생각하던 중 아시는 분의 연결로 몽골로 하게 되었어요. 네, 그 옆에 몽골댁이 생활하는 것을 보면서 아, 우리 조선족하고 비슷해서 몽골을 선택하게 되었어요.(2)

> 제가 집안에 외동이에요. 그러다 보니까 어머니가 손주, 손녀에 대한 욕심이 강하셔서 어머님이 많이 서두르고 닦달하셨죠. 그리고 저도 남자로 태어나서 자식이라도 하나 보고 싶은 욕망에 결혼을 하게 되었는데 참 좋습니다. 국제결혼하신 초기의 분들의 이야기를 들어보면… 저도 여기까지 용기를 내기가 참 힘들었거든요. 그래서 국내입국해서 문제가 되지 않는 쪽을 택하다 보니까 베트남을 택하게 되었어요.(7)

또한 '베트남에 계시는 안내하시는 분이 지금의 아내가 괜찮다고 해서', '목사님과 인연이 좀 있어서' 등 자신의 확신에 의한 것보다 주위사람들의 권유에 의해 결혼을 하게 되었다. 국제결혼한 남성은 한 남자로서, 성인으로서 자리매김하는데 짝(파트너)의 필요성을 가졌다. '남자로 태어나서', '착한 여자 만나서 사는 것도 좋지 않겠나'를 보면 이러한 특징을 잘 보여주고 있다.

> 저 같은 경우는 개인적인 사정이 있어서 그런 계기라고 할까? 생각도 하지 않았는데 그런 계기가 생겨서 빨리 결혼해야겠다는 생각으로 신청을 하게 되었습니다. 내 개인적인 집안일 때문에 꼭 꼬집어서 말하는 것은 아니지만… 아무튼 계기가 생겨가지고… 형님도 돌아가시고… 착한 여자 만나서 사는 것이 좋지 않겠나 하고. … 제가 그 당시에 나이도 서른 초반이 되고 결혼을 하고 싶다는 생각이

들고 나이가 그 정도 되니까 가정을 꾸려야겠다는 생각이 들었어요. 철이 들었죠. 가진 것은 없고 통일교회 쪽의 결혼이 빠르지 않을까… 확실하지 않을까… 우리 집 옆에 통일교회가 있거든요? 그리고 그곳의 목사님과 인연이 좀 있어서 결혼하게 된 거예요.(10)

이상과 같은 결과들은 대부분의 남편들이 결혼에 대한 특별한 준비나 구체적인 계획보다는 주위의 조언에 의존하고 막연한 기대로 시작한 경우를 확인할 수 있으며 남편들의 행복한 결혼생활의 보장을 약속받기보다는 도박과 같은 상황이 연출되었다.

2. 소통의 단절 경험하기

막상 결혼을 하고 보니 가장 먼저 봉착되는 것은 부부간 소통의 문제였다. 대부분의 남편들은 부인과의 차이에 집중되었다. 전반적으로 공통된 내용은 언어와 음식 및 문화 차이를 언급하고 있었다. '가장 어려운 점은 아무래도 의사소통이죠', '첫째, 음식이 안 맞고 그 다음에 언어소통이 안 되고', '언어소통이 안 되기 때문에 일하고 싶어도 자기가 할 일을 제대로 잘 하지 못하고' 등을 통해 이해할 수 있다. 따라서 의사소통이 되면 이러한 장애가 해결될 것이라고 생각하고 있다. 개인마다 언어와 문화차이의 순위는 다르지만 이 둘은 엄격히 보면 하나이다. 문화차이를 언어로 극복할 수 있지만 언어가 되지 않아 도움을 받지 못하게 되어 함께 놓여 있는 장애물이기도 한다. 다행스러운 것은 '무조건 맞춰주어야 한다'고 생각하여 부인에 대한 헌신을 발휘한 사례도 있어 이 경우 단절의 강도와 기간이 감소되었으리라는 짐작을 할 수 있다.

소통의 단절이 남편에게 1년 동안은 고생을 많이 하게 하고, 답답해하고, 다른 것에 대해 일방적으로 수용해야 하는 고통을 읽을 수 있으며 단지 언어만이 아니라 발음차이, 한국이 동양적이고 가족적이나 몽골은 서구적이며 개인적이고, 생활방식, 여성이 파워 있는 체제 등 두 국가 간 문화차이 또한 소통의 단절을 나타내는 원인으로 자리 잡고 있다.

뭐가 힘들었냐고요? 첫째, 음식이 안 맞고, 그 다음에 언어, 언어소통이 잘 안 되고 그러니까 한 1년 동안은 고생을 많이 했어요. 그러니까 한 1년 동안은 무조건 맞춰주어야 한다. 언어도 잘 통하지 않지, 음식도 안 맞지…(1)

부인이 처음에 한국에 왔을 때 가장 어려운 점은 아무래도 의사소통이죠. 의사소통은 몽골발음이 비슷하다고 빨리 배우더라고요. 그러나 문화적인 습관차이를 무시 못 하겠더라고요. 우리는 동양적이면 몽골은 서구적이다. 우리는 가족적인 것을 중요하게 여기는 편인데 몽골은 개인적이어서 힘들었죠. 의사소통이 문제입니다. 제 아내도 마찬가지지만… 다른 사람들은 어떤지 모르겠지만 의사소통만 되면 어느 정도 어려움은 해결이 되는 것 같아요. 언어소통이 안 되기 때문에 일을 하고 싶어도 자기가 할 일을 제대로 잘 하지 못하는 것 같아요.(3)

우리 언어와 비슷하지만 중국은 조선족이라 해도 북한 말을 쓰더라고요. 그래서 우리 언어와 같은 언어지만 잘못 이해를 하더라고요. 우리는 친구라고 하잖아요? 거기는 동무라고 해요. 그렇기 때문에 잘 이해할 수 없더라고요. 그래서 서로 잘 안 통하더라고요. 내가 '친구'라고 하니까 그 말을 이해 못하더라고요. 서로 같은 말이지만 안 통해요. 내 이름 석 자가 김동주인데… '김동주'하고 하면 알아듣는데 아내가 이해하는 이름은 '김똥주'라고 이해를 해요. 그래서 '동'자가 달라버리더라고요. 거기에서 차이가 있더라고요. 그래서 답답한 점이 아주 많아요. 밭에서 고추를 따러 가면은… 고추는 알아요, 고춧가루가 있으니까… 하지만 고추를 따는 방식이 우리와 다르더라고요.(5)

'내가 해준다고 하는데 아내는 전혀 엉뚱한 이야기를 해버릴 때도 있고…' 이러한 소통의 단절은 자신과 부인의 기대가 일치하지 않을 때 더 어려움을 갖게 하여 갈등의 소지를 제공하는 단초가 될 수 있음을 짐작케 한다.

시골에서 들에 일하러 가고 나면 아내가 어떻게 하고 있는지? 그때만 해도 말이 잘 안 통하니까… 충분한 이야기를 못 하니까… 하루 종일 무엇을 하고 있었는지 말이 잘 통하지 않아서 다는 몰랐던 것 같아요. 어떻게 보면 나는 해준다고 하는데 아내는 전혀 엉뚱한 이야기를 해버릴 때도 있고 형편도 안 되는데 자꾸 처갓집 걱정을 많이 하고, 우리 집 사정도 생각하지 않고 처갓집에 가고 싶어 하는 것, 도움을 주는 문제…(9)

어려운 것은 첫째, 언어, 문화차이가 조금 있고… 예를 들어 필리핀 같은 경우는 아내의 말을 들어보면 거의 모계사회 체제인가 보더라고요. 그 체제 자체는 우리와는 180도 차이가 많이 나잖아요? 그런 부분에서 차이가 많이 나지 않을까요? 깊숙이는 생각을 안 해 보았는데… 상당히 차이가 많이 나죠.(10)

결과적으로 한국에서 외국인 부인을 맞이하는 이들 자신도 어렵고 힘든 상황 속에서 살아가며 이 차이를 예상하고 준비해 온 남편들은 한 사례도 없는 결과를 확인하였다.

3. 혼돈 속의 갈등과 극복

앞서 언급된 소통의 단절은 남편들과 부인들에게 갈등을 유발시켰다. 갈등의 유형은 서로 간 차이, 남편 자신의 문제로 나눠 살펴볼 수 있었다. 같은 단어로 이야기해도 서로 말하는 뜻이 다르고 결혼이민여성의 독특한 성격(자격지심인지, 자존감이 강한 것)으로 힘든 상황을 이야기하였다. 부인이 아프거나 문화 차이로 힘든 시기를 거치면서도 부인의 질병치료에 대한 인내심으로 자녀를 갖게 되기까지 남편의 노력을 엿볼 수 있다. 부인과 시부모와의 갈등이 있을 때 부모랑 따로 사는 등의 결단을 보이기도 하였다. 이러한 시도는 그동안 국제결혼한 남성들을 몰성적으로 이미지화한 것에서 탈피하는 데 도움이 되는 대목이다. 또한 지역사회의 가장 좋은 사회적 지지자원은 먼저 한국에 온 같은 출신국의 여성들이 부인에게 물리적 정보제공 및 정서적 위로에 큰 힘이 되고 있다. 따라서 '그분께 조언을 많이 구했어요'로 결혼생활의 어려움을 극복하기 위해 부인의 선배를 활용하는 적극성도 있었다.

처음에 와이프가 입국해 와서는 거의 하루가 멀다 하고 싸웠어요. 그 이유가 내가 말하는 뜻하고 와이프가 말하는 뜻하고 달라요. 그 말의 의미를 행동 몸짓으로 설명을 해주어도 이해를 못해요. 그런데 나중에 와이프가 뜻을 알고 나면은 내가 왜 그랬을까 하고 웃어요. 행동 보디랭귀지로 설명을 해주었을 때 '아, 그랬구나'하고 이해를 하는데… 이주여성들이 (내가 크게 말하면 안 될 것 같은데) 자격지심이 어느 정도 있는 것 같아요. 그래서 자존심들이 아주 세요. 그 점은 몽골이든 필리핀이든 베트남이든지 다 똑같더라고요.(3)

갑상선으로 아내는 약으로만 지탱을 했죠. 성 콜롬방 병원에서 약으로만 지탱하는 세월을 보냈고. 아이를 가질 수 없고… 그런데 도저히 갑상선이 좋아지지 않았어요. 밖에서 집안일이나 설거지만 조금 해도 눈이 빨갛게 충혈이 되어서 너무 볼 수가 없었어요. 힘들어서… 한국말도 잘 하지 못하는 상태였고 아내는 어려움으로 많이 힘들어 했어요. 외과 선생님께서 왜 아이를 갖지 않고 있느냐고 하더라고요. 그래서 약을 먹고 있으면 아이를 가질 수 없다고 들었다고 말씀을 드렸더니 외과에서 산부인과로 연계를 해서 아이를 갖게 되었어요.(8)

노력을 해봤죠. 나 자체도 그때는 불쌍하고… 서로 문화도 잘 모르고… 문화라는 것은 천천히 해야지 잘 안 변하겠더라고요. 갑자기 할 수 없는 부분이고 그런 찰나에 이사를 오게 됐어요. 내가 결정을 내렸죠. 갈등이 심한 부분도 있었어요. 내가 결정을 내렸어요. 우리 어머니도 건강하시고… 함께 살면 우리 어머니와도 서로 상처만 있을 것 같아서… 어머니가 편찮으시면 안 되겠지만 건강하시니까 따로 사는 것도 괜찮지 않을까 하고 결정을 내렸습니다.(10)

또한 '어머니는 굉장히 빠르단 말이에요'라며 자신의 어머니와 비교하면서 부인이 상대적으로 일이 느리거나 적응능력이 떨어진다고 불만을 나타내기도 하였다. 남편들이 가정에서 부인과 어머니를 비교대상으로 선정하여 언급함으로써 부인에 대한 기대가 한국여성의 수준에 미치기를 기대하는 심리가 담겨져 있었다. 반면 자신이 음주로 인해 일을 하지 않자 결혼이민여성이 가출까지 한 사례도 있어 부부갈등의 원인으로 자신에게 책임이 있음을 잘 인식하고 있었다. 종교를 통해 결혼을 하였지만 '굉장히 처음에 반대를 했었어요'라면서 막상 한국에서 결혼생활에서 종교를 포기하라는 권유(강요)를 하기도 하였다. 이러한 특징은 결혼 전과 후 남성들의 태도에 대한 이중성을 단적으로 보여주고 있었다.

우리 어머니를 비교해보면 굉장히 빠르단 말이에요. 그런데 어떤 일을 해도 그런데 집사람은 설거지를 해도 느릿느릿 내가 해도 금방 할 것인데… 너무 늦게 어떤 일을 하면 아이가 원하는 것을 못할 정도로 느리게 그래서 적응능력이 떨어진 것 같아요. 차이가 나요. 엄청 차이가 나요. 좀 답답해요.(12)
처음에 말은 크게 많이 통하지 않았는데… 부부라는 것이 꼭 말이 다는 아닌 것 같고 또 어느 정도 베트남에서 교육을 받고 온 상황이라 기본적인 대화는 됐어요. 어려운 대화는 불가능하였지만 기본적인 대화는 됐고, 그리고 제가 직장생활을 하고 있는데 이쪽에 미리 결혼해 가지고 사시는 베트남 선배 여성이 있었어요. 그래서 제가 말이 잘 안 통하거나 답답할 경우 그분께 조언을 많이 구했어요.(7)

제가 술만 먹고 일을 안 하고, 술만 먹고 그러니까 작은아이를 데리고 큰아이를 집에 놔두고 가버렸어요. 제가 서울로 데리고 갔죠. 아이엄마에게도 미안하다, 잘못했다, 사과했죠.(5)

글쎄요. 저는 믿음이 없었으니까… 굉장히 처음에 반대를 했었어요(종교적인 부분). 그런 부분으로 어려움이 많았어요. 제가 저 사람한테 나를 믿고 한번 머시기(종교를 포기)해 봐라, 내가 대신 살아준 것도 아니고… 당신이 나를 믿고… 내가 옆에서 반대를 하면 뭣하냐? 본인 스스로 판단을 해라(종교포기)고 했죠.(12)

요약하면 결혼생활은 사실 평화롭기만 한 것은 아니다. 어떤 면에서 부부간 정서적 단절을 가져올 수 있었으나 갈등과 이를 극복해내는 노력의 실천이 따랐기에 결혼이 유지되고 있는 것이다.

4. 안정 속의 신뢰와 희망 찾기

'많이 닮았다고 하더라고…', '믿음감이 있더라구요' 하면서 부부간 유사성을 인정받고 부부일체감에 대해 자부심을 느끼고 있었으며 부부 모두 적극적인 갈등표출과 해결방식을 통해 결혼생활의 안정을 유지하고 있었다. 화를 드러내기도 하고 참기도 하는 등 부부 각자 나름대로의 대처방식을 가지고 있었다. 국제결혼한 부부가 밀고 당기며, 얽히고설키는 과정 속에서 부부가 하나가 되어 감을 알 수 있다.

결혼하고 나서 고모님이 그러시는데 아내와 내가 많이 닮았다고 하더라고요. 별로 안 닮았다고 생각하는데 사람들이 많이 닮았다고 하더라고요. 살다보니까 믿음감이 있더라고요. 그래서 맡기는 거지요.(1)

서로 이해하고 있어요. 나도 이해해주고 와이프도 어느 정도 우리 가족이 처한 상황을 이해해주고 있어요. 나는 화 낼 때는 화를 내고 와이프도 화낼 때는 화를 내고 둘 다 바로 서로 풉니다. 대부분 사람들은 화가 날 때 화를 내지 않고 꾹꾹 참고 있다가 헤어져 버린 경우가 많다. 나도 외국 사람하고 결혼을 하여 결혼이민자 가정 쪽에 관심이 많은데 들어보면 꾹꾹 참고 있다가 자신의 생각을 전달하지 못한 채 헤어져 버립니다. 가족 이외에도 도움을 청할 상황이 아니에요. 우리 둘이서 조금씩 풀어가고 화가 많이 나 있는 상태에서는 시간을 두고 기다리고 다시 화해하고 그러는 입장이지 다른 사람들한테 도움을 청해본 적은 없는 것 같아요.(3)

또한 자신만이 국제결혼을 한 것이 아닌 '주위에서도 외국인 여성과 결혼

한 사람을 많이 볼 수 있어' 즉 국제결혼의 증가로 주위사람들로부터 동료의
식을 갖고 위로를 받음으로써 낮은 자존감으로부터 벗어나게 되기도 하였다.

보다 진보된 형태로 처가댁을 어떻게 하면 도와줄 것인가에 대한 부담이
작용하나 부인에게 일임하여 특별한 갈등으로 자리하고 있지는 않았다. '나한
테는 좀 부담이 되지만', '안 보낼 수 없다', '집사람이 도움을 주는지는 나도
모른다'고 하면서 처가댁의 원조에 대한 의무감을 갖고 부인이 보내는 것에
대해 묵인해주는 것은 결혼이 둘만의 생활이 아닌 더 큰 체계 속에서 움직여
지는 세계임을 인식하고 대응하고 있으며 어려운 형편에서도 처가댁을 배려
하는 남편의 온정과 사려 깊은 마음을 엿볼 수 있다.

결론적으로 서로 이해하고 더 열심히 하는 모습에 부인도 이해하게 되고
부부간 갈등은 자연스러운 인과현상임을 깨닫고 있었다. 나름대로 결혼생활
의 성공방법을 터득해 나가고 있었던 것이다.

더 나아가 '나이 먹어서는 여유롭게 살고 싶어요', '물질적 여유가 있으면
여행도 많이 다니고 싶어요' 등 노후에 부부가 어떻게 살아갈 것인지에 대한
여유 있는 생각과 미래계획도 하고 있어 결혼생활이 안정되어가고 있는 모습
을 확인할 수 있었다.

> 그날 살기도 바쁜데… 물론 여유가 있으면 그렇겠지만 벌 만큼 벌고 좀 여유롭
> 게… 나이 먹어서는 여유롭게 살고 싶어요. 여행도 좀 다니고 싶고, 일본도 좀 가
> 서 살고 싶고… 아이고, 노후정착은 아니고요. 노후정착은 지금 준비하고 있는
> 것은 농업입니다. 저는 좋은 것 같아요. 자연과 접하고 산다는 것이… 다른 사람
> 도 마찬가지겠지만 자연과 접하며 사는 것이 가장 좋은 것 같아요. 노후생활이
> 필요 없는 것은 지금이 노후생활이요, 나중은 자동적인 노후생활입니다. 물질적
> 인 여유가 되면 여행도 많이 다니고 싶어요.(12)

제2절 결혼이민여성남편 부부되기의 문화적 의미

앞서 살펴보았듯이 '기대 반 도박 반으로 인연맺기', '소통의 단절 경험하
기', '혼돈 속의 갈등과 극복', '안정 속의 신뢰와 희망 찾기'의 영역들은 국제

결혼한 남성의 부부되기 과정이 결국은 낯선 이방인과의 관계에서 무촌의 관계로 이동하는데 위기 속에서도 자신들의 희생을 바탕으로 이루어낸 산물이다. 이러한 활동은 힘들고 지칠 때 남편임을 부인하고 싶은 상황에서 외면하고 부인에게 모든 집안일을 떠넘기기도 하며, 이상적인 남편의 모습을 보여주는 배려와 지원자의 역할을 하고, 마음에 들지 않으나 꾹 참고 갈등을 일으키지 않으려고 포기하고 참아내며, 미래의 생활 특히 자녀에 대해 걱정하고 그 안에서 희망을 찾아내고, 결국 안정되고 만족스러워하는 생활을 갖게 되었음을 발견할 수 있었다.

1. 외면하고 떠넘기기

일반 매체와 많은 연구들에서 지적되어 온 전형적인 유형이다. '관심 없어요', '그런 것은 안 해요', '도움을 못 주고 있어요' 하면서 남편은 자신 외의 다른 부분에 관심을 기울이지 않고 부인에게 모든 것을 전담시키며 자신의 역할인식을 하지 못하고 있는 무역할 방관의 모습을 보이고 있다. 다행인 것은 가장으로서 경제적인 책임은 하고 있다는 것이다. '항상 밖에서 일하는 시간이 많아서', '내 일이 바쁘다 보니까 신경 못 써주는 편도 많이…', 이처럼 자칫 사회생활로 인해 남편과 아버지의 역할이 묵인되는 상황처럼 보이기도 하나 분명히 자신에게 주어진 남편과 아버지의 역할을 제대로 해내지 못하고 있는 것이다.

> 처음에 임신을 했을 때 말도 잘 통하지 않을 때, 난 여자문제 그런 것은 관심이 없어가지고 잘 모르겠어요. 나는 솔직히 가정 일에 관심이 없어요. 돈 같은 것도 관리하기 싫고 나는 원래 그래요. 돈을 벌어다 던져주면 끝난다. 내가 노력을 하려고 해도 내가 일하다 오면 일단 힘드니까… 다 가르쳐달라고 하면 나는 그런 것은 나는 안 해요. 내 몸도 피곤해 죽겠는데 그런 것은 안 해요.(1)

> 도움을 못 주고 있거든요. 거의 대부분의 농사일을 혼자 해야 되니까… 새벽에 나가서 나는 일을 하고 아이들 때문에 아내의 일손 도움을 받을 수가 없어서 항상 밖에서 일하는 시간이 많아서… 또 들어오면 피곤해서 그냥 잠을 자버리고 아이들하고 있는 시간이 별로 없어요.(5)

내 생활이 바쁘고 아내도 아이들한테 시달리고… 나도 내 일이 바쁘다 보니까 신경을 못 써주는 편도 많이 있어요. 일을 안 하게 되면 생활이 안 되니까요. 그래서 내가 정확한 것을 못해줘요. 가까운 아는 형님들도 보면 외국인 여성과 결혼한 사람들을 보면 밤에 늦게 들어가고 술이나 먹고 늦게 들어가고 물론 때로는 한두 잔씩 해야 되잖아요? 날마다 늦게 들어가고 가정이 중요한 것이 아니라 밖에서 사회생활이 위주가 되더라고요.(12)

자신의 일에 충실하고 열심히 하는 것으로 인해 가정생활에 관여하지 않고 도와주지도 않는 모습도 있지만, 거의 매일 늦게 들어가고 사회생활에 충실해 보이는 것이 가정에 대한 적응이 되지 않음을 의미하는 것은 아닌지 고려되어야 한다.

2. 배려하고 지원하기

가장 모범적이고 주도적 노력을 보여주는 이상적인 남편과 아버지의 모습이다. '잘해주어야 한다고 생각해요'라고 주장하면서 다른 남편들에게도 부인에게 '무조건 잘해주어야 한다'고 강조하고 있다. 언어와 음식 등 서로 다른 차이에 대해 남편의 배려가 있어야 한다고 주장하고 있다. 결혼생활을 잘 꾸려나가고자 하는 노력에 진한 감동을 주기도 한다.

저는 1년 동안은 잘해주어야 한다고 생각해요. 말도 안 통하고 음식도 안 맞고 그러니까 무조건적으로 잘해주라고 말했어요. 그건 경험에서 나오더라고요. 살다 보니까 그건 경험이 되더라고요.(1)

아울러 좋은 아버지의 역할도 강조하고 있다. '좀 머시기한(좋은) 아빠가 되어야죠', '놀아줄 방법을 찾아서 놀아주어야죠' 하면서 아버지의 책임감과 의무도 언급하였다. 또한 '한국가족들이 잘해주면 크게 문제가 없을 것 같다'고 하면서 결혼이민여성을 위해 한국가족의 배려가 우선되어야 하며 이러한 특징이 문제예방에 도움이 될 것이라고 주장하고 있다.

저는 나가서 배우든지 집으로 오셔서 가르치든지 모두 좋아요. 더 많이 배우는 것이 중요해요. 배우는 것이 중요하죠. 아이와 함께 있을 시간이 많으니까 말 배우는 시기에 아이를 위해서 아내가 하나라도 더 배우는 것이 중요하다고 생각해요. 아무래도 좀 머시기한(좋은?) 아빠가 돼야겠죠. 시골에서 놀아줄 수 있을는지 모르겠네요. 될 수 있으면 놀아줄 방법을 찾아서 놀아주어야죠.(2)

이 유형의 공통적인 특성은 부인에 대한 집요한 학습지원과 배려였다. 가까이에서 배우자를 통한 한국어 학습은 가장 효율적일 것이라고 단언할 수 있다. '한국사람과 비슷하게 될 때까지 20~30번', '유치원생하고 똑같이 가르쳤어요', '뭐 좀 배워봐라, 배워봐라'의 글 속에서 파악할 수 있듯이 남편은 결혼이민여성에게 든든한 교육자이자 후원자의 역할을 해냈다.

다른 이주여성은 어떤지 모르겠는데 한국가족들이 잘해주면 크게 문제가 없을 것 같아요. 남편보다는 가족들이 잘해주어야 한다고 생각해요. 우리 와이프는 우리 작은집이랑 가족들이 싫을 때는 싫다고 하는데 대부분 좋아합니다. 작은집 가족들을, 작은 아버지, 작은 어머니도 좋아해요. 어떤 분들도 다 좋아해요. 지금 좋은 이유를 물어보면 '다 챙겨주니까'라고 말합니다. 그렇게 관심을 가져주면 좋아하게 되죠. 자기를 좋아한다고 이주여성들도 말은 잘 통하지 않지만 생각이 있어서 느낍니다. 그런데 우리 시골 노인 분들이 이주여성들은 말이 안 통하니까 모른다고 생각하고 무시해버리는 경향이 있어요. (중략) 나 같은 경우에는 쉽게 말하면 뜻이 '집'이 뭐냐고 물어보면 뜻을 설명해주고 발음이 한국 사람하고 비슷하게 될 때까지 20~30번 계속했어요. 와이프도 그렇게 하는 것을 싫어하지 않고 배우려고 하는 의지가 있었기 때문에 발음이 틀리면 '아이, 아이, 그래' 계속 똑같은 발음을 집, 지, 지 이런 식으로 계속 다르게 발음을 하면 나는 집이라는 단어 발음이 나올 때까지 계속 들었다가 바로 그거 '집' 그런 식으로 하였고 와이프는 그 발음으로 계속 연습하고 그러다 보니까 빨리 습득하게 되더라고요.(3)

네, 하나부터 열까지… 유치원생하고 똑같이 가르쳤어요. 아이를 낳아서 키워야 되는데 한국국적을 가져야 반듯하게 호적에도 올리고… 한국에서 살 사람인데 중국과 한국을 가지고 있다면 안 된다는 생각이에요. 그렇죠. 내게 여기서 우리 사는 것처럼 아무것도 모르는데 막 밀어붙이면 안 되죠.(5)

같이 나가서 의사소통을 하더라도 내가 이렇게 옆에서 도와주는 거 같이 있어주는 게 제일 도와주는 것이죠. 이 사람이 여기저기 공부를 좀 한 사람이라 이런 데서 좀 관심 있게 해요. 그런데 혼자 있으면 저기하니까 뭐 좀 배워봐라, 배워봐라 이것저것 찾다가 여기 이주센터 발견해서 그냥 서로 같이 오랜 시간 보내주는 게, 앞에 가게를 가더라도 손잡고 나가주고, 그게 제일 여자한테 도움이 되고…(6)

내가 마음의 문을 열고 가까이 다가가려고 노력을 하니까 본인도 무엇을 느꼈는
지 마음도 편안해지고 얼굴 표정도 밝아지는 것 같더라구요.(7)

　남편이 한국생활에서 유리한 입지에 있다는 점을 인식하고 결혼이민여성
에게 먼저 다가가 노력했을 때 결혼이민여성 또한 자연스러운 변화를 보였다
는 것은 다른 남편들에게 시사하는 바가 크다고 하겠다. 즉 남편 자신의 이미
지 개선, 부부관계향상, 결혼이민여성의 한국생활적응유도, 차후 자녀교육까
지 그 파급효과는 크다고 하겠다.

　3. 포기하고 참아내기

　갈등의 전후에서 결혼이민여성이 마음에 들지 않은 것을 속으로 삭히는
수동적 갈등을 보인다. '나는 아무 말도 하지 않고 가만히 입 다물고 있어버려
요', '그런 것을 하지 않아서 그런 부분은 어려움이 좀 있어요', '먹이면 좋겠
는데 잘 안 하더라고요. 뭐 귀찮은지는 몰라도…', '좀 잊어줬으면 좋겠다는
그런 마음이 좀 들어요' 하면서 갈등을 일으키지 않으려고 참아내고 있었다.
이러한 행동은 긍정적으로 해석해보면 남편의 속 깊은 이해라고도 할 수 있
으나 묵인하고 표출하지 않는 것이 주어진 문제가 해결된 것은 아니다. 물론
사사건건 마음에 들지 않은 것을 언급할 때 오히려 갈등이 깊어질 가능성이
있다.

나는 일하고 오면 피곤한데 아내는 나한테 아이를 좀 봐달라고 하고 나는 조금
누워 있고 싶고 그렇다 보니 그럴 때가 좀 짜증이 많이 나요. 그럴 때는 나는 아
무 말도 하지 않고 가만히 입 다물고 있어버려요. 말해버리면 싸움이 되고 아내
가 더 화를 내니까 아무런 말없이 있어요.(2)

우리 같으면 안 먹으려고 하면은 억지로라도 먹이려고 하는데 우리 아이엄마는
개방된 사회에서 살다 와서 그런지 몰라도 본인이 싫다 그러면 그냥 둬요. "하지
마" 이런 식인 것 같아요. 그런 점이 좋은 점도 있겠지만 저 같은 사람은 한국문
화에 계속 젖어서 살아와서 그런지 몰라도 아이가 안 먹으면 억지로라도 먹이고
그러면 좋겠는데 그런 것을 하지 않아서 그런 부분은 어려움이 좀 있어요.(7)

저 같은 경우는 아기 낳고 키우고 하는 것은 남자가 되다 보니까 잘 모르잖아
요… 그러나 우리 아이엄마는 보건소장님께 배운 대로 실행하여 많은 도움을 받
았습니다. 아이가 우유를 잘 안 먹으면 계란찜 같은 것에 우유를 좀 넣어서 요리
를 하면 우유까지 같이 먹게 되니까 그렇게 응용을 해서 먹이면 좋겠는데 잘 안
하더라고요. 뭐 귀찮은지는 몰라도… 한국음식에 대한 무언가 있는 건지는 몰라
도. 그런 점이 조금 문제가 있어요.(7)

아이 엄마는 처갓집 염려를 하면… 나는 우리아이들 걱정하다 보니까… 의견 충
돌도 있고 상호 간에 그럴 때는 요즘은 그런 것(처갓집 어려움)은 좀 잊어줬으면
좋겠다는 그런 마음이 좀 들어요.(9)

수동적 공격은 자신이나 상대방에게 오히려 더 큰 피해가 될 소지가 있다.
부부간 대화가 단절되고 문제를 은폐시키는 것으로 갈등의 폭이 깊어질 수
있어 건강하게 부부갈등을 표출하고 대처하는 방법에 대한 체계적인 지원이
필요함을 알 수 있다.

4. 걱정하고 희망 찾기

결혼하고 자녀도 갖게 되었고 이제 미래에 대한 걱정과 염려가 밀려온다.
특히 자녀가 학교에서 적응을 잘 할 것인지에 대한 걱정과 앞으로 이러한
정책이 만들어져야 한다는 제안은 걱정으로만 끝난다는 것이 아니라 보다
나은 미래를 위한 희망을 갖는 움직임으로 해석될 수도 있다. 특히 '부지런히
일해서 안 쓰고 돈 모아서 아이들 학교 보내야겠다는 생각'을 표현하면서 아
버지로서 책임을 비장하게 드러낸 것은 결혼이민여성 남편을 항상 주변인으
로만 매도해도 되는 것인지에 대한 새로운 인식개선의 장이 필요함을 제공해
주고 있다.

학부모가 되기 위해 아빠로서 준비는 뚜렷하게 없고요. 초등학교 학부모가 됐다
는 것 때문에 열심히 돈 모아서 아이들 가르쳐야겠다는 생각을 하게 되었어요.
부지런히 일해서 안 쓰고 돈 모아서 아이들 학교 보내야겠다는 생각을 했죠.(5)

반면 자녀에 대한 걱정은 모든 부모의 관심사이지만 이 남편들의 걱정은

한국여성이 아닌 외국인 엄마를 갖게 된 자녀, 외모가 다른 자녀 등으로 자신에게 주어진 사회적 시선을 의식하며 걱정하고 있는 것으로 해석된다. 또한 남편들은 이러한 사실을 수용하면서 앞으로 닥친 문제들에 적극적으로 해결하려는 의지는 보이지 않았다. 다음 문구 속에서 이러한 사실을 확인할 수 있는데 '엄마가 외국 사람이라고 놀릴까 봐서', '따돌림당할까 봐서', '불이익을 받지 않을까' 고민하고 '정부 쪽에서도 그런 쪽에 조금 배려를 해주셨으면 하는 바람'에 놓여 있다.

> 차라리 난 아이들이 엄마가 외국 사람이라고 놀릴까 봐서 그것이 걱정이에요. 다른 것은 없어요. 난 아이를 학교에 보내더라도 우리 엄마 외국 사람이라고 절대 이야기하지 말라고 교육을 시키려고 해요. 따돌림당할까 봐서…(1)

> 지금은 아이가 어린데 나중에 커서 초등학교를 가게 됐을 경우, 뭐라 해야 되나 조금 따돌림당하게 될까 봐 또는 불이익을 받지 않을까 하는 것들이 많이 머릿속에 걱정도 되고 그런 정책을 좀 펴주셔서… 저는 TV를 보다가도 아이 때문에 그런 관계된 방송을 하면 나도 모르게 그쪽으로 채널을 돌리게 되고 관심을 갖게 되는데 정부 쪽에서도 그런 쪽에 조금 배려를 해주셨으면 하는 바람이에요.(7)

국제결혼한 남성들이 다문화가족의 일원임을 인식하고 수용하는 자세가 요구되며 우리 사회는 다문화적 사회인식의 부재 속에서 하루바삐 탈피하는 것이 필요할 것이다.

5. 안정되고 만족하기

결혼하고 자녀도 생겨 이제 흡족하다. 결혼에 대한 만족감이 드디어 들기 시작하였다. '내가 장가가길 잘했다'고 하면서 자녀와 부인에게 잘해줘야겠다는 마음이 들고 책임감까지 들게 된다. 그리고 부인이 떠날 염려도 없다. '아내가 한국국적을 가지고 있으니까 마음적으로 아주 편해요.' 즉 부인이 드디어 한국인이 되어 한국에 영원히 머물 수 있게 되었기 때문이다. 부인의 한국국적 취득은 한국사회에서 안정된 생활보장보다는 부인의 국가로 가지 않을 가능성이 크다는 것 때문에 더 안도감을 갖는 것이다. 또한 남편은 '아내가 와서 이렇게 두꺼비 같은 아들도 낳아주어서…' 자신에게 와준 부인과 자신의 분신이 생겼기 때문에 행복해 하고 있다.

> 저는 처음에는 못 느꼈는데 아이를 낳고, 철이 드는지는 모르겠지만 내가 장가가길 잘했다고 생각해요. 아내에게 좋게 하고 잘하고 살아야겠다는 생각이 들어요. 전에는 그런 생각을 못 했죠. 그 전에는 결혼하면 결혼하나 보다, 장가가면 장가가나 보다 했는데 아이 낳고 나서 좀 틀려지는 것 있죠. 그때부터 아내한테 잘해야겠고 아이한테 잘해야겠다는 책임감이 들어요. 첫째는 아내가 한국 국적을 가지고 있으면 내가 불안한 마음이 없잖아요? 아내가 중국 국적을 가지고 있으면 살다가 아무 때나 자기가 가고 싶으면 가버리잖아요? 쉽게 말하면… 아내가 한국 국적을 가지고 있으니까 마음적으로 아주 편했어요.(5)

> 일이 힘들 때는 가만히 앉아서 담배 한 대 피면서 생각하는데… 아내가 와줘서 이렇게 두꺼비 같은 아들도 낳아주어서… 이 자식이라도 잘 키워야겠다는 생각을 하면서 일을 하는데….(2)

자신의 울타리가 사회에서 보여주는 보편적인 모습을 갖추게 된 것에 대한 성취감과 보람을 확인할 수 있다. 시간이 지나면서 결혼생활이 보다 안정적으로 되는데 가족구성원이 채워지고 특히 2세의 등장이 있었지만 무엇보다도 부인의 국적취득은 자신의 곁에 부인을 묶어들 수 있는 강력한 법적·제도적 장치가 마련되었다는 점이 심리적 안정감을 가져다주었다. '도망간 아내', '가출한 아내' 등 선행 사례들을 통해 볼 때 국제결혼한 남성들은 결혼안정성에 대해 잠재적으로 불안해하고 있다. 긍정적 의미이든 부정적 의미이든 부인의 국적취득은 남편이 가족을 지키는 안전보호대 역할을 해주는 것이다. 또한 남편과 부인의 신뢰형성은 결혼생활을 안정되고 만족하게 하는데 선행조건임을 알게 한다. 특히 자격지심(?)이 있는 한국남성이 외국인 부인에 대한 신뢰를 형성하게 하는데 부부 서로의 노력이 요구되므로 추후 프로그램 내용에도 고려되어야 하겠다.

한국이 좋든 싫든 한국으로 시집을 왔고, 한국 사람으로 되어야 하고, 아이들하고 서로 적응해서 살아가야 되는데 한국말을 못 한다고 하면은 좀 어렵잖아요. 서로가 조금 어려운 상태에서 출발하신 분들이고 용기를 내신 분들인데 그런 마음 자세를 갖고 출발을 하신 거니까 좀 잘 살았으면 좋겠고요. 주위에서 그런 이야기를 많이 하잖아요? 예를 들어 또 주변에서 이주여성들이 어디로 나가버린다든지 이런 이야기를 들으면 한 귀로 듣고 한 귀로 흘리고 내가 선택하고 내 사람은 절대 그런 사람이 아니라는 믿음, 그런 마음 넉넉한 마음을 갖고 살고 싶어요.(7)

결과적으로 가족의 모습이 완성되어가면서 남편도 한 가정의 가장, 남편, 아버지로서 역할을 인식하고 수용하는 모습을 보여주고 있다.

제5장 결론 및 제언

본 연구는 국제결혼한 남성의 결혼생활과정을 들여다봄으로써 남편의 시각에서 국제결혼이라는 삶의 세계를 어떻게 경험해가고 있는지, 그 내부에서 남편역할의 의미를 파악하는 것을 목표로 한다. 이를 위해 연구자는 참여관찰과 심층면접을 진행하면서 내부자적 관점을 가지고자 하였으며 분석을 위해 다시 그 집단의 맥락 밖으로 나와 외부자적 관점에서 그 문화를 해석하였다. 이 연구의 주된 참여자들은 국제결혼한 남성들이다. 자료수집을 위한 주요한 방법은 국제결혼한 남성들에 대한 심층인터뷰였으며 이러한 과정은 Spradley(1979)의 문화기술적 면접방법에 따라 진행되었다.

국제결혼한 남성의 부부되기의 과정을 살펴보면, 기대 반 도박 반으로 결혼이민여성과 인연을 맺는 것으로 시작하여 부부관계를 형성하고 보니 언어와 문화 차이로 인한 소통의 단절을 경험하고 이러한 소통의 단절은 서로 간 갈등을 갖게 하고 이 갈등을 공유하면서 극복하고자 노력하여 결국 안정 속의 신뢰와 희망을 찾게 되는 과정을 경험하였다.

이러한 과정에서 남편들은 결혼이라는 한국사회의 진정한 성인으로의 어려운 입문을 갖고자 도전하고 힘든 결단을 통해 '낯선 자와의 결혼생활'을 누리게 된다. 자의반 타의반으로 결혼을 선택하여 잘되리라는 낙관적 사고를 통해 거친 인생의 바다를 항해해 간다. 사실 결혼을 하지 못한 당사자의 입장에서 당사자의 문제이든 사회구조적 문제이든 이들도 한 개인으로서 인생의 발달과업을 달성하고자 하는 시도와 노력이 있었다는 점은 많은 것을 생각하게 하는데 '자신의 삶의 주체'로서 살아가고자 하는 의지가 있음을 표명하는 것이다. 반면 자신의 순수한 선택만으로 결정하기보다는 주위의 충고나 조언에 의해 결정되는 인생의 선택의 기로에서는 타인에게 의존하는 약한 남자의 모습도 공존하고 있음을 알 수 있다.

새로운 세계에 접어들어 만만치 않은 것들이 기다리고 있었다. 말 그대로 '점입가경(漸入佳境)'이다. 결혼을 통과하고 보니 새로운 많은 문제들이 기다리고 있었던 것이다. 여기에서 그동안 결혼이민여성들이 낯선 한국에 와서 결혼생활에서 겪는 고통과 어려움이 많이 노출되었으나 국제결혼한 남성 또한 어려움을 느끼는 양상은 다를 수 있으나 소통의 단절이라는 유사한 어려움을 경험한다는 것을 알 수 있다. 갈등을 경험하게 하는 요인은 남성 자신이기도 하지만, 서로 간 소통이 되지 않는 이유가 가장 많은 부분을 차지하고 있었다. 남성은 이러한 갈등 속에서 인내해주고 이해하려는 모습을 보이기도 하였다. 부부갈등의 가해자이고 주체로만 묘사되었던 시각에서 벗어나 남성들도 결혼생활에서 자신의 역할을 충실히 수행하기 위해 생존을 위한 투쟁을 하고 있다는 것을 알 수 있다.

갈등의 터널을 지나오면서 남편들은 부인을 이해할 각오를 갖고 인내하고 노력하여 어려움 속에서 희망을 찾았다. 사실 우리는 국제결혼한 남성들이 결혼생활을 어떻게 잘 운영해 나가야 하는지에 대한 지원에 취약하였으며 이 부분에 반성과 앞으로의 정책 방향이 변화되어야 할 부분이다. 그럼에도 불구하고 서로 간 신뢰를 갖고 국제결혼이 보편적으로 되어 안도감을 느끼며 어려움을 헤쳐 온 경험으로 앞으로 '희망을 가지고 살아남은' 것이다. 결혼생활에서 언어와 문화차로 많은 어려움과 갈등을 갖고 살아가지만, 문제해결을 위해 고군분투하며 극복해내는 과정을 통해 자신의 문제를 수용하고 이

수용을 통해 부부관계를 원만하게 유지해 나가는 과정을 갖고 있음을 알 수 있다.

구체적으로 국제결혼한 남성의 문화적 의미를 살펴보면, 인지상정인가 우리의 모습이 고스란히 담겨져 있음을 알 수 있다. 남편은 외면하고 떠넘기기, 배려하고 지원하기, 포기하고 참아내기, 걱정하고 희망 찾기, 안정되고 만족하기로 분류할 수 있었다. '외면하고 떠넘기기'에서는 국제결혼한 남성을 매체에서 단선적으로 매도한 의미가 담겨 있다. 남편이나 아버지로서의 책임감은 찾아볼 수 없고 자리만 차지하고 있는 '전형적인 무역할 남편'이다. 밖에서 경제활동을 가장 우선시하는 남편은 집에서의 주어지는 역할이 귀찮기만 하다. 진정한 부부관계의 단절과 결핍을 엿볼 수 있다. 대부분 노동직과 농사일이라는 힘든 특수한 직업임을 감안한다면 이해될 수도 있으나 이들은 결혼생활에서 자신의 역할수행이 이루어지지 않음을 당연하게 여기며 가족에게 미안한 마음마저 없어 이들에 대한 남편과 아버지로서의 역할수행에 대한 교육을 지원해야 할 필요성이 제기된다고 하겠다.

'배려하고 지원하기'는 가장 이상적인 남편상으로 즉 준비된 주도적인 노력형 남편이다. 그리고 누구보다도 '배려와 지원의 남편'이기도 하다. 이러한 노력은 결혼이민여성의 편안함과 한국생활의 빠른 향상과 변화를 유도하고 그러한 모습을 보면서 남편은 다시 만족감을 갖는 긍정적 환류작용을 경험하고 부부간 상호 호혜성을 갖는다. 이들에게는 이러한 모습이 지속적으로 유지되고 더 훌륭한 남편과 아버지의 역할을 수행해 나가도록 하는 교육과 지지가 지속적으로 이루어져야 하겠다.

'포기하고 참아내기'는 단기간 문제가 나타나지 않지만 장기간에 걸쳐 이러한 유형이 지속될 경우 오히려 심각한 양상을 보일 가능성이 있는 '폭풍전야의 유형'이다. 남편은 내면적으로 결혼이민여성이 마음에 들지 않아도 겉으로는 참아주지만 불만을 마음으로 담아두는 유형이다. 상대에게 말을 하면 오히려 싸움으로 발전할 가능성 때문에 소극적으로 대처하는 것은 부부관계에 바람직하지 않은 모습이다. 이들에게는 부부의 문제를 솔직하게 노출하고 이를 해결할 수 있는 갈등대처방식이나 개방적이고 양방적인 의사소통에 대한 기술이 요구된다고 하겠다.

'외면하고 떠넘기기'와 '포기하고 참아내기'의 의미는 외형적으로 남편의 역할을 잘 수행하지 않는다는 점에서 유사하나 '외면하고 떠넘기기'는 부부관계와 가족 내 문제가 무엇인지에 관심이 없으며 '포기하고 참아내기'는 부부간 문제의 핵심을 인지하고 있다는 점이 차이점이다. 두 의미 모두 바람직하지 않은 유형으로 개선과 변화가 요구된다.

'걱정하고 희망 찾기'는 자녀의 '미래에 대한 걱정과 관심이 배어 있는 유형'으로 주로 미래에 대한 걱정의 초점을 자녀에게 두었다. 가족생활에 대한 절박함이 배어 있어 아버지의 역할에 대한 책임감을 보여주는 것이며 또한 앞으로 지원분야와 서비스의 개발이 자녀에게도 이루어져야 함을 보여주는 것이다.

마지막으로 '안정되고 만족하기'는 가족을 통해 가족 안에서 행복과 보람을 느끼고 결혼의 의미를 새기고 있는 '성취보람형'이다. 남성들이 국제결혼을 시도했고 결혼 안에서 갈등과 어려움이 있었지만 자신을 이해해주는 부인과 자녀를 생각하면 그동안 자신이 걸어온 결과에 자족해하고 있다. 이 의미는 가족이 한 개인을 안정되고 편안하게 하는 절체절명의 가치를 보여주고 있다.

이상의 연구결과가 보여주는 것은 첫째, 한국사회에서 결혼이민여성만이 피해자이고 도움을 제공해야 할 존재가 아니라 이들을 가장 가까이에서 대면하고 있는 남편들에게도 관심의 시선이 주어져야 한다. 결혼이민여성 남편의 정서와 사고 등을 이해하는 단초를 제공하고 몰성적(gender blind) 연구관행을 극복하고 은폐된 여성의 주체성을 드러낸 연구(이근무·김진숙, 2009)가 지적한 것과 같이 이들에 대한 부정적인 사회의 시각과 단선적인 입장으로 몰고 가는 사회적 분위기가 오히려 이들의 자존감을 떨어뜨리고 자신들을 또 다른 주변화된 집단으로 여기며 살아가고 있는 것이 현실이다. 이런 의미에서 앞으로 남편에 대한 정확한 이해를 위해 더 많은 추후연구들이 진행되어야 한다.

마지막으로 본 연구의 몇 가지 제언을 해보면 국제결혼을 하였으나 평범한 한국인 남성이라는 존재감을 갖게 하고 지역사회와의 자연스러운 통합을 이뤄나갈 수 있어야 하는 과제가 남는다. 제3세계 여성들이 기대하는 경제적·문화적 수준에 미치지 못하는 한국남성들은 계층적·사회적 불평등의 재생산과 세계화의 짐을 외국인 아내와 함께 지고 있다고 한 연구(채옥희·홍달아기, 2008)와 같이 남편 자신의 인정과 의미부여가 이루어질 때 배우자인 결혼이민여성에게 긍정적 영향을 미치고, 자녀에게는 좋은 아버지로서 모델링 대상이 될 수 있을 것으로 사료된다. 또한 지역사회에서는 그들 간의 자조모임이 자발적으로 조직되어 자신들의 문제해결을 모색하고 친목을 도모하여 풍요로운 미래사회를 이끌어가는 좋은 예들이 있다. 그러나 국제결혼한 남성들의 자조모임에 대한 결성과 활성화가 필요하지만 일종의 결혼생활의 생존의 차원과 동질감을 공유하는 차원에서 자조적 성격의 집단이 형성되기도 하지만 검토될 필요성은 다분히 존재한다. 자신을 결혼이민여성과 같이 동일시하였으며 디아스포라적 위치로 자기성을 재구조한다고 한 결과(이근무·김진숙, 2009)를 볼 때 이들만의 삶의 방식이 생기고 그 속에서 나름대로의 유대관계가 형성되기도 하지만 지역사회에서 또 하나의 주변화된 집단으로 전락될 가능성을 무시할 수 없다. 이들 모임의 성격을 다른 사람들과의 만남을 통해 지역사회통합의 차원으로 이루어질 수 있도록 체계적으로 운영되는 데는 지원센터 및 기관들의 역할이 자못 크다고 하겠다.

또한 결혼이민여성에게만 주어지는 서비스만으로는 다문화가족에 대한 지원과 문제를 해결하는데 부족하다. 국제결혼가족의 어려운 문제를 해결하기 위해서 이주여성과 밀접한 관계를 맺고 있는 가족의 의식이나 자원은 그대로 둔 채 이주여성만을 지원하는 것은 한계를 가지며 국제결혼 여성과 남편, 가족 전체를 단위로 접근하는 것이 효율적일 수 있다고 제시한 선행연구(장온정, 2007)를 토대로 생각해볼 때 가족에게 큰 영향을 주는 남편을 배제한 지원과 서비스는 문제예방과 해결에 대한 효과는 미미한 결과를 낳을 수 있다고 하겠다. 따라서 가족형성에 안정감과 행복감을 느끼는 남편들을 볼 때 주도적으로 노력하는 남성들을 제외한 나머지 남성을 위한 남편과 아버지의 역할을 주지시키는 지원이 요구된다. 특히 결혼 전부터 예비남편교육프로그램의 활성화가 이루어져 결혼과 남편의 역할을 준비케 하고, 건강한 부부관계를 형성해 나갈 수 있도록 지속적인 부부교육프로그램을 실행하는 것도 우리 사회의 몫이다. 특히 결혼기간, 연령차, 자녀유무와 연령, 남편의 유형이 고려된 교육프로그램과 상담개입이 이루어져야 한다.

국제결혼한 남성들의 주요걱정거리는 부모로서 동서고금(東西古今)을 막론한 자녀 걱정이다. 신혼기를 지나 자녀양육기에 접어든 시점에서 자녀에 대한 정보, 부모교육, 자녀상담이 필요하고 자녀의 발달문제, 학교에서의 학습부진이나 적응문제 등 발달단계에 적절한 서비스가 지원되어야 한다.

국제결혼한 남성에 대한 정책마련과 사회복지실천에서는 문화활동, 정보교류 등의 근거지를 제공하는 것도 한 방법이며, 찾아가는 서비스도 남편들과의 지속적인 관계와 자조모임을 발전시키는 방향에서 활동의 지속성이 유지되어야 한다. 그러나 이들을 지원해야 하는 것에서 어려운 점이 존재할 가능성은 농후하다. 결혼이민여성이 주로 집에 머물 때 집합교육과 방문교육 등으로 지원했던 방식을 남편에게 똑같이 행한다는 것은 가정의 생계를 담당하고 있는 이들에게 자유시간으로 주어지는 시간은 짧기만 하다. 따라서 촌각을 다투며 살아가는 이들에게 아무리 좋은 지원도 흡수되지 않을 가능성이 있어 현장에서는 어려움이 존재한다. 이들이 자유롭게 공유할 수 있는 문화와 교육 공간이 지정되거나 확보되는 문제, 다양한 프로그램 구성과 실행 능력 등이 선결되어야 하며 무엇보다도 남편들에게 자신을 향상시킬 각오와 실천이 있을 때 가정의 행복도 이어질 수 있음을 인식시키는 것이 현장실무자의 중요한 몫이다.

정리하면 결혼이민여성 남편에 대한 지원대책과 서비스는 이들의 구체적인 삶의 이해를 바탕으로 보다 장기적 계획을 가지고 질적으로 이루어져야 한다.

참고문헌

광주광역시(2009). 광주광역시 2008년도 다문화가족 실태조사.

구차순(2007). 「결혼이주여성의 다문화가족 적응에 관한 연구」, 『한국가족복지학』, 20, 319~359.

김상임(2004). 「상담사례를 통해 본 국제결혼 이주여성의 삶」, 『이주여성인권센터 기념 심포지엄 학술대회자료집』.

김오남(2006). 『여성결혼이민자의 부부갈등 및 학대에 관한 연구 -사회문화적 요인을 중심으로-』. 『한국가족복지학』, 18, 33~75.

김오남 · 김경신 · 이정화(2008). 「결혼이민자남편의 부부관계 향상 프로그램 효과성에 관한 연구」, 『한국가정관리학회지』, 26(1), 69~83.

김정훈(2007). 「결혼이민자 남편과 부인의 가계관리 태도비교 - 전라북도를 중심으로 - 」, 『한국생활과학회지』, 16(6), 1185~1195.

대통령자문 빈부격차 · 차별시정위원회(2006). 「결혼이민여성가족 및 혼혈인 · 이주자 사회통합지원방안」.

박주희 · 정진경(2007). 「국제결혼이주여성의 문화적응과 정체성」, 『한국심리학회지』, 25(6), 59~70.

보건복지부(2005). 국제결혼 이주여성 실태조사 및 보건 · 복지 지원정책방안.

성지혜(1996). 「중국교포여성과 한국남성 간의 결혼 연구」, 대구효성가톨릭대학교 대학원 석사학위논문.

신경희(2004). 「국제결혼가족의 부부갈등요인에 관한 연구 - 한국남성과 필리핀여성의 부부관계를 중심으로 - 」, 조선대학교 정책대학원 석사학위논문.

안현주(2006). 「한국남성과 국제결혼한 이주여성의 가정폭력경험과 대응 - 여성주의적 관점을 중심으로 - 」, 신라대학교 사회복지대학원 석사학위논문.

양선화(2004). 「상담사례에서 본 국제결혼 이주여성의 삶」, 『광주전남지역 국제 결혼한 이주여성 실태보고 및 토론회 - (사)광주여성의 전화 부설 가정폭력상담소 자료집』.

양순미(2007). 「농촌 국제결혼부부의 행복에 관련변인이 미치는 효과」, 『한국농촌사회학』, 17(2), 1~24.

양철호·김영자·손순용·양선화·신봉관·조지현(2003). 「외국인 주부의 인권과 복지에 관한 연구 - 광주·전남을 중심으로」, 『사회복지정책』, 16(6), 127~149.

여성가족부(2006). 「결혼이민자 가족실태조사 및 중장기 지원정책방안 연구」.

유태균 역(2001). 『사회복지 질적연구방법론』, Padgett, D. K.(1998). *Qualitative Method in Social Work Research: Challenges and Rewards*, 서울: 나남출판.

윤영주(2001). 「한국체류 중국동포의 문화적응스트레스에 관한 연구」, 중앙대학교 행정대학원 석사학위논문.

윤형숙(2004). 「국제결혼 배우자의 갈등과 적응」, 최협·김성국·정근식·유형기 편. 『한국의 소수자, 실패와 전망』, 한울: 321~349.

이규삼(1999). 「국제결혼가정의 부부갈등요인에 관한 연구」, 순천향대학교 대학원 석사학위논문.

이근무·김진숙(2009). 「국제결혼한 남편들의 생애사 연구 - 7인의 새로운 디아스포라(neo-diaspora) 이야기」, 『한국사회복지학』, 61(1), 135~161.

임경혜(2004). 「국제결혼 사례별로 나타난 가족문제에 따른 사회복지적 대책에 관한 연구」, 대구대학교 사회복지대학원 석사학위 논문.

장온정(2007). 「국제결혼한 한국남성의 결혼적응에 관한 연구」, 중앙대학교 대학원 박사학위논문.

전라남도(2006). 「전남지역 국제결혼 이주여성 복지실태조사 및 정책방안」.

전만길(2005). 「외국인 주부 한국생활실태조사 연구」, 한국외국어대학교 대학원 석사학위논문.

정윤정(2007). 「결혼이민자가정의 특성과 아동들의 학교적응 - 전라북도 지역을 중심으로」, 가톨릭대학교 대학원 석사학위논문.

조흥식·정선욱·김진숙·권지성 공역(2005). 『질적 연구방법론: 다섯 가지 전통』, 학지사.

채옥희·홍달아기(2007). 「베트남 결혼이민자의 한국생활적응 사례연구」, 『한국생활과학회지』, 16(1), 61~73.

채옥희·홍달아기(2008). 「피해사례를 통해 본 결혼이민자남편의 갈등」, 『한국생활과학회지』, 17(5), 891~902.

최금해(2005). 「한국남성과 결혼한 중국조선족 여성들의 한국에서의 적응기 생활체험과 사회복지서비스에 관한 연구」, 『한국가족복지학』, 15, 219~244.

최금해(2007). 「조선족여성들의 한국결혼생활 적응유형에 관한 질적 연구」, 『여성연구』, 72(1), 143~188.

최연실·이순형·문무경(2008). 「농촌 거주 결혼이민여성의 발달과 적응」, 『인간발달연구』, 15(3), 225~248.

추현화·박옥임·김진희·박준섭(2008). 「결혼이주여성 남편의 가족스트레스, 사회적 지지가 결혼적응에 미치는 영향」, 『한국가족복지학』, 13(4), 85~101.

홍기혜(2000). 「중국 조선족 여성과 한국남성 간의 결혼을 통해 본 이주의 성별 정치학」, 이화여자대학교 대학원 석사학위논문.

홍달아기·채옥희(2006). 「사례로 본 여성결혼이민자의 가정생활실태와 갈등」, 『한국생활과학회지』, 15(5), 729~741.

홍달아기·채옥희(2007). 「국제결혼부부의 가치관 및 의사소통유형과 갈등과의 관계」, 『한국생활과학회지』, 16(4), 733~744.

통계청(2009). 2008년 혼인통계 결과.

통계청(2009). 2008년 이혼통계 결과.

Creswell, J. W.(1998). *Qualitative Inquiry and Research Design: Choosing Among Five Traditions*. Sage Publications, Inc.

Durodoye, A. B.(1997). Central Library Expanded Academic ASAP. *Journal of Cultural Psychology*, 28(1), 71~80.

Hammersley, M. & Atkinson, P.(1995). *Ethnography-Principles in Practices in Practice*. Routledge.

NineCurt, C. J.(1984). Nonverbal *communication. Cambridge.* Massacgusetts: Lesley College, Evaluation, Dissemination and Assessment Center.

Spradley, J. P.(1979). *The Ethnographic Interview*. USA: Wordsworth Group/Thompson Learning. 박종흡 역(2003). 『문화기술적 면접법』, 시그마프레스.

莫黎黎·賴佩玲(2004). 臺灣社會'少子化'與外籍配偶子女的問題初探. 社區發展, 105, 55~64.

<보론 2>

국제결혼한 한국남성의 결혼해체에 관한 연구⁰¹⁾⁰²⁾

I. 연구의 목적

　다문화가족은 최근 한국사회에서 새로운 계층으로 부각되면서 정부, 민간단체, 학계 등 다양한 매체의 주목과 관심을 받아왔다. 국제결혼이 개인의 선택의 결과이든 사회구조적 문제, 세계의 경제사회로 인한 것이든 정책과 실천의 초점이 되고 있다.

　일반적으로 결혼은 역사, 문화, 지역적 특성들과 개인의 정서, 심리적 기저들이 밀접하게 교류되고 공감대가 형성된 가운데 이뤄지는 남녀 간의 결합으로 볼 수 있다. 따라서 결혼을 앞둔 남녀는 일정기간의 교제를 통해 서로에 대한 탐색과 이해를 필요로 한다. 그러나 대부분의 한국인 남성과 외국인 여성으로 이루어진 국제결혼부부들은 거리상 혹은 경제적 비용 등의 이유로 상호탐색과 이해과정을 갖기는 어려운 처지이다. 사전의 정확한 정보파악의 부족 등으로 인한 조급한 결혼은 일생생활에서 갈등의 원인이기도 하며 그에 따른 부작용들이 발생할 수밖에 없다.

　2000년 중반부터 이들 가정의 불화, 폭력, 이혼 등이 급격히 증가하면서 사회적 관심이 되고 있다. 2008년 한국인부부의 이혼건수는 2004년 이후 감

01) 이 논문은 2010년 정부(교육과학기술부)의 재원으로 한국연구재단의 지원을 받아 수행된 연구임 (KRF-2010-327-C00001).

02) 2011년도 한국사회복지학회 춘계학술대회에서 발표한 내용을 수정 보완한 것임.

소세가 유지된 반면 한국인과 외국인과의 이혼건수는 11,692건으로 총 이혼건수의 9.4%이며 특히 한국인 남성과 외국인 여성과의 이혼은 2008년 7,962건으로 전년보다 39.5%가 증가하였고 2009년 8,300건으로 4.2% 각각 증가하였다(통계청, 2010). 국적별로 혼인누적건수가 많은 중국 5,562건(67.0%), 베트남 1,292건(15.6%), 필리핀 285건(3.4%), 몽골 227건(2.7%) 등의 순으로 나타났으며 이혼사유는 성격차이(46.6%), 경제문제(14.4%), 배우자부정(8.3%), 가족 간 불화(7.4%) 등으로 나타났다(통계청, 2010). 이들 동거기간이 5년 미만인 부부가 85.4%이며 평균 동거기간이 3.1년으로 나타나 결혼적응이 이루어지지 않은 상태로 이혼이 발생한 것으로 해석된다.

이러한 수치는 이혼신고서에 신고한 내용을 집계, 분석한 것으로 별거 등의 사실이혼과는 차이가 있을 수 있으며 실제 더 높은 수치가 부부간 별거와 이혼이 발생한 것으로 추정된다. 또한 한국사회에서 결혼이민자의 조기정착 및 적응과 함께 결혼해체에 대한 예방이 시급한 상황에 놓여 있음을 보여주는 것이며 한국사회가 다문화가족해체에 대해 어떠한 정책을 수립하고 개입할 것인지에 대한 성찰이 필요한 시기임을 보여주는 것이다.

이렇게 다문화가족을 이해하려는 노력이 있어왔지만 가족을 형성하고 있는 부부에만 집중되어 다문화가족해체 당사자를 위한 관심 자체가 거론되지 않은 상황이며 결과적으로 해체된 다문화가족 당사자들은 소외된 대상으로 전락되고 있다.

지금까지 다문화가족연구에서는 이혼이나 가족해체의 문제를 집중적으로 다루어 본 국내 연구사례는 거의 찾아볼 수가 없다. 가족학, 사회학, 사회복지학, 심리학, 교육학 등 주요학회지와 국회도서관에서 논문검색을 한 결과 실제 이혼한 당사자의 목소리가 아니라 결혼생활을 유지하고 있는 여성결혼이민자를 대상으로 이혼의사에 대한 연구(박재규, 2007)와 최근 한족 결혼이주여성들의 이혼사례를 중심으로 결혼을 선택, 이혼을 선택하고 이혼 후의 삶에 대해 분석한 연구(문경연, 2010)가 있다. 연구보고서의 형태로 비교적 상세하게 다문화가족형성(혼인), 해체(이혼)추이분석, 다문화가족의 이혼사유 및 이혼과정상의 문제파악, 이혼, 사별 다문화가족의 생활실태를 분석한 연구결과가 존재할 뿐이다(김이선 등, 2010).

실제 다문화가족해체 비율이 상당히 높고 해마다 증가추세에 있음에도 불구하고 이러한 연구가 진행되지 않은 점은 연구대상에 대한 접근이 제한적인 이유도 있겠지만 별거나 이혼 등의 가족해체문제에 대해 등한시되거나 기피되는 현실을 잘 반영한다고 하겠다.

또한 실천영역에서도 건강가정지원센터, 다문화가족지원센터 등 다문화가족을 위한 서비스전달체계가 활약하고 있으며 다문화가족을 위한 새로운 사업들도 발굴 진행되고 있다. 그러나 사회통합적 측면에서 정부에 의해 주도된 다문화정책에서 주요 지원대상이 된 사람은 여성결혼이민자와 그 자녀였다. 여성결혼이민자의 경우 사회통합지원방안은 가족을 유지하는 것과 아동양육에 초점이 맞추어져 있어 인구대책으로서의 성격이 더 강하다고 할 수 있다.

현재 공적 지원체계에서 운영하는 사업 중 여성결혼이민자의 한국사회에 대한 동화와 적응을 위한 다수의 프로그램과 지역사회통합을 위한 지원이 이루어지고 있으나 정작 이혼에 대한 직접적인 개입을 중점적으로 다루는 사례는 많지 않다. 일부 부부교육프로그램이 이루어지고 있으나 일부 프로그램만으로 늘어나는 국제이혼율을 막긴 역부족이어서 국제결혼부부의 해체에 대한 현장지향적인 실천과 그들의 실제적인 목소리에 귀 기울이는 정책접근이 요구된다고 하겠다. 따라서 우리 사회의 새로운 가족형태로 등장한 다문화가족의 해체문제는 국제결혼과정의 특수성, 다문화가족의 경제적 취약성, 결혼이민자의 불안한 지위(체류 등)에 비추어 볼 때 일반가족의 해체에 비하여 정책적 개입의 필요성이 크다.

국제결혼을 선택한 한국남성과 외국인 여성들 모두 급변하는 사회의 중심에 서 있고 아직도 순수혈통, 단일민족 같은 신화가 작동하고 있는 우리 사회에서 그들의 선택과 결단 역시 갈등과 긴장이 내재하고 있다. 이혼을 불가피한 사회현상으로 규정하는 위기모델(crisis model)로 볼 때 이혼은 결혼생활의 또 다른 선택이기 때문에 긍정적, 부정적 측면을 동시에 고려해야 한다. 이혼이 심리적, 사회적, 경제적 변화를 위한 하나의 계기가 될 수 있는 반면 그러한 기회를 상실할 수도 있다. 특히 이혼은 부부의 문제로 끝나지 않고 부모와 자녀에게까지 다양한 영향을 줄 수 있어 국제결혼한 한국남성의 결혼 해체의 원인과 과정을 파악해보는 것은 다문화가족의 해체를 예방하고 해체에 대한 정확한 개입방향을 파악하는데 필수적이라 하겠다.

이상과 같은 문제의식과 연구들을 토대로 국제결혼을 선택한 한국남성들의 이혼동기, 배우자와의 관계파괴 내용과 과정 그리고 이혼 후 삶의 질적인 변화 등을 그들의 생애와 사회구조와의 맥락에서 위치시켜 살펴보고자 한다. 사회환경과 개인의 선택적 행위의 발현영역에서 문제를 보기 위해 생애사 연구방법으로 접근하고자 한다.

생애사 접근법은 사회적 배제 관점에 부응하는 연구방법으로 탐색되고 있다(Rustin & Chamberlayne, 2002). 또한 과학철학에서 말하는 구성주의 혹은 해석주의의 인식론에 근거하고 있다. 즉 현상은 어떤 정해진 원리에 의해 결정되는 것이 아니라 일상적 삶의 맥락에 놓인 사람들의 집단적 사고와 경험에 의해 구성되고 재구성되는 성격의 것이다(Guba and Lincoln, 1994). 개인들의 삶을 형성하는 객관적인 제약뿐만 아니라 의식과 주체성의 차원을 포착할 수 있도록 한다는 점에서 국제결혼부부의 해체과정과 결과의 다차원성과 역동성을 분석할 수 있는 유용한 방법으로 보인다. 국제결혼한 한국남성의 결혼해체를 생애사 접근으로 분석하고자 할 때 두 가지 중요한 방법론적 함의를 갖는다. 첫째, 외부인의 관점이 아닌 내부자로서 국제결혼 후 이혼한 외국인 여성 각자의 이야기를 통해서 파악할 수 있다는 점이다. 따라서 이들의 목소리를 빌어 해체경험을 듣는 것은 주변성의 맥락을 읽는 것이다. 둘째, 생애사 접근법에서 시간은 삶에 대한 연구에서 가장 기본적인 것으로서 과거와 현재와 미래가 서로 영향을 끼친다고 본다. 따라서 외국인 여성의 국제결혼 해체의 의미는 그 이전에 어떠한 삶을 살아왔는지에 따라 달라질 수 있다는 것이다.

국제결혼 속에서 한국남성의 일상적 삶의 맥락에는 개인의 상황뿐만 아니라 이들이 속했던 가정의 상황 그리고 그 가정이 속한 계층적 상황 및 한국사회라는 거시적인 사회적 상황 속에서 자리한 가부장적 결혼제도의 불평등한 남녀관계가 교차되었을 것이다. 이들이 과거부터 현재까지 자신들의 삶의 맥락에서 겪는 경험, 그 경험과정에서 발생한 이혼선택, 이혼전과 후의 과정 속에서 관계경험과 변화, 이러한 생의 사건들이 이혼 후 현재의 삶 속에서 어떻게 의미부여되고 있는지를 알아보고자 하는 것이 본 연구의 목적이다. 이를 통해 가족해체에 대한 체계적인 예방과 해체가족의 안정적인 생활을 지원하는 실천방안 모색과 정책을 수립하는데 기초자료를 제공하고 다문화가족지원의 사각지대를 해소하고 사회통합에 기여하고자 한다.

Ⅱ. 선행연구고찰

여성결혼이민자의 배우자인 한국남성에 대한 선행연구는 일천하다(엄명용, 2010). 이들 국제결혼 후 한국남성들의 결혼해체에 대한 직접적인 연구는 더더욱 거의 찾아볼 수 없다. 그러므로 이들에 대한 이해를 위해 기존의 부부갈등요인 연구, 이혼통계나 다문화가족 실태조사와 상담결과 자료 등을 중심으로 살펴보았다.

먼저 국제결혼부부의 다양한 갈등요인은 결혼불안정성에 영향을 미칠 수 있는데 이를 간단히 살펴보면 배우자 간 성격차이(설동훈 등, 2005; 정기선 등, 2007)와 문화차이(김오남, 2006; 장온정, 2007; 채옥희·홍달아기, 2008), 경제문제(김정훈, 2007; 구차순, 2007; 채옥희·홍달아기, 2007), 남편의 음주(설동훈 등, 2005; 최금해, 2007), 많은 연령차이(최금해, 2007: 최연실 등, 2008), 의사소통(김오남, 2006; 김정훈, 2007) 등이 꼽히며 특히 문화차이가 국제결혼부부의 관계에 결정적 영향을 미치고 있다는 점을 주목할 만하다. 또한 한국인 남편을 비롯한 가족원들로부터의 각종 폭력은 이혼을 심각하게 고려하는 핵심적 요인이다(김이선 등, 2010; 설동훈 등, 2005; 정기선 등, 2007).

또한 국제결혼한 한국남성의 입장을 대변한 연구들로 이루어졌는데 일반적으로 국제결혼한 남성들이 가부장적 사고와 무지가 가정 내 폭력을 행사하기도 하지만 가정폭력자라기보다는 정신적, 경제적, 사회적 피해자라고 하였다(채옥희·홍달아기, 2008). 우리 사회에서 결혼이민여성이 천대받은 것처럼 이들과 동일시한다고 하여 디아스포라적 위치로 자기성을 재구조화한다고 하였다. 국제결혼한 한국남성에 대한 일방적 가해자적 시각을 수정하고 보다 객관적인 입장에서 바라보는 결과가 제시되었다.

국제결혼부부의 이혼에 영향을 미치는 인구사회학적 변수에 대한 분석이 시도된 바 있는데 김두섭·이명진(2007)은 1995년부터 2005년까지의 혼인 및 이혼신고자료를 이용하여 이혼한 국제결혼부부의 인구사회학적 특성의 변화를 고찰하고 이러한 특성들이 결혼안정성에 미치는 효과를 분석하였다. 그 결과 부부간 연령과 교육수준의 상이성이 결혼의 안정성에 부정적 영향을 미치는 것으로 나타났다. 특히 부인이 외국인인 경우 연령격차는 혼인지속기간에 상대적으로 큰 영향을 미치는 것으로 나타났다.

국내의 경우 실태조사를 통한 다문화가족의 해체심각성을 짐작할 수 있다. 2009년 한국이주여성인권센터가 운영하는 콜센터의 다문화가족상담에 대한 조사결과를 보면 지난해 총 33,550건(중복체크)의 불만사례가 접수되었는데 언어갈등(34.7%), 이혼수속과 양육권 분쟁 등 법률문제(20.4%), 고부갈등을 포함한 시댁식구와의 문제(18.0%), 체류기간연장을 둘러싼 문제(16.0%), 부부갈등(11.7%), 가정폭력(11.6%), 가출(5.3%) 순이었다(한국이주여성인권센터, 2009). 대부분의 피상담자가 언어갈등 외에 추가문제를 한두 가지씩 가지고 있으며 언어갈등 다음으로 국제결혼부부는 이혼에 대한 상담이 높은 비율을 차지함을 알 수 있다.

한국가정법률상담소(2009)는 지난 2008년도 다문화가정의 이혼상담통계를 분석, 발표하였다. 결혼 3년 미만의 이혼상담비율은 49.8%에 달했으며 전체의 40.9%가 별거 중인 것으로 나타났다. 이혼사유를 살펴보면 외국인 아내가 직접 상담한 경우 3호 '배우자 또는 직계존속으로부터 심히 부당한 대우를 받았을 때'가 52.0%로 가장 많았으며 다음은 6호 '기타 혼인을 계속하기 어려운 중대한 사유가 있을 때'가 33.4%, 1호 '배우자의 부정' 및 2호 '악의의 유기' 각 6.8%순으로 나타났다. 6호 내용 중 경제갈등, 생활양식 및 가치관의 차이, 가족 간 갈등, 성격차이, 알코올 중독, 결혼조건 속임, 도박 순으로 나타났다. 외국인 여성과 결혼한 한국남성의 상담사유는 6호가 58.3%로 가장 많았으며 이 중 생활양식 및 가치관의 차이, 가족 간 갈등, 경제갈등, 잦은 외박·가출, 성격차이, 결혼조건 속임 순이며 다음은 3호 16.3%로 외국인 여성도 원인제공자로서 존재하며 남성과 여성 간 차이를 보이는 것으로 나타났다.

문경연(2010)은 한국결혼이주여성의 이혼사례를 이들이 결혼에 대한 어떠한 인식과 동기를 가지고 한국에 들어오며 어떠한 상황에서 갈등을 가지고 갈등을 겪고 이혼을 선택하는지 이혼 후의 삶은 어떠한지를 살펴본 결과 한국남편과 외국인 여성 간 기대가 달라 갈등이 심각해지고 여성들은 가출을 감행하며 남성들은 아내의 가출에 대해 가출신고와 이혼소송으로 대응한다. 여성들은 남성들의 이혼소송제기에 자신이 동원할 수 있는 중국인네트워크, 시민단체, C교회 등을 전략적으로 이용하며 적극적으로 대처하는 것이다.

김이선 등(2010)은 다문화가족의 해체문제와 정책과제에서, 다문화가족 이혼사유는 왜곡된 정보로 인한 결혼과정상의 문제, 외국인 혐오성·여성인권 침해성 폭력, 체류자격을 둘러싼 갈등, 결혼이민자의 사회적 관계를 둘러싼 갈등, 경제적 갈등, 의사소통의 어려움과 생활양식의 차이로 나타났으며, 다문화가족의 이혼과정상 문제로 법적 절차에 대한 정보의 한계 및 상담기회부재와 국경을 넘은 이혼진행의 어려움을 갖는 이혼절차, 결혼이민자의 체류자격과 자녀에 대한 권한을 둘러싼 국경을 넘어선 갈등을 포함한 가족관계정리,

다문화가족들은 체류자격의 불안정성, 생계의 어려움, 주거문제, 심리정서적 문제, 자녀양육의 어려움 등을 경험하고 있는 것으로 나타났다.

일부이기는 하지만 결혼생활 의도 없이 결혼한 여성결혼이민자가 있다는 점도 주목할 부분이며 일부 여성결혼이민자가 취업 등을 목적으로 한 한국 입국을 위해서 국제결혼을 이용하여 이혼에 이르는 경우도 배제할 수 없다고 하였다(김이선등, 2010).

국제결혼의 이혼에 대한 국외연구도 드물게 이루어졌다. 인종 간 결혼의 질에 대한 연구는 동질적 결혼보다 더 성공적이지 못하다고 제시한 반면 성공은 더 낮은 이혼율과 결혼만족과도 관련되었다(Bahr, 1981; Fu et al., 2001; Goodman, 1991; Heaton, 1984; Shehan et al., 1990). 백인부인과 비 백인남편 간 결혼은 동질혼이나 다른 유형의 인종 간 결혼보다 높은 이혼의 위기에 직면하였다(Fu, 2000). 같은 맥락에서 인종 간 결혼은 인종 내 결혼보다 유대 관계가 더 약했다고 보고했다(Fu, 2006). 또한 결혼 시 연령은 이혼위기 시 노출된 시간과 관련되었는데 어린 나이에 결혼한 사람은 이혼위기에 노출된 시간이 더 길다는 것이다(Preston, 1997). 낮은 사회경제적 지위도 결혼을 유지하려는 능력 부족으로 결혼안정성에 부정적으로 영향을 미치고 있었다 (Blumel, 1992; White, 1990). 따라서 한국에서 이루어지고 있는 국제결혼양상을 볼 때 한국인부부보다 높은 평균연령차이와 사회경제적 이유 등의 결혼 동기는 가족해체를 야기할 가능성이 더 높음을 알 수 있다.

Ⅲ. 연구방법

1. 연구참여자 선정 및 자료 수집

연구참여자는 의도적 표집(purposive sampling) 방법으로 선정하였다. 의도적 표집은 질적 연구의 대표적인 표집방법으로서 특정 현상에 대한 서술과 해석, 통찰과 발견을 목적으로 하는 질적 연구에 적합한 방법으로 인정되고 있다(유태균, 2001; Patton, 1990). 연구참여자들은 국제결혼을 하여 별거나 이혼한 지 최소한 1년의 기간이 소요된 한국남성 5명을 대상으로 선정하였다. 그 이유는 적어도 가족해체를 경험한 지 1년 이상이 지나서 해체 전과 후의 생활에 대한 생생한 정보를 제공할 수 있을 것으로 사료되기 때문이다. 또한 국제결혼 후 이혼한 남성 각 구성원들의 입장을 충분히 수용할 수 있는 접근이 필요할 것으로 사료된다. 광역시 이상의 대도시와 중소도시, 농어촌지역에 거주하고 있는 한국남성은 다문화가족지원센터, 쉼터, 상담센터와 복지관 등의 도움을 받아 심층면접을 실시하였다. 심층면접 직후 면접사례에 대해 분석을 실시한 후 그 사례와 비교 대조할 수 있는 다른 사례를 기관이나 지인들을 통하여 소개받는 방법인 눈덩이표집(snowballing sampling 또는 chain sampling)을 하였다. 이러한 방법으로 2010년 8월부터 2010년 11월까지 총 5명의 연구참여자를 발굴하여 면접하였다.

생애와 자료의 종류는 출생 이후의 전 생애에 관한 이야기인 전체 생애사(complete life history)와 일정기간 중의 특정 주제에 국한된 이야기인 주제별 생애사(topical life history)로 나누어질 수 있다(박재홍, 1992). 본 연구에서는 주제별 생애사 자료 수집을 통해 한국남성의 국제결혼 해체라는 주제를 살펴보기 위해 일정기간 한국남성이 국제결혼을 선택한 후 결혼생활과 해체결정 이유, 해체 후 적응과 생활까지를 밀도 있게 살펴보고자 결혼 전후 경험에 대한 생애에 집중되어 조사되었으며 결혼 이전의 생애에 대해서는 부분적으로 자료에 참조하였다.

〈표 1〉 연구참여자의 특성

사례	연령	결혼기간 (월)	본인직업	자녀 수	소득 (만 원)	종교	배우자 출신국	학력	결혼유형	전 배우자 나이차	이혼·별거 기간
정	42	14	농업	1	50	없음	베트남	중졸	초혼	17	10년
이	30	32	농업	1	80	기독교	베트남	고졸	초혼	2	30월
박	43	17	자활	1	80	기독교	베트남	고졸	초혼	15	38월
신	34	18	공공	0	60	없음	베트남	고졸	초혼	10	18월
양	46	2	노동	0	140	없음	베트남	고졸	초혼	22	13월

* 이외 연구참여자 - 사례(이) 어머니, 사례(박) 부모, 사례(신) 아버지

연구자와 연구참여자 간 일대일 심층면접을 주로 진행하며 연구 보조원이 면접 과정을 함께 하면서 주요 사항을 기록하고 면접의 전 과정을 녹음하였다. 녹취된 자료는 면접이 끝나는 대로 필사본으로 전환하였다. 필사본 이외에도 연구 참여자의 경험과 관련된 사진, 서류 등을 요구 수집하였다. 심층면담은 연구 참여자 1인당 평균 3회 이상, 시간은 1회당 120분에서 150분 정도 소요하며 면담 후 개인 사례별 분석과정에서 추가로 확인해야 할 부분이 발견되면 전화 통화나 가정 방문 혹은 이메일 등을 통해 확인·보충하였다. 면담은 참여자의 사정에 따라서 참여자의 직장이나 집 근처 카페 등 조용한 장소에서 이루어졌으며 참여자가 가장 편하게 생각하는 장소와 시간대를 최대한 배려하였다.

2. 자료분석

연구 참여자의 생애사로부터 의미를 찾아나가기 위해 본 연구는 Liebich 등(1998)이 범주화한 4개의 분석방법 중 통합적 내용분석(holistic-content approach) 방법을 사용하였다. Liebich 등(1998)은 생애사 자료 분석방법을 크게 4가지로 범주화하였다. 통합적인 내용분석, 범주적 내용분석, 통합적 형태의 방식, 담론 분석 등이다. 통합적 내용분석은 개별 생애사를 분석의 초점으로 하여 각 생애사의 주요한 테마를 확인하는 방법으로서 각 생애사의 고유성을 살리면서 사례분석의 대상으로 삼는 방법이다(한경혜, 2004).

분석의 근거가 된 자료는 심층 면접한 내용을 녹음한 후 필사한 것을 근거로 하였다. 자료 분석은 생애사 연구 방법을 적용하여 Mandelbaum(1973)이 제안한 삶의 영역(dimension), 전환점(turnings), 적응(adaptation)의 3가지 개념 틀로 분석하였다. 삶의 영역에서는 연구 참여자들의 결혼 이후의 개인의 삶을 구성하는 사회적 차원을 분석하고, 전환점에서는 연구 참여자들에게 해체를 결정하도록 전환점을 갖게 한 선행조건들과 전환점이 된 주요사건들을 알아보며, 적응에서는 해체 후의 각자의 고유한 적응양식과 사회적 상호작용을 분석하였다. 분석은 첫 데이터를 수집하고서 시작하며 제시된 분석방법과 분석틀에 근거하여 이후 생애정보가 수집되어 가면서 분석이 반복적으로 이루어지게 하였다.

3. 연구의 엄격성 및 윤리적 문제

질적 연구에서 가장 비판의 대상이 되고 있는 문제가 연구의 엄격성과 윤리적 문제라 할 수 있다. 본 연구자는 연구의 엄격성을 높이기 위해 장기간에 걸친 관계형성과 자료의 다원화, 동료집단의 조언 및 지지, 연구대상을 통한 재확인 전략을 적용하였다. 첫째, 연구자의 경우 참여자와의 친밀한 관계형성을 위해 연구 참여자들과의 면담진행과 자조모임 및 기타 교육프로그램에도 참여하면서 오랜 기간에 걸쳐 친밀한 관계를 유지하도록 노력하였다. 면담 후에도 연구참여자가 지역사회 내에서 어떻게 살아가고 있는지에 대해서도 파악하였다. 둘째, 자료의 다원화를 통해 한 가지 이상의 자료출처를 사용하며 연구 참여자들의 일기나 편지, 참여자와 기관담당자와의 면접자료, 현장기록노트, 메모 등의 다양한 자료들을 통해 포괄적인 이해를 얻고자 시도하였다. 셋째, 연구의 민감성을 높이고 편견이나 오류를 최소화하기 위해 연구가 진행되는 동안 생애사 연구방법과 다문화 연구경험이 풍부한 동료교수 2명과 자문진에게 지속적인 조언을 얻었다. 마지막으로 연구자가 발견한 개념과 해석의 결과에 대해서 지원센터나 연구참여자의 집 등을 다시 방문하거나 전화 혹은 메일을 통해 연구참여자에게 재확인하는 과정을 거쳤다.

다음으로 연구자는 연구 중 발생할 수 있는 윤리적 문제를 최소화하기 위해 연구 참여자들의 특성상 비밀보장의 원칙을 엄격히 준수하였다. 면접 자료는 사전에 연구동의서 및 확인서를 작성하여 연구의 목적 및 취지를 충분히 이해하고 동의서에 동의한 경우에만 녹음하고, 필사 후 즉시 폐기하였다. 연구과정에서 알게 된 연구 참여자들의 비밀정보에 대해서도 연구목적에 필요한 기록 외에는 누설이 되지 않도록 주의하였다. 인명과 지명은 모두 익명과 이니셜로 처리하고, 연구논문의 발표에 대해서도 사전 동의를 얻었다.

Ⅳ. 연구결과

1. 연구참여자 생애요약
연구참여자의 특성은 <표 1>에서 제시하였다.

1) 정
정 씨는 시각장애인이다. 베트남에서 온 비장애인과 1999년에 결혼했고 2000년에 종결되었다. 사기결혼이라고 생각하고 있었으며 이유는 여성이 처음부터 돈 가져가려고 온 것으로 언급하였다. 특히 결혼할 때 장애인이라는 이유로 중개비용이 더 들어갔다. 부인은 한 달에 한 번 가출하고 일주일에 한 번 가출하고 하더니 아예 나가서 들어오지 않았다. 민사소송으로 이혼을 했으며 왔을 때부터 안 살려고 왔다는 느낌을 가졌었다고 하였다. 시각장애인임에도 불구하고 소를 키우며 살고 있고 수급자였는데 얼마 되지 않은 논답과 소 10마리 때문에 제외되어 안타까워하고 있다. 현재는 장애인수당 30만원 받고 있고 허리수술과 눈수술 모두 성공적이지 않아 힘든 삶을 살고 있으나 열심히 살아야 한다는 마음은 강하다.

2) 이
이 씨는 일상생활을 할 수 있으나 지적 능력이 보통사람보다는 떨어짐을 알 수 있었다. 30대가 되기 전에 베트남여성과 결혼했는데 결혼 4년 만에 부인이 딸과 함께 베트남 친정으로 가서 집으로 돌아오지 않았다. 확인해 본 결과 부인이 다시 한국에 돌아왔으나 연락을 끊은 상태로 찾을 수 없는 상태이다. 연구참여자의 아버지가 직접 베트남 친정에 가서 자초지종을 물어보았으나 그 원인을 이야기해주지 않아 한국에 돌아왔으며 그 이후 한국에서도 찾아보는 노력을 하였으나 찾지 못해 답답한 상황이다. 현재 상황은 부인도 부인이지만 아이만은 찾고 싶은 심정이다. 친정으로 가기 전 돈을 요구했는데 친정아버지와 오빠의 핑계를 대고 시댁에서 준 돈을 챙겼다. 가기 전 신발을 챙기고 한국에 와서도 공항으로 마중 나오지 말고 버스터미널로 나오라고 하는 행동들이 더 이상 함께 살지 않으려는 것으로 해석된다고 하였다. 그로 인해 부인에 대해 화나고 배신감을 가지고 있으며 본인을 국제결혼의 희생자로 생각하고 특히 한국 내 중간책이 이러한 결과를 낳았다고 강조하고 있다.

3) 박

박 씨는 소박하면서도 신중함을 가지고 있고 미래를 위해 사회복지도 공부하고 있으며 공공근로를 하고 있다. 결혼을 유지하기 위해 부인 친정에 몇 번 돈도 보내주고 베트남에 있는 장모님도 모셔 와서 6개월 동안 좁은 방에서 같이 사는 등 노력을 많이 했으나 부인이 가난한 나라에서 와서 친정에 돈 보내달라고 하는 요구를 형편상 매번 들어줄 수 없었다. 부인이 가출 전 고구마 캐는 일을 하였다. 부인이 자녀를 낳은 후 걷기 전 가출을 두 번 하였고 데려왔는데 아예 이혼을 요구하여 지금은 이혼한 상태이다. 신앙심이 깊어 이혼만은 하지 않으려고 했으나 부인이 친구 집에 놀러갔다 온다고 나간 것이 마지막이었다. 현재는 하나밖에 없는 딸을 위해 사는 것이며 이 딸이 하나님의 도구로 쓰이는 것이 가장 큰 희망이라고 하였다. 결혼 후 분가해서 살다가 지금은 어머니와 지병을 가지고 있는 여동생과 함께 살고 있고 얼마 되지 않은 논농사는 어머니가 주로 담당하신다.

4) 신

신 씨는 일상생활과 대화에는 문제가 없으나 약간의 지적장애를 가지고 있으며 신체도 왜소하고 약해보이며 심하게 마른편이다. 대화할 때 안정적이지 않고 상황판단이 현실적이지 않다. 신 씨 아버지가 베트남에 같이 가서 신부에게 미리 아들이 정상이 아니며 '조금 부족하다'고 하였으나 신부는 괜찮다고 하여 한국에 왔다. 한국에 와서 한국어도 배우러 다니고 이곳에서 친구들하고 잘 어울렸고 시댁가족들하고도 문제없이 잘 지냈다. 가족의 말에 의하면 한국어 배우러 다니면서부터 태도가 변하더니 결국엔 가출을 하였다고 한다. 가출 후 전화가 간간이 오며 명절 때에는 집에 들어와 한밤 자고는 다시 나가버린다고 하였다. 이에 대해 가족들은 국적취득 때문에 그런 행동을 하고 남편은 부인이 오기만을 기다리기 때문에 명절 때만 오더라도 기뻐하고 부인의 입장을 배려하려는 마음을 가지고 있다. 특히 아버지나 누나들이 옷도 사주고 관심과 신경을 썼음에도 불구하고 가출하여 가족들의 실망이 크다. 부인은 잠자리 거부와 남편에게 친절하게 대해주지 않아 신 씨는 부인이 쌀쌀맞고 여자에게 질렸다는 말을 반복하였다. 현재는 부인이 가출한 상태여서 1년이 지난 이 시점에서 시아버지가 가출신고를 하려는 상태이다. 가족들은 여성이 다시 돌아와서 살 것이라는 희망 자체를 가지고 있지 않다.

5) 양

양 씨는 40여 년 동안 청각장애인으로 살아왔으나 2년 전 수술을 통해 청각을 회복했고 결혼도 하였다. 결혼 후에도 아침 일찍 나가 밤늦게 돌아와 부인과 보내는 시간이 절대적으로 적었다. 집에는 부모님과 네 식구가 살았는데 부모님 모두 직업을 가지고 있어서 집에는 부인 혼자 있었다. 그러던 중 부락 사회복지관에서 한국어를 가르쳐준다고 하여 부인을 보냈는데 처음엔 재미있어 하였으나 여름 수련회를 다녀온 후 돌변하였다. 결국은 가출하였다. 어릴 때부터 장애를 가지고 있어서 대부분 이 남성의 아버지가 인생의 권리를 주장하였는데 중학교 졸업 후 농사만 짓기를 원하는 아버지의 뜻을 어기고 고등학교에 간 것이 최초의 반항이었다. 줄곧 지금까지 아버지의 의견에 따라 살아왔다. 결혼하기 위해 베트남에 아버지랑 같이 가고 지금도 월급을 아버지께 모두 주고 용돈을 타서 쓰고 있다. 양 씨는 부인의 가출원인을 부인이 한국에 와서 결혼식 올리는 것을 싫어하고 한국생활에 대해 행복한 모습을 보이지 않았다고 하면서 자신이 너무 시간에 바빠 돌보지 않았고 원하는 금반지를 사주지 않았고, 부모님이랑 같이 살았기 때문에 그런 결과를 가져왔다고 자책하였다. 부인은 평소에도 친정에 돈 보내달라는 요구를 하여 일부는 들어주고 일부는 들어주지 않아 그 문제로 갈등이 있어 왔다.

2. 삶의 차원들(영역)

1) 부인의 끊임없는 경제적 요구

> 결혼을 보는 사람(정상인)하고 1999년에 해서 2000년에 마무리했어요. 한마디로 사기 결혼했죠. 돈 가져가려고. 식구들보고 그렇게 됐어요.(정)
>
> 돈 요구를 했어요. 베트남에 갈 때도 저는 200만 원 준다고 했는데 밖에서 아버지에게 300만 원을 요구했어요. 아버지가 왜 그렇게 많이 달라고 하냐 그러니까 오빠 결혼하고 애기엄마 아버지가 환갑이라고 하더라구요. 그런데 나중에 알고 보니 장인이 50대래요. 처음에 돈 보내준다는 약속은 하지 않았어요. 처음에 아이 외할아버지가 비가 많이 와서 지붕이 무너져 다쳤다고 베트남에 몇 달 50만 원씩 보냈어요. 한 4번 정도.(이)
>
> 대부분 가난한 나라에서 왔기 때문에 친정에 돈 보내달라고 하고, 살다보면 돈을 많이 요구하죠. 70~80 받아서 생활이 안 돼요. 부인말대로 하면 생활이 안 돼요. 우리 같은 사람은 생활이 안 돼요.(박)

국제결혼한 남성들과 가족들의 공통된 반응은 여성결혼이민자들이 직간접적으로 경제적 요구가 끊임없이 이루어졌다는 것이다. 친정식구들이 아프다거나 물건을 산다는 이유를 들어 남편과 가족들에게 돈을 요구하였다. 이러한 경제적 요구에 대해 남편들과 가족들은 상당한 피해의식을 가지고 있으며 원망도 함께 자리 잡고 있다. 또한 결혼이 잘못된 방식으로 유지되었음을 지적하고 있다. 이러한 경제적 요구를 충족시켜줄만한 여건이 되지 않기 때문에 남편들은 내외적으로 경제적 갈등과 부담을 느끼고 있었다. 그러나 자신들의 범위 내에서 더 나아가 무리해서 자금을 마련하는 등 여성결혼이민자의 친정을 위해 노력을 했다. 이들은 여성결혼이민자가 이러한 요구충족이 되지 않기 때문에 결혼해체를 선택했을 것이라고 생각하고 있다. 여성결혼이민자의 이주동기가 상당부분 경제적 욕구충족으로 볼 때 가족해체에 간접적인 영향을 미친 것으로 생각된다. 이러한 배경에는 한국에 온 여성결혼이민자 대부분이 한국남성과 결혼하여 경제적 욕구가 충촉될 때 결혼의 의미를 가짐을 알 수 있다.

> 돈 안 준다고 지랄이었어요. 빚내서 50만 원주고 패물 가져가고 돈 받을 궁리만 하고 눈 아프다, 어디 아프다, 앞으로 이런 일은 잘못되었죠.(박 씨 어머니)
> 명절 때 다음 명절 때 온다고 갔어요. 친정에 주기적으로 돈 보내고 3~4번 토털 200만 원 정도. 내가 아들하고 베트남에 같이 가서 20만 원 주었어요. 일주일동안 있었어요.(신 씨 아버지)
> 며느리가 약속을 지키지 않았어요. 오토바이 좋은 것 안 사준 것, 자기 동생 병원에 있어서 150만 원, 엄마가 병원에 있다고 150만 원, 오토바이 좋은 것은 200만 원인데 남편에게 500만 원 신청했더라구요. 저한테는 이야기도 안하고.(양 씨 아버지)

가족의 입장에서 외국인 며느리에게 배려할 만큼 해주었다는 주장과 함께 경제적 요구가 지나쳤음을 언급하고 있다. 각자 자신이 원하는 것과 요구에 반응해줄 수 있는 한계를 밝히고 수용되어지는 범위 내에서 결혼이 성립되어야 한다. 이들 결혼 안에서 거래되는 교환의 의미가 충족되지 않을 때 결혼갈등은 자연스럽게 발생될 것이다.

2) 소통의 벽

> '내막'을 잘 모르겠어요. 부인의 뜻을 잘 모르니까 먼저 잘하려고 노력을 많이 한 건 아니지만 막상 잘해주려고 하는데 잘 안돼요. 살아가기 어려워요.(정)
> 부인이 한국말은 어느 정도는 했어요. 베트남 연수도 받고 그때 내가 돈도 다 줬거든요. 안 간다고 그러더라구요. 다문화가족지원센터에서 한국어 배웠어요. 중국이나 조선족은 한국말을 잘하는데 베트남은 한국말을 잘 못하잖아요.(이)
> 집에 오면 아내는 30~40분 동안 전화만 하고 해서 내가 무엇을 해줘야 하는지, 고민이 무엇인지? 알 수가 없었어요. 베트남 선생에게 전화해서 도움을 받는데

10시 넘으면 도움을 못 받아요. 문제는 대화를 진지하게 하지 못했어요. 사는 동
안 시간이 없기 때문에.(양)

서로 간에 의사소통이 원활하지 않기 때문에 한국남성의 경우 부인이 무엇
을 원하는지 파악하려고 노력하고 우리보다 못한 환경에서 왔기 때문에 이해
하려는 태도를 가지고 있었다. 그러나 실제 한국남성들은 부인의 한국어 사용
에 대해 당연시하고 부인을 대하는 태도에 대해 잘 알지 못하기 때문에 부인
과의 관계형성에 어려움을 가졌다. 또한 연구참여자 양 씨의 경우 통역을 통
해서만 부인의 뜻을 알게 되고 그나마 통역시간의 제한으로 부인을 이해하고
배려하는데 한계를 가지고 있었다. 따라서 부부간 원활한 소통을 위해서는
여성결혼이민자에게만 한국어 습득을 요구하기보다는 부부간 서로 배우자
국가의 언어를 터득하여 간단한 의사소통이라도 가능하도록 서로 노력하고
배우자를 대하는 태도와 방법에 대한 숙지도 필요함을 알 수 있다.

3) 결혼해체의 신호탄: 가출

한 달에 한 번 나가고 일주일에 한 번 나가고 그러더니 아예 나가서 오지 않더라
구요. 민사소송 끝에 승소해서 끝났어요.(정)
부인이 하도 간다고 해서 서류를 던져주고 이거나 해놓고 가버려라 했죠. 이혼서
류 준비했죠. 나간다고 밥 먹듯이 말하니까.(박)
이상한 것이 발견되었는데 아내 행동이 이상했어요. 한국에 와서 결혼식을 올리
고 친척을 초청해서 하게 되는데 결혼은 안 한다고 하더라구요. (중략) 여권은 아
내가 가지고 있고 외국인등록증은 아버지가 가지고 있었어요. 아버지가 며느리
가 아프면 병원 데려갈 때 필요하다고 하시면서 아버지 수첩 안에 가지고 다니
셨어요. 아내가 나에게 외국인등록증을 훔쳐달라고 하였어요. 네가 직접 달라고
하지 왜 나한테 그러냐고 했는데 며칠 후 아버지가 거실에서 잠잘 때 아내가 외
국인등록증을 훔친 것이에요. 그리고는 아내 태도가 달라졌어요. 얼마 안 있어
나간 거죠. 소식도 몰라요.(양)

가출을 예견하는 징후가 나타나고 가출을 한 이후 결국 결혼은 종결되었다.
한 달에 한 번 나가고 일주일에 한 번 나간 후 가출하여 영영 돌아오지 않고,

아예 가출하여 결혼을 끝내고자 할 때 서류로 이혼하여 결혼을 마무리하는 과정을 거쳤다. 이들 여성결혼이민자들의 결혼해체방식은 가족을 물리적으로 떠나 관계를 단절하는 것이다. 먼저 남편에게 이별을 선고하거나 불시에 가정을 떠나는 방식으로 이루어졌다. 특별한 예고 없이 결혼이 남편의 의도와 상관없이 종결되는 상황에서 남편과 가족의 입장에서 더 큰 상처와 당황스러움을 가질 수 있으며 이를 대처하는데 법적 소송과정과 부인의 소재가 파악되지 않는 등의 어려움을 알 수 있다.

4) 결혼지속에 대한 불확신

> 왔을 때부터 안 살려고 한다는 것 느낌으로 알았어요. 보면 알죠.(정)
> 내가 잘못해서 그런 건지, 걔가 잘못해서 그런 건지 잘 모르겠어요. 못해준 것은 없는 것 같아요. 걔가 나간 게 못한 것 같아요. 나한테 못한 것 없어요. 부인이 나름 잘해줬어요.(신)
> 근데 여름에 복지관에서 야유회에 갔어요. 대천해수욕장에 갔는데 직장문제 때문에 참석하지 못했어요. 그때 같이 간 사람의 이야기를 들어보니 베트남 남자하고 전화를 많이 했다고 하더라구요. 그때부터 정신이 흔들렸다고 생각해요. 집에 와서 잘 다녀왔다고 했는데 아무 이유 없이 잘 지내다가 그렇게 되었어요(가출했어요).(양)

결혼지속에 대한 확신이 없는 증거는 느낌을 통해 아는 남성이 있는 반면 어떤 원인으로 가출을 했는지에 대한 이유조차 모르는 경우가 있었다. 또 다른 경우로 다른 남성과의 소통을 원인으로 생각하는 경우도 있어서 다양한 이유가 존재하나 여성결혼이민자가 더 이상 결혼생활 안에 머물지 못했다는 것이다. 여기에서 처음부터 여성결혼이민자의 결혼해체에 대한 계산된 동기가 있는 것인지 남성의 주도적인 결혼유지능력의 부족인지는 정확한 원인을 분석해 보아야 하겠다.

3. 삶의 전환

1) 버림받은 자

국제결혼을 막았으면 좋겠어요. 오늘 컴퓨터 봐봤거든요. 이 지역이 가장 많데요. 당하고 보니까 여기도 500명 중 125명이 이혼했어요. 베트남에서 온 집이 더 그렇죠. 남자아이는 집에 놔두고 여자아이는 70%는 베트남에 데리고 간대요. 캄보디아는 그렇지 않다고 하더라구요. 중국, 베트남, 필리핀 이 세 군데가 그런데요. 여자아이는 낳으면 70%는 다 데리고 간데요. 거기는 여자를 더 중요시 여긴대요.(이)
친구 집에 놀러 갔다 올게 하고 그게 끝이에요. 여권, 소지품, 돈 다 가져갔어요. (박)
처음부터 작정하고 온 걸까요? 아니면 무엇을 잘못했길래 그렇게 나갔을까요? 나에게 잘해준다고 약속까지 해놓고 다음날 나가버렸다니까요.(양)

한국남성의 입장에서는 여성결혼이민자들이 어느 날 갑자기 자신을 떠났다고 인식하고 있었다. 부부간 차이와 갈등의 원인을 파악하고 해결하는데 기회가 없었고 더욱이 자신들이 이러한 심각한 상황을 알지 못한 채 해체를 경험하였다는 것이다. 예견되지 않은 사건을 속수무책으로 당한 채 남성에게 상처를 남기고 합리적 대처를 하기에 힘든 상황에 놓이게 된다.

2) 부모의 두꺼운 울타리

아버지가 어느 날 우리 방에 들어갔나 보더라구요. 베트남 노래를 배우는데 가수가 노래를 부르면 열심히 적더니 가수여자가 춤을 추는데 하얀 드레스를 입고 손을 빙글빙글 돌리고 달려오고 몇 차례 한 것을 보고 너하고 똑같다. 이 사람 너 아니냐? 베트남 춤 잘 추는데 뭐 하러 국제결혼했니? 물었대요. 기분이 안 좋으셨대요. 아버지가 핸드폰도 뺏고 인터넷뚜껑도 덮어버리니까 개가 막 울었대요.(신)
아내가 갑자기 필요한 것 말하면 아버지가 기간을 길게 잡아서 여름에 아내가 여름에 왔는데 가을에 해주겠다고 안심시켰어요. 베트남사람 만나면, 8시까지 안 들어오면 오토바이 안 사주겠다고 겁주니까 아내가 스트레스 받았더라구요. (중략) 아내가 반찬투정을 했어요. 밥도 못 먹고, 베트남 음식도 한 번씩 먹어야 하는데 아버지는 한국문화에 빨리 익숙해져야지 베트남 음식을 주면 어떻게 하느

냐고 하셨어요.(양)

한국남성들은 여성결혼이민자에게 주도적으로 관심을 기울이지 않았고 이 공백을 남성들의 부모가 채워주곤 하였다. 여성들이 혼자 있는 시간에 무엇을 하는지에 대한 감독과 여성이 원하는 것에 대한 협상과 거래, 강압적인 동화를 유도하였다. 이를 한국가족의 특성을 이해하고 연장자에 대한 공경 등의 문화에 익숙하지 않은 여성결혼이민자의 경우 새로운 문화권에서 시아버지의 지나친 관여와 간섭은 결혼생활을 더 힘들게 하는 요인으로 작용할 수 있었을 것이다.

> 내가 반찬 다 만들어주고 그래도 싫다고 하니…, 내가 자전거도 사줬어요. 오토바이 사주라하니까 며느리가 됐다고.(이 씨 어머니)
> 자전거도 사줘서 그랬더니 자전거도 잘 타요. 오토바이 사주랴? 물어보니까 '아뇨' 하고 대답했어요.(신 씨 아버지)
> 학교에 갔다 오면 그림 보고서 몸소 보여주면서 대화소통이 가능해야 마음이 산만치 않고 문화생활도 취미도 행복도 하다고 간단히 내용은 체크했어요. (중략) 한 달 반 살았는데 먹는 것을 전체 먹지 못해서 베트남 쌀국수 사주고 시장에서 먹고 싶은 것 손가락으로 가리키라고 하면 돼지고기, 닭고기, 참외, 김치 등을 가리켜서 사서 가져와 밥과 반찬삼아 주었더니 잘 먹었어요.(양 씨 아버지)

한결같이 한국남성 부모들은 외국인 며느리에게 반찬을 만들어주고, 자전거를 사주고 교육에 대한 관심도 보이고 먹는 것도 손수 신경을 써주었다. 그러한 결과로 보답을 가져온 것은 며느리의 배신이었다. 자신들은 며느리를 위해 최선을 다했다는 것이다. 여기에서 서로의 인식이 중요할 것으로 보인다. 상대가 자신의 배려를 어떻게 인식하느냐가 관계의 질을 결정하는 것으로 여겨진다. 며느리 입장에서는 시부모의 관심과 배려가 부담과 간섭으로 여겨졌을 가능성도 배제하기 어렵다.

3) 자기네들끼리만 통하는 연락책

> 인천의 친구들하고 연락이 돼요. 한 사람이 다 데려간다고 하더라구요. 서울에 3
> 번이나 찾으러 갔어요. 상처받고…(박)
> 여기 애가 좀 그러더라구요. 사촌인가 육촌인가하고 전화통화하더니 가버렸어
> 요.(신)
> 캠프 다녀와서 일이 났어요. 강의도 안 듣고 남자하고 통화만 했다고 들었어요.
> 2~3일 후 가출했어요.(양)

여성결혼이민자들이 모두 외부와의 연락책과 소통하고 있어서 집을 나간
원인을 제공하였다는 것이 남성들의 입장이다. 기본적으로 가족들은 여성결
혼이민자들이 외부와의 접촉 자체를 부정적으로 보는 시각을 가지고 있는
것으로 나타났다. 매스컴이나 주변 이웃의 다른 사례들이 외부인과의 관계가
부정적 결과를 낳았다는 사례를 언급하면서 이러한 태도가 여성들을 더 통제
하고 간섭하게 하여 궁극적으로 결혼생활에 더 문제를 일으킬 가능성을 제공
한 것으로 생각된다.

4) 장삿속만 채운 중개업자

> 이 여자 버리고 소개소에서 최대한 경비 들어가게 해준다고 또 그런 식이면 어떻
> 게 해요? 대답 안 했죠. 내가 대답을 안 했어요. 결혼비용이 1400 정도 들어가고
> 내가 100 정도 쓰고 한 1500 썼어요. 국가에 바라는 것은 없어요.(신 씨 아버지)
> 결혼정보회사에서 6개월 안에 재판을 끝내면 아내문제라고 하는데 하나의 수법
> 이래요. 6개월 안에 이혼한 예가 없대요. 책임을 감당하는 것은 정보회사인데 6
> 명 중 4명이 그렇게 되었어요. 밤에 전화는 안 되고 낮에는 바쁘다고 하고. 내가
> 위기상황이죠. 고소조건이네요. 김포공항에서 인계만 시켜놓고.(양 씨 아버지)

결혼성립이 속성으로 이루어지는 과정에서 결혼중개업체의 불성실한 정보
제공과 관리시스템 즉 장삿속만을 채운 것에 대해 피해자는 한국남성들이라
고 하며 부모들은 분개하고 있다. 무조건 결혼성사만을 위해 이혼한 상태에
또다시 결혼을 권유하고 있다. 만나게만 하고 그 이후에 대해서는 사후관리가

전혀 되지 않고 문제점에 대해 질의하고자 하는 것에 대해서도 회피하는 등 책임 없는 모습을 보이는 것에 대해 불만을 호소하고 있다.

4. 삶 속의 적응

1) 다양한 감정카드들

> 아기 찾고 부인 찾으면… 미운 점은 아기만은 최대한 놔두고 가야 하는데, 한국에 와서 말도 없이 사라진 것, 시부모님한테 말해서 오빠하고 도저히 못살겠다고 얘기해야지. 그러면 안 밉죠. 전화도 없고 돈 벌고 있지. 애기만 보내주었으면 해요. 이렇게 배신 때릴 줄을 몰랐어요. 요즈음까지 울고 그랬어요.(이)
> 원래 미워서 그런 것이 아니라 미운 것은 하나도 없어요. 그렇게 가버리니까 뭐라 말로 표현할 수가 없죠. (중략) 헤어진 것 후회는 없어요. 이 생활이 편하지는 않아요. 끝까지 갈려고 했는데 본인이 깨버리니까.(박)
> 나가기 전 아내가 내일부터 성관계 매일 해준다고 했는데 다음날 9시 50분에 없어졌어요. 따로 살아야 하는데 집을 따로 얻지 못해서 갔는지? 친정에 돈 안 보내줘서 나간 것 같아요. 나 싫다고 나간 것을 어쩌겠어요?(양)

의도하지 않았고 자의적이지 않고 타의에 의해 결혼해체가 이루어진 것에 대해 분노, 배신감, 안타까움 등 복합적인 감정을 가지고 있는 것으로 나타났다. 특히 친정에 간다고 아이를 데리고 가서 행방불명이 된 상황에서 예고 없이 사라져버린 것에 대해 이해할 수 없는 상태이다. 그로 인한 후유증까지 있다. 또한 이혼한 부인에 대해 특별히 미운 감정은 없으나 이혼에 대한 마무리를 확실히 해놓고 가기를 원했으며 부인의 빈자리에 대해 허전함을 표현하였다. 본인들의 결혼유지에 대한 의지가 있는 사람들이었는데 일방적으로 여성들이 집을 나가거나 이혼을 주장하여 결과적으로 해체된 상황이어서 남성들의 당혹스러움과 자존감의 저하는 심히 크다고 하겠다. 본인의 선택의지가 아닌 타인에 의한 결정에 의해 자신의 삶이 좌우된다는 것을 납득하기 어려웠을 것이다. 연구참여자 양 씨의 경우 본인이 잘못해서 그러한 결과를 가져온 것은 아닌지 자책까지 하고 있다. 결과적으로 부인과 합의하에 이혼한 것이 아닌 본인은 결혼유지에 대한 의지가 있는 상태이나 일방적으로 결혼해체를 경험하게 됨으로써 상대배우자에 대해 피해의식을 가지고 있으며 서운함과 화남 등의 감정이 교차되고 있다.

2) 자녀의 미래걱정

> 여기 날씨는 아무것도 아니에요. 호치민에서 집사람 집이 껀터거든요. 버스로 5시간, 배로 1시간 걸쳐서 처가에 갔어요. 거기 가니까 오후 2시, 집이 이런 집이 아니고 바다 위에 지어서 화장실도 개, 오리, 닭 키우고 오토바이타고 다니고, 애기가 물도 좋은 물도 아니고. 내가 갈 때는 배 두 번 탔는데 지금은 한 번 탄다고 하더라구요. 그런 곳에서 아이가 있을 생각하면 가슴 아프죠(눈물을 보인다).(이) 애기 때문에 어렵다 테 안 내려고 열심히 키우고 있어요. 아이는 어머니, 동생, 저하고 키우고 있어요. 아버지로서 해야 할 것 다하고 있는데 애기가 기도하는 사람이 되게 하고 하나님의 쓰임 받는 도구, 자녀로 키울 수 있도록 하나님의 일꾼이 될 수 있도록 기도해주세요.(박)

어머니 없이 자녀를 키운다는 것은 쉬운 일은 아니다. 자녀에 대한 고민과 관심은 누구를 막론하고 유사하다. 특히 어렵게 한 결혼에서 얻은 자녀여서 그런지 자녀에 대한 감사함은 컸다. 연구참여자 이 씨의 경우 자녀를 부인이 데리고 가버려 만날 수 없는 상황에서 베트남에 있는 좋지 않은 환경에 놓일 아이를 걱정하고 있으며 연구참여자 박 씨의 경우 신앙적 관점에서 자녀가 하나님의 도구로 쓰임 받는 존재가 되기를 간절히 원하고 있다. 자녀에 놓인 상황은 서로 다르지만 자녀를 생각하는 아버지의 걱정은 한마음이다. 이러한 사례를 통한 과제로 국제미아가 된 자녀를 찾을 수 있는 접근방법과 한부모가족이 된 다문화가족에 대한 부모역량강화나 자녀를 위한 양육지원서비스 등이 고려되어야 함을 알 수 있다.

3) 미래를 바라봄

> 열심히 살아야죠. 노력해야 사니까 '소 열심히 키우는 것'이 제가 할 것이죠. 허

리수술을 해서 아무것도 못해요. 눈 수술 실패보고 전혀 안 보이죠. 아무것도 안 보이죠. 장애인 1급 수당 30만 원 받아요.(정)
열심히 살아야죠. 사회복지 공부도 하고 혼자 40대까지 살았는데요 뭐 그때까지 혼자 살았는데요.(박)
오히려 나는 꿈을 가지고 있어요. 보통 꿈이 아니고 큰 꿈, 전문가와 같이 편하게 돈을 벌 수 있는 것을 지금 준비 중인데 이게 쉽지 않더라구요. 직장생활하면서 하니까 피곤이 겹치고….(양)

연구참여자들은 자신의 미래에 대해 열심히 살아야 한다는 의지를 보였다. 허리가 아프고 시각장애인임에도 불구하고 소를 키우면서 열심히 노력하는 삶의 의지를 보이고 있으며, 학업에 대한 의욕도 보이고 큰 꿈을 가지고 있는 것으로 나타났다. 이들 대부분 그동안의 삶이 본인 의지와 다르게 어려움을 가지고 살아가는 상황이고, 어려운 상실의 시기일지라도 자신의 미래에 대한 꿈을 가지고 열심히 살아야 한다는 의지를 표명하는 것은 고무적이다.

4) 외국인 여성은 이제 그만

좋은 사람이 나타나면 없으면 말고. 한국인이 있으면 하고 없으면 안 하죠. 외국인은 싫어요.(박)
아버지가 결혼하라고 하는데 안 할려구요. 결혼 안 할 거예요. 질려서. 처음 베트남에 가서 했는데 또 그런 사람 안 만나려구요. 안 하고 싶어요. 처음에 베트남에 갔는데 또 그런 여자 만날까봐 안 할 거예요. 재혼생각은 죽어도 없어요.(신)
재혼, 포기하고 싶더라구요. 아버지가 이혼준비 중인데 아버지가 가는 사람 뭐하러 신경 쓰느냐? 뭐 하러 잘해주느냐? 아무것도 하지 말라고 하셔요. 이혼하면 아내가 돌아온다고…. 근데 이게 말이 됩니까?(양)

재혼에 대해서는 다소 부정적인 생각을 하고 있으며 특히 외국인 여성과는 재혼에 대해서 재고하지 않고 있다. 외국인과의 긍정적이지 않은 결혼경험이 외국인을 재혼대상으로 고려하지 않는 것으로 보인다. 현실적으로 한국인 여성 배우자를 찾기 힘든 상황이어서 자신이 원하는 결혼이 이루어지기까지는 힘든 상황이 지속될 수 있음을 알 수 있다. 한국남성의 결혼해체에 대한 생애사 범주에 대한 요약은 <표 2>와 같다.

<표 2> 한국남성의 결혼해체에 대한 생애사 범주

범주	주제어
삶의 차원	부인의 끊임없는 경제적 요구, 소통의 벽, 결혼해체의 신호탄: 가출, 결혼지속에 대한 불확신
삶의 전환	버림받은 자, 부모의 두꺼운 울타리, 자기네들끼리만 통하는 연락책, 장삿속만 채운 중개업자
삶 속의 적응	다양한 감정카드들, 자녀의 미래걱정, 미래를 바라봄, 외국인 여성은 이제 그만

V. 논의 및 결론

이상과 같은 연구결과를 토대로 논의를 하면 다음과 같다. 첫째, 삶의 차원들(영역)에서 해체 이전 결혼생활의 경험들은 '부인의 끊임없는 경제적 요구', '한계가 있는 소통', '결혼종결의 전제조건: 가출', '결혼지속에 대한 확신'이라 할 수 있다. 결혼한 후 반복적이고 지나친 부인의 경제적 요구는 부인들이 한국에 온 주된 목표가 친정가족의 경제적 지원일 때 이에 대한 욕구가 충족되지 않는 경우 남편과의 갈등의 소지가 발생할 수 있다. 이상과 같은 기대불일치는 경제적 능력이 많지 않은 남편들과 가족들에게 큰 부담으로 작용하였다. 또한 한국어가 능숙하지 않은 부인과 대화도 어렵겠지만 이와 더불어 부인과의 소통방법을 알지 못한 남편의 입장에서 부인의 마음을 읽어낼 수 없고 자연스럽게 부인과 소원한 관계를 유지하게 되었다. 남성들은 직감적으로 알든 특별한 사유가 있든 해체 후 결혼의 과정을 되짚어볼 때 결혼을 지속할 수 없을 것이라는 것을 감지하고 있었다는 것이다. 이러한 상황에서 부인은 일시적인 가출을 시도하고 결국에는 예고 없이 가출하여 집에 장기간 들어오지 않는 것을 경험하게 된다. 이러한 가출은 이혼이라는 결혼해체로 이어지고 일방적으로 당하는 남편의 입장에서 상처와 당황스러움을 느끼게 되며 그들 인생과 가족 안에서 또 한 번의 좌절을 맛보게 된다.

'결혼지속에 대한 확신 없음'은 한국남성의 입장에서 외국인부인이 한국에 와서 순종하면서 살아가기를 원하는 반면 실제 모습은 돈 이야기 하고 결혼에 몰입하려는 모습이 보이지 않는 여성으로 인식하였다. 일부이기는 하나

결혼생활을 할 의도 없이 결혼한 여성결혼이민자가 있다는 점도 주목해야 할 부분이다. 한국가정법률사무소(2009)의 결과를 보면, 한국인 남성들은 배우자의 가출 등 악의적 유기로 인해 이혼상담을 신청한 경우가 상당히 많다는 점에서도 특징을 보이는데 기타 사유 중 배우자의 잦은 외박과 가출로 인해 상담을 신청한 경우까지 합하면 전체 건수의 20%가량이 배우자의 가출로 인해 가정생활을 영위하기 힘들어 이혼상담을 한 것으로 볼 수 있다. 결과적으로 여성결혼이민자들이 가출을 통해 결혼이 해체된 상황이므로 남성의 입장에서 여성결혼이민자가 한 행동과 결과 사이에서 여성이 결혼을 지속하려는 의도가 없었다고 해석할 수밖에 없을 것이다. 일부 여성결혼이민자가 취업 등을 목적으로 한 한국 입국을 위해서 국제결혼을 이용하여 결국 원만한 가족관계를 형성하지 못한 채 이혼에 이르는 경우도 배제할 수 없다(김이선 등, 2010)고 한 결과를 볼 때 결혼지속의 실패요인이 일반적으로 한국남성이 가해자로서 보여지는 시각을 고려해 보아야 하며 또한 원인제공자가 여성 또는 남성인지에 대한 정확한 원인을 분석하고 이에 대한 차별화된 개입이 필요하다.

또 다른 요인으로 한국인 남성들은 생활양식 및 가치관의 차이로 인한 가정생활의 어려움을 토로하며 이혼상담을 신청한 경우가 현저히 많았다. 여성결혼이민자 역시 생활양식과 가치관 등 문화적 차이로 인해 이혼을 고려하는 경우가 적지 않지만 한국인 남편들의 경우 이로 인해 이혼을 고려하는 경향이 두드러진 것으로 나타났다(한국가정법률사무소, 2009). 다문화가족의 특성상 문화적 차이가 부부관계에 영향을 미침에도 불구하고 여성결혼이민자들이 한국어 등 기초적인 결혼준비를 하는 반면 한국남편들은 결혼생활과 부부관계에 대한 구체적 준비는 물론 그 필요성조차 인식하지 못하는 경향이 있다고 한 김이선 등(2010)의 연구결과가 시사해주는 의미는 한국남성들의 국제결혼의 실패를 예고하는 듯하다. 국제결혼이 이루어지는 상황이 특수하더라도 한국남성의 인식의 변화와 노력 없이는 문제가 예고될 수밖에 없다고 하겠다.

　참여자들의 삶의 전환은 해체를 결정하도록 전환점을 갖게 한 선행조건들과 전환점이 된 주요사건들로서 '버림받은 자', '부모의 두꺼운 울타리', '자기네들끼리만 통하는 연락책', '장삿속만 채운 중개업자'로 나타났다. 앞서 언급한 여성결혼이민자들은 결혼한 후 지속적인 경제적 요구를 해왔고 한국남성과 가족들은 그 경제적 요구에 부응하지 못한 채 갈등과 부담을 느껴왔다. 이러한 여성결혼이민자들에 대한 경제적 요구의 미충족은 결혼해체에 직접적인 영향을 미친 것으로 보인다. 남편과의 상의 없이 여성결혼이민자들의 일방적인 가출로 인해 남편과 가족들은 당혹스러워 했으며 이에 대한 적절한 대처방법을 알지 못하였다. 또한 남성들은 이런 상황을 부인에 대한 부모의 지나친 간섭과 관여가 그러한 결과를 낳았다고 부모를 원망하기도 하였다. 자신의 능력 부족과 부모의 통제 사이에서 고뇌하는 한국남성들을 볼 수 있으며 시부모 입장에서는 배려일지라도 여성결혼이민자의 입장에서는 결혼생활을 힘들게 하는 요인으로 작용되었을 가능성이 있다. 한국남성의 부모들은 이 점에 대해 자신의 아들들이 부족하고, 며느리가 외부와의 접촉 즉 모국인의 커뮤니티와 연락을 통해 가출하게 되었다고 생각하고 있다. 다문화가족 이혼 사유 가운데 유기 내지 무단가출이 상당한 비중을 차지하며 특히 한국인 남편들이 상담을 신청한 경우 이러한 요인이 더욱 중요한 것으로 나타났다(김이선 등, 2010). 본 연구에서도 한국남편도 모른 상태에서 결혼이민자가 자녀까지 본국으로 데려가 사라지는 경우와 같이 부모로서의 권리가 침해되는 상황이 발생되기도 한다. 결혼이민자의 특성상 무단가출한 결혼이민자의 연고지를 가족들이 알기 힘든 경우가 많으며 이 경우 이혼진행 자체가 어려움을 겪게 된다. 이와 같이 이혼과정 중이거나 이혼한 부부간에 자녀에 대한 권한을 둘러싸고 국경을 넘어 갈등이 야기되는 경우가 점차 증가하고 있음에도 불구하고 이러한 문제를 다룰 적절한 제도적 장치가 마련되지 않은 상황 속에서 다문화가족만 애타는 심정을 가지고 살아가고 있다. 결혼에 대한 인식과 결혼동기의 차이는 경제권과 부양가족의 문제 그리고 서로의 진정한 결혼의 목적에 대한 회의를 낳는다고 한 문경연(2010)의 연구처럼 점차 심해지는 갈등 속에서 여성결혼이민자들은 가출을 감행하며 남성들은 아내의 가출에 대해 가출신고와 이혼소송으로 대응하는 결과를 가져옴을 알 수 있다.

한국법률상담소(2009)의 자료에 의하면 가족 간 갈등이 남편상담 중 비교적 많은 비율을 보이고 있는데 본 연구에서 한국남편들이 부모가 많이 관여하는 점에 대해 불만을 토로하였다. 부모의 지나친 관여가 배우자에게 긍정적으로 작용하지 않았다는 것이다. 결혼이민자의 외부와의 관계를 막기 위해 친구를 만나거나 한국어교육을 반대, 방해, 감시하는 사례도 발견된다. 이러한 결과는 한국 부모의 자녀에 대한 과도한 애정과 관심의 결과이자 국제결혼한 한국남성들이 그동안 자신의 삶을 주도적으로 살아오지 못한 결과로 해석된다. 따라서 국제결혼한 부부에 대한 개입도 중요하지만 이들과 같이 호흡하는 부모세대의 의식과 행동을 변화시키는 지속적인 개입도 필요함을 시사한다.

경제적 문제를 둘러싼 다문화가족의 심각한 갈등요인은 결혼과정에 들어간 비용과 여성결혼이민자 친정에 대한 경제적 지원문제이다. 특히 한국남성과 그 가족들은 결혼 후 이들 여성의 친정에 대한 지속적인 경제적 요구를 모두 지적하는 것이었다. 일반적으로 결혼 이후 친정에 대한 송금문제는 부부 각자의 입장 차이를 읽을 수 있는데 부인의 입장에서는 약속을 지키지 않은 남편을 신뢰하기 힘들며 남편 형편이 여의치 않을 때 자신이 일을 해서라도 친정을 경제적으로 지원하고자 한다(김이선 등, 2006). 남편의 입장에서는 경제적으로 여유가 없는 상태에서 한국가족을 중요시하여 친정만을 위해 경제적 요구를 하는 부인에 대해 비난하는 태도를 갖고 결혼의 진정성에 대해서도 의혹을 갖는 등 서로 간 갈등이 심각해지고 해체로까지 이어지는 결과를 낳는다고 할 수 있다.

이혼이나 사별 후의 심리정서적 어려움은 여성결혼이민자에 비해 이혼 이후에도 사회경제적 생활이나 가족 및 친구관계 등이 급격하게 변화되지는 않지만 상당한 우울감과 정신적 고통을 한국인 남성들도 경험하고 있다고 보고하고 있다(김이선 등, 2010). 본 연구에서도 일방적으로 해체를 경험한 경우 분노와 배신감, 좌절감 등을 복합적으로 경험하고 있었다. 가족들의 심리정서적 고통 또한 매우 심각했는데 그 과정에서 사회적 관계가 위축되는 경향도 발견되고 있다(김이선 등, 2010). 본 연구결과에 따르면 한국남편의 입장에서 자신의 결혼해체가 가족들에게 미안함으로 작용하여 가족 내 자신의 위치에 대해 위축되고 있으며 개인적으로는 이러한 정서심리적 어려움을 토로할 대상도 장치도 마련되어 있지 않아 이들의 정신건강의 손상가능성이 제기된다. 사회적으로는 국제결혼에 대한 부정적 인식의 확대가 발생될 수 있는 문제점 등이 제기된다고 하겠다. 따라서 다문화가족을 위한 공적기관인 다문화가족지원센터의 심리상담제공서비스가 결혼해체 후 남아 있는 한국남편들과 가족들에게 활발히 제공되어야 하겠다.

자신들이 선택한 삶에 적응하는 모습은 해체 후의 각자의 고유한 적응양식과 사회적 상호작용을 분석한 결과 '다양한 감정카드들', '자녀의 미래걱정', '미래를 바라봄', '외국인 여성은 이제 그만' 등으로 나타났다. 한국남성들은 자발적으로 결혼해체를 선택하지 않았다. 그래서 더욱더 남겨진 자의 고통은 클 수밖에 없다. 결혼을 위해 금전과 시간을 투자한 상황에서 부인이 일방적으로 떠난 자리는 쉽게 메워지지 않았다. 일방적으로 결혼해체를 당한 한국남성들의 감정은 분노와 배신감과 함께 부인이 떠난 아쉬움 등의 복합적인 감정이 공존하고 있는 것으로 나타났다. 한국사회에서 주변화된 인물로서 국제결혼을 선택할 수밖에 없는 현실에서 비록 낯선 여성이지만 결혼을 잘 유지하려는 의지가 있었음에도 또 한 번의 소외를 경험한 결과를 가져왔다. 다행스러운 것은 열악한 상황이지만 자신들이 열심히 살아야 한다는 각오가 있다고 희망의 끈을 놓지 않고 삶을 유지하고자 하는데 안도감을 준다. 재혼에 대한 고려도 하고 있으나 모두 외국인 여성과의 부정적인 결혼경험으로 외국인 여성과의 재혼은 고려하지 않고 있다.

　결혼해체 후 한국남편들이 자녀를 양육하는데 어려움을 가지고 있는 것으로 나타났다. 이혼 후 남성배우자가 자녀를 양육하게 될 경우 자녀양육은 대체적으로 조부모가 전담하는 경우가 많은데 특히 도시에 비해 보육시설 및 교육서비스가 열악한 농촌지역에서 결혼이민자나 조부모에 의해 양육되는 자녀들의 경우 적절한 양육 및 교육서비스를 제공받지 못한 채 방치되거나 학습장애를 경험할 가능성이 매우 높다(김이선 등, 2010)고 한 연구결과처럼 생계현장에 나선 한국남편들에게는 자녀양육이 소홀해질 가능성이 존재한다. 따라서 주양육자에게 자녀양육에 대한 정보제공과 더불어 자녀에게는 현재 이루어지고 있는 다양한 학습지원프로그램, 학습돌보미, 방문교육지도사 등과 같은 찾아가는 서비스로 실질적인 도움을 제공할 수 있도록 노력해야 한다. 자녀의 결혼해체를 경험한 부모들은 다함께 결혼중개업체에 대한 무책임성과 상업성에 대해 불만을 토로하고 있다. 다양한 층의 중개인들은 여성들에게 제한적인 정보를 제공하여 여성들을 속이기도 한다는 문경연(2010)의 결과처럼 중개업자가 의도적으로 정보를 왜곡한 경우 가족해체에 이를 가능성이 높다. 이에 국제결혼중개업체에 대한 규제법률이 마련되었으나 현장에서 피해를 입어도 적절한 보호를 받을 수 있다거나 대처를 하는 방법에 대해 정확히 알지 못하고 있다. 또한 사적인 중개행위가 일어나는 것에 대해서도 강력한 대응방안이 마련되어야 하며 국제결혼에 문제가 발생되었을 경우 두 국가 간, 다국가 간의 공동대응방안이 필요하므로 함께 해결해나가는 공조체제가 필요하다고 하겠다.

　이상과 같은 분석과 재해석을 토대로 결론과 제언을 내리면 다음과 같다. 첫째, 한국남성이 국제결혼을 할 때 결혼진정성이 검토되어야 한다. 한국남성의 주장대로 여성결혼이민자의 경제적 요구가 결혼동기이나 이 욕구가 충족되지 않을 때 갈등이 발생하였다면 결혼 전부터 이 부분에 대한 정확한 조율이 있어야 하겠다. 만일 한국남성과 결혼중개업체의 결혼성사에 대한 욕심으로 또는 결혼중개업체의 부정확하고 왜곡된 정보가 여성결혼이민자와 한국남성에게 주어졌을 경우 서로의 기대를 충족시켜주지 못하는 결과를 낳을 뿐만 아니라 결혼해체의 중요요인으로 작용되고 있기 때문이다. 따라서 결혼 전에 서로의 기대가 무엇인지 분명히 알고 원하는 상대임을 확인하는 작업이 추후 부부갈등이나 결혼해체를 예방하는 길이라 여겨지며 결혼진정성을 위해 결혼이민자뿐만 아니라 한국인 배우자 인터뷰도 검토해야 할 것이다. 이미 시행 중인 대만의 TECO가 채택하고 있는 부부인터뷰(커플당 개별인터뷰)를 제도화하는데 참조할 만하다.

또한 가족해체 우려가 큰 이들의 배우자비자신청자격을 일시 제한하는 방법도 고려되어야 한다(김이선 등, 2010)는 선행연구의 언급처럼 상습적으로 배우자비자신청을 반복적으로 신청한 경력이 있는 결혼이민여성의 경우 가족해체를 예방하는 대안 중의 하나로 일시적으로 비자신청을 제한하는 방법도 고려되어야 한다.

둘째, 한국남성의 국제결혼해체를 예방하기 위해서는 독립적인 결혼준비도가 갖춰져야 한다. 한 예로 국제결혼을 하여 결혼해체를 경험한 연구참여자 대부분은 경제적으로 능력 있는 상황에 있지 않았다. 이러한 경제적 무능력은 한 사회의 성인남성, 한 가정의 남편, 아버지로서의 역할을 해내는데 역부족으로 결과적으로 결혼의 시작부터 부모에 의존하여 결혼생활에서도 부모의 간섭과 통제에서 벗어날 수 없는 상황에 놓이게 된다. 부모가 개입된 결혼생활은 한국남성 당사자뿐만 아니라 배우자에게도 부정적 영향을 줄 수 있어 이는 결혼의 지속성 문제에 영향을 줄 가능성이 있다. 따라서 한국남성은 부모로부터의 경제적, 심리적 독립이 이루어진 상황에서 결혼이 진행되어져야 하겠다. 또한 한국남성들은 여성결혼이민자에게 다가가기 어렵고 이들이 무엇을 원하는지 어떻게 대해야 하는지에 대한 방법을 몰라 결혼생활에서 어려움을 호소하였다. 외국에서 온 부인과 의사소통과 문화 간 차이를 느끼는 것에서 부부로서 서로 간 기대충족과 갈등해결 등의 방법을 얻을 기회와 충분한 준비기간이 부여되어야 한다. 이를 위해 다문화가족지원센터나 각종기관을 통해 (예비)부부관계 교육이나 상담 등이 진행되고는 있으나 국제결혼초기부부의 해체율이 높은 것을 감안할 때 이들을 위한 집중적인 부부교육이 실시되어야 하며 필요하다면 부부관계의 문제를 해결할 수 있는 집중적인 상담서비스가 이루어져야 할 것이다. 이들이 관련교육이나 상담에 참여할 수 있도록 제반여건을 조성하고 교육, 상담, 자조모임 등 다양한 방식으로 (예비)남편대상교육, 상담, 활동프로그램을 개발하는 동시에 프로그램 참여에 대한 인센티브를 제공하는 등 참여를 유도하는 방안이 마련되어야 한다.

셋째, 비자발적으로 가족이 해체된 한국남성을 위한 정서적, 정신적 충격을 완화할 수 있는 개입과 지지가 필요하다. 이들의 가족해체방식은 자신의 의사결정과는 무관하게 일방적으로 여성결혼이민자의 가출로 인해 발생된 경우가 대부분이어서 이에 대한 실질적인 대처방법이 없고 그 충격을 해소할 기제가 존재하지 않아 좌절감과 분노 등의 부정적 감정 상태에 머물러 있어 이들의 정신건강을 회복할 수 있는 정신보건서비스와 개입도 고려되어야 할 것이다. 법적, 물리적인 접근도 기본적으로 중요하나 이들이 미래 삶을 긍정적으로 영위하는데 필요한 내적치유의 과정 즉 심리치료프로그램이 있어야 하며 이 부분에 대한 중요성이 간과되어서는 안 될 것이다. 해체된 경우 이들을 위한 심리사회적, 정서지원서비스뿐만 아니라 자조집단을 통한 관계망 형성 등 역량강화프로그램 실시와 가족해체 경험 남편들의 회복을 위한 실천가의 사례관리계획과 실행이 보다 서비스 대상자 중심이 될 수 있도록 도와야 할 것이다.

넷째, 자녀가 있는 해체된 다문화가족의 지원방안이 모색되어야 한다. 자녀를 데리고 본국에 가서 자녀와 부인의 소재를 알 수 없는 한국남성의 경우 부인과의 해체절차나 미아가 된 자녀를 찾아주는 제도적 지원방안이 모색되어야 한다. 다문화가족의 이혼이나 가족관계정리가 국경을 넘어서 진행되는 만큼 상대국가의 이혼절차와 가족관계 정리에 대해 실천가 및 담당공무원 등에게 주지시킬 필요가 있으며, 특히 해체 당사자들이 이를 통해 해체절차와 과정을 명확히 알고 진행할 수 있도록 하는 안내책자 등이 준비되어야 할 것이다. 또한 일방적인 부인의 가출로 인해 한부모가족이 되어 자녀양육에 어려움을 가지고 있는 한부모다문화가족에 대한 자녀양육비, 돌봄지원체계 확충과 돌봄자원연계, 건강한 발달이 이루어질 수 있도록 현행 방문지도나 언어지도사 서비스 외에 자녀발달 및 치료지원서비스가 확대 실시되어야 할 것이다.

다섯째, 해체된 다문화가족 개입에 다문화가족지원센터 등 공적기관의 기능이 강화되어야 한다. 다문화가족지원센터에서 다문화가족의 적응을 위해 노력하고 있는데 해체된 가족을 위한 개입은 상대적으로 부족한 상황이다. 따라서 이들을 위한 양육정보나 서비스가 확충되어야 하며 정부 및 지자체로부터 받을 수 있는 서비스에 대한 정보제공 등이 이루어져야 한다. 또한 앞으로 이들을 위한 서비스 개발이 확대되어야 하며 경제적 독립, 자녀양육과 관련된 어려움, 심리정서적 문제 등을 포괄하는 지원서비스의 발굴, 확대와 함께 센터 중심의 현행서비스의 전달방식 또한 다변화되어야 한다. 즉 현행 운영되고 있는 찾아가는 서비스와 직접참여를 유도하는 다양한 프로그램을 확대 적용함으로써 해체 전후 다문화가족에 대한 서비스전달효과가 배가될 수 있는 방안을 고려해야 한다. 특히 이 센터에서 운영되고 있는 다양한 프로그램에 대한 홍보를 통해 실질적인 도움을 제공할 수 있도록 해야 한다.

마지막으로 결혼만이 해결책이 아니며 행복한 결혼유지와 지속을 위한 방법들이 강구되어야 한다. 해체가 발생되기 이전에 한국남성들은 배우자에 대한 좋은 아내, 좋은 어머니, 잘 살아보자는 기대를 가지고 결혼생활을 하나 여성들이 이러한 기대에 부응하지 못할 때 실망감을 표출한다. 극단적으로 자신이 사기결혼, 위장결혼의 일방적 피해자라고 여기며 여성들의 가출로 극단적으로 형상화되는 가정에 대한 소홀함을 한국남편들은 가출신고와 이혼소송제기로 되갚는다(문경연, 2010)는 연구결과가 보여준 것 등을 종합해볼 때 새로운 각오로 시작된 결혼이 지속되기 위해서는 남편 개인의 노력, 결혼이민여성의 결혼에 대한 성실성, 사회의 지원, 제도적 뒷받침 등이 있을 때만이 달성될 수 있음을 알 수 있다. 즉 외부적으로 드러난 조건들과 실제 결혼생활에서 이루어지고 있는 역동들은 복잡다양하게 발생되고 있으므로 이들에 대한 종합적인 분석이 필요하다고 하겠다.

결론적으로 다문화가족해체는 또 다른 사회적 문제로 부각될 수 있는데 사회적 문제로의 인식은 부부갈등과 이혼과정 동안 경험하는 사회적 원조 및 중재를 모색할 수 있게 해주는 기반으로 매우 중요하다. 이런 의미에서 본 연구는 이혼 후 기초생활보장 및 경제적 자립, 자녀양육지원 등 이전정책 제안과는 다른 보다 현실적인 제안들을 마련하는데 실질적인 자료를 제공할 수 있을 것이라 기대된다.

후속연구를 위한 제언으로 개인생애의 중대한 선택이자 결정인 이혼과 다문화라는 혼재성을 통해 결혼해체에 대한 단편적인 시각보다는 다양하고 복합적인 차원에서 접근되어야 한다. 한국남성이 여성결혼이민자에 대한 일방적인 가해자로, 여성결혼이민자는 피해자로 비춰지는 현실에서 벗어나 보다 객관적인 시각으로 접근하는 연구들이 필요하며 해체를 예방하고 적절한 개입을 위해서는 가족해체에 영향을 미치는 다양한 요인들을 탐색해보는 작업이 필요하다. 또한 해체가능성과 위기에 처한 국제결혼부부를 위해 위기개입 프로그램과 부부관계를 회복시킬 수 있는 기회를 제공하기 위해 조정 및 중재를 시도하는 교육프로그램 등이 개발되어야 하겠다. 해체 후 다문화가족 내 자녀발달과 양육과 적응양상 등에 대한 연구도 이루어져 해체된 다문화가족의 발달과정을 추적해보는 시도가 있어야 하겠다.

참고문헌

구차순(2007). 「결혼이주여성의 다문화가족 적응에 관한 연구」, 『한국가족복지학』, 20, 319~359.

김두섭・이명진(2007). 「국제결혼부부의 사회인구학적 상이성과 결혼안정성」, 『한국인구학』, 30(3), 33~56.

김오남(2006). 「여성결혼이민자의 부부갈등 및 학대에 관한 연구 - 사회문화적 요인을 중심으로-」, 『한국가족복지학』, 18, 33~75.

김정훈(2007). 「결혼이민자 남편과 부인의 가계관리 태도비교 - 전라북도를 중심으로-」, 『한국생활과학회지』, 16(6), 1185~1195.

김이선・김민정・한건수(2006). 「여성결혼이민자의 문화적 갈등경험 및 소통증진을 위한 정책과제」, 한국여성개발원(현 한국여성정책연구원).

김이선・마경희・선보영・최호림・이소영(2010). 「다문화가족의 해체문제와 정책과제」. 여성가족부.

문경연(2010). 「'국민의 배우자'를 벗어난 여성들: 한족결혼이주여성들의 이혼 사례를 중심으로」, 서울대학교 대학원 석사학위논문.

박재규(2007). 「농촌지역 국제결혼 이민자여성의 이혼의사에 영향을 미치는 요인분석」, 『농촌사회』, 17(2), 1~20.

박재흥(1992). 「한국사회의 세대문제: 한국사회사 연구」, 『한국산업사회의 현실과 전망』, 38, 257~296.

설동훈・김윤태・김현미・윤홍식・이혜경・한건수(2005). 「국제결혼 이주여성 실태조사 및 보건복지지원 정책방안」, 보건복지부.

장온정(2007). 「국제결혼한 한국남성의 결혼적응에 관한 연구」, 중앙대학교 대학원 박사학위논문.

정기선・김영혜・박경은・이은아・박지혜・이승애・이지혜(2007). 「경기도내 국제결혼이민자 가족 실태조사 및 정책적 지원방안 연구」, (재)경기도가족여성개발원.

엄명용(2010). 「결혼이민여성의 한국인남편에 대한 생애사연구」, 『한국가족관계학회지』, 14(4), 261~298.

유태균 역(2001). 『사회복지 질적연구방법론』, Padgett, D. K.(1998). Qualitative Method in Social Work Research: Challenges and Rewards, 서울: 나남출판.

채옥희・홍달아기(2007). 「베트남 결혼이민자의 한국생활적응 사례연구」, 『한국생활과학회지』, 16(1), 61~73.

채옥희・홍달아기(2008). 「피해사례를 통해 본 결혼이민자남편의 갈등」, 『한국생활과학회지』, 17(5), 891~902.

최금해(2007). 「조선족여성들의 한국결혼생활 적응유형에 관한 질적 연구」, 『여성연구』, 72(1), 143~188.

최연실·이순형·문무경(2008). 「농촌 거주 결혼이민여성의 발달과 적응」, 『인간발달연구』, 15(3), 225~248.

통계청(2010). 2009년 이혼통계.

한경혜(2004). 「생애사연구를 통한 노년기 삶의 이해」, 『한국노년학』, 24(4), 87~105.

한국가정법률상담소(2009). http://www.lawhome.or.kr/

Bahr, H. M.(1981). Religious intermarriage and divorce in Utah and the Mountain States. *Journal for the Scientific study of Religion, 20(3),* 251-261.

Blumel, S. R.(1992). Explaining marital success and failure. In S. L. Bahr (Ed.), *Family research: A review from 1900 to 1990*(pp. 1-114). New York: Lexington Books.

Fu, X. (2000). Inter-racial marriage and status exchange: A study of Pacific Islanders in Hawaii from 1983 to 1994. *Pacific Studies, 22(1),* 51-75.

Fu, X., Tora, J., & Kendall, H.(2001). Marital happiness and inter-racial marriage: A study in a multiethnic community in Hawaii. *Journal of Comparative Family Studies, 32,* 47-60.

Fu, X.(2006). Impact of socioeconomic status on inter-racial mate selection and divorce. *The Social Science Journal, 43,* 239-258.

Goodman, K. L.(1991). *Racial and religious intermarriage. Research Information Division,* LDS Church. Unpublished Work.

Guba, E. G. & Lincoln, Y. S.(1994). Competing paradigms in qualitative research. In N. K. Denzin & Y. S. Lincoln (Eds.), *Handbook of qualitative research*(pp. 105-117). Thousand Oaks, CA: Sage.

Heaton, T. B.(1984). Religious homogamy and marital satisfaction reconsidered. *Journal of Marriage and the Family, 53,* 729-733.

Liebich, A. Truval-Mashiach, R. & Zilber, T.(1998). *Narrative Research: Reading analysis and interpretation.* Thousand Oaks, CA: Sage.

Mendelbaum, G.(1973). The study of life history: Gandhi. *Current Anthropology, 14(3),* 177-206.

Patton, Q.(1990). *Qualitative evaluation and research methods,* Sage Publications.

Preston, S. H.(1997). Comment on Steven Rungless. The rise of divorce and separation in the United States, 1880-1990. *Demography, 34(4),* 473-474.

Rustin, M. & Chamberlayne, P.(2002). Introduction from biography to social policy In Chamberlayne, Rustin and Wengraf eds. *Biography and social exclusion in Europe: Experiences and life journeys.* The Policy Press.

Shehan, C. L. Bock, E. W., & Lee, G. R.(1990). Religious heterogamy, religiosity, and marital happiness: The case of catholics. *Journal of Marriage and the Family, 52,* 73-79.

White, L. K. (1990). Determinants of divorce: A review of research in the eighties. *Journal of Marriage and the Family, 52,* 904-912.

김민경(金旻炅)

전남대학교 가정관리학과 학사
전남대학교 대학원 가족학 석사, 박사
이화여자대학교 사회복지전문대학원 사회복지학 석사
가톨릭대학교 대학원 사회복지학 박사
이주여성센터 회장
현) 남서울대학교 아동복지학과 교수
　　남서울대학교 학생생활상담센터 소장
　　남서울대학교 부설 아동가족상담센터 부소장
　　한국가족관계학회 재무이사
　　한국가족복지학회 이사
　　한국다문화가족학회 이사

『청소년복지론』(공저, 2007)
『결혼이민자가족의 이해』(2008)
『결혼이민여성을 위한 "여보 이럴 땐 어떻게 해요?"』(2009)
『아동복지론』(2011)
「결혼이민여성에 대한 문화적 민감성과 수용」(2012)
「다문화가족남편의 일상생활갈등, 우울 및 가족탄력성과 결혼행복과의 관계」(2012)
「국제결혼한 한국남성의 가족해체에 관한 연구」(2011)
「대학생의 다문화역량에 관한 연구」(2010)
「A Study on the cultural factors, abuse and depression of immigrant married woman」(2010)
「Affecting variables on acculturation of immigrant married women」(2010)
「결혼이민여성에 대한 지역사회구성원의 문화적 민감성에 대한 연구」(2010)
「결혼이민여성의 학대와 관련요인연구」(2010)
「국제결혼 남편의 '부부되기'에 대한 문화기술지」(2009)
「결혼이민여성의 사회적 지지, 양육태도가 자녀의 사회적 능력과의 관계」(2009)
「결혼이민여성의 임파워먼트과정에 관한 연구」(2009)
「결혼이민자남편의 부부관계향상프로그램 효과성에 관한 연구」(2008)
「농촌지역 결혼이민여성의 정신건강에 관한 연구」(2007)
「국제결혼이주여성의 부부갈등결정요인연구」(2006)
「여성결혼이민자의 부부갈등과 학대에 관한 연구-사회문화적 요인을 중심으로」(2006)
「이주여성의 부부갈등 결정요인 연구」(2006)

다문화가족의
이해

초판인쇄 | 2012년 2월 24일
초판발행 | 2012년 2월 24일

지 은 이 | 김민경
펴 낸 이 | 채종준
펴 낸 곳 | 한국학술정보(주)
주   소 | 경기도 파주시 문발동 파주출판문화정보산업단지 513-5
전   화 | 031) 908-3181(대표)
팩   스 | 031) 908-3189
홈페이지 | http://ebook.kstudy.com
E-mail | 출판사업부 publish@kstudy.com
등   록 | 제일산-115호(2000. 6. 19)

ISBN   978-89-268-3154-0 93330 (Paper Book)
         978-89-268-3155-7 98330 (e-Book)

이담 Books 는 한국학술정보(주)의 지식실용서 브랜드입니다.